VR新闻

VR News

武汇岳 著

中山大学出版社
SUN YAT-SEN UNIVERSITY PRESS

·广州·

图书在版编目（CIP）数据

VR 新闻/武汇岳著．－－广州：中山大学出版社，2024.8.
ISBN 978 - 7 - 306 - 08144 - 5

Ⅰ. G210.7

中国国家版本馆 CIP 数据核字第 2024AJ3571 号

VR XINWEN

出 版 人：王天琪
策划编辑：金继伟
责任编辑：黄浩佳
封面设计：曾　斌
责任校对：廖丽玲
责任技编：靳晓虹
出版发行：中山大学出版社
电　　话：编辑部 020 - 84110283，84113349，84111997，84110779，84110776
　　　　　发行部 020 - 84111998，84111981，84111160
地　　址：广州市新港西路 135 号
邮　　编：510275　　　　传　真：020 - 84036565
网　　址：http://www.zsup.com.cn　　　E-mail:zdcbs@mail.sysu.edu.cn
印 刷 者：佛山家联印刷有限公司
规　　格：787mm×1092mm　1/16　18.5 印张　363 千字
版次印次：2024 年 8 月第 1 版　　2024 年 8 月第 1 次印刷
定　　价：68.00 元

序

虚拟现实（VR，Virtual Reality）是 20 世纪末提出的重要信息技术，21 世纪以来广受社会各界关注，由于其本质的空间性特征而具备沉浸感（Immersion）、交互性（Interaction）和想象性（Imagination），被成功应用在军事、娱乐、工业、教育和医疗等多个不同领域。早在 20 世纪 60 年代，图灵奖获得者 Ivan Sutherland 就意识到了虚拟现实技术，从而研发了第一个支持头部跟踪的头盔显示器，展现了使用这种新技术产生一种完全新型的计算的前景。Sutherland 的研发超越了自己的时代，直到 20 世纪 80 年代末和 90 年代初，随着计算机软硬件技术的发展成熟，构建 VR 系统才变得更加现实。公众首次了解 VR 是通过《科学美国人》杂志上的一篇 Jim Foley 的文章，杂志的封面并不是一个显示系统或复杂的图形环境，而是数据手套（Data Glove）——一种允许用户和虚拟世界交互和操作的"整手"输入设备，自此以后 VR 变得为大众所熟知。

起初，VR 属于计算机科学技术领域，在一些相对简单的应用中完成特定的任务，例如，3D 科学数据可视化、建筑物的实时漫游、VR 游戏交互等，这些应用为研究 VR 提出了很多更复杂的实际需求和挑战（例如，更快、更逼真的图形渲染，更精确的头部跟踪，更快速的系统响应和更便捷的 VR 开发工具包等）。随着 VR 技术的不断发展，到 1999 年已经出现了很多 VR 技术的产品级应用。近年来，人工智能、计算机图形学、5G 和大数据等相关技术的快速发展以及 "VR +" 的提出，更是将 VR 与其他产业的应用结合和快速发展推向了高潮。

"VR + 新闻" 这一概念正是在此背景之下应运而生。当这一概念在 2010 年首次出现在新闻传播领域之后，产学研各界纷纷探索 VR 技术与新闻的深度融合创新之路。在 VR 技术的助推之下，不仅新闻媒体的报道思路和制作流程都发生了很大的变化，而且受众对新闻的获取方式和情感认知也变得截然不同。目前，无论是学术界还是产业界，对于 VR 技术和新闻报道的有机融合仍然没有形成统一的标准和共识，在实际应用中还存在很多 "硬融合" 和 "两张皮" 的问题，因此学术界和产业界迫切需要一本能够专门用来指导 VR 新闻的产品设计开发以及传播和评估的专业教材或者工具书。本书正是在这样的一个背景和需求之下产生的。本书凝聚了作者多年在第一线的教学经验与科研成果，融合了虚拟现实、人机交互、新闻传播和用户行为科学等跨学科的领域知识，深入讨论了 VR 新闻的叙事和线索设计、产品设计、系统开发以及用户体验和传播效果等关键核心问题。本书内容涵盖了多个交叉领域的前沿知识，各章之间既相互联系又可独立自成体系，适用于不同读者群的需求，希望能够为相关领域的教学科研和其他从业人员提供理论指导，为虚拟现实技术在新闻传播领域的深度融合和实践应用提供重要的方法论支持，丰富和发展本学科的科学研究。

戴国忠

北京，中国科学院软件研究所

2024 年 06 月 28 日

前　言

　　近年来，沉浸式媒体（浸媒）已成为新闻传播学中的一个重要研究领域，而 VR 新闻是这一领域中最受关注的议题之一。在 VR 新闻中，参与者以数字化身的形式进入一个虚拟重现的新闻故事场景"体验"和"参与"新闻，令新闻消费过程产生更强烈的沉浸感、真实感与情感体验。作为一种新的新闻传播范式，VR 新闻也带来了新闻生产方式、新闻叙事框架和新闻伦理规范等方面的新变化与新挑战，推动着新闻业不断进行技术革新和行业转型升级。迄今为止，距第一部正式的 VR 新闻诞生已过去 10 多年，关于 VR 新闻的内容、形式、载体以及相关赋能技术不断地发生着变化，围绕着 VR 新闻的争议也从来没有停止过。尽管国内外产学研界对各种不同的 VR 新闻进行了广泛的研究和实践探索，但对该领域进行全面系统的梳理回顾和深入讨论的相关专业书籍却仍十分缺乏，本书正是在这样的背景和需求之下应运而生的。

　　本书从多学科交叉融合的视角出发，提出了"以人为本的 VR 新闻"的概念，主张 VR 新闻作为一种新型的新闻产品和形式，无论是从新闻信息的采集、加工、生成，还是人机界面交互设计以及新闻产品的用户体验和传播效果评估等各个方面，整个流程都应该迎合人的习性，强调"以人为本"（HCC，Human-Centered Computing）的思想。同时，概念中的"VR 新闻"既有别于传统的网页、微博、微信和客户端等生成的交互新闻，又不同于当前很多媒体机构使用全景相机生成的 360°VR 视频新闻。传统网页和"两微一端"生成的交互新闻大都支持用户以文本、图片、动画、视频等方式进行内容的创作生成和交互传播，但普遍缺乏 VR 新闻所具有的一个重要特征——沉浸感；相比之下，360°VR 视频新闻改善了这一问题，能够加载在 VR 设备（例如，HMD）中播放，给用户提供一定程度的沉浸感，但在这种类型的新闻中，用户只能追随拍摄者的移动进程，无法自由探索视频中的新闻世界并与所看到的人物或对象进行互动。本书所提出的 VR 新闻是指真正由计算机生成的（computer-generated）而非相机捕获的（camera-captured），同时具备沉浸感（Immersion）、交互性（Interaction）和想象性（Imagination）的，支持用户"身临其境般用心去体验"而非仅仅是"眼看 + 耳听"的新闻产品。

本书凝聚了作者在沉浸式传播、人机交互和虚拟现实等领域多年的项目实践经验和研究成果。章节内容注重从 VR 新闻领域当下存在的关键问题与挑战出发，结合新闻传播理论和新闻规范要求，在为读者呈现 VR 新闻产品从设计开发到评估测试的全过程的同时，对研究问题做出深入的讨论与有效的解答。本书既可以作为高等院校相关专业的学生认识并快速进入这一领域的教材，也可以作为人机交互和新闻传播学等交叉学科领域的科研工作者和传媒业界从业人员的工具参考书。

全书共 6 章，各部分内容既互相关联又各有侧重。第 1 章系统地介绍了 VR 新闻的相关概念、发展脉络、用户体验与传播效果研究、产品应用和伦理反思等内容，以便读者获取有关该领域的整体性认识。第 2 章从现有的设计实践问题出发，提出了一套符合新闻生产制作规范的 VR 新闻的产品设计流程方法。第 3 章详细介绍了 VR 新闻叙事和线索设计的空间构建及效果评估。第 4 章则从实践应用的角度出发，对 VR 新闻的用户体验和新闻传播效果进行了定性与定量两方面的系统评估。第 5 章进一步探讨了 VR 新闻的沉浸性特征对用户的认知、情感、态度与行为带来的影响，总结出一套 VR 新闻的用户体验模型。第 6 章着眼于超越视觉和听觉的多感官 VR 体验，设计、搭建和评估了一套多感官 VR 新闻系统，为未来的多感官 VR 新闻产品设计与开发提供了理论参考和实践指导。

本书的完成要感谢我的研究生刘颖欣、罗丹、蔡桐、王医琦、黄一凡、陈展明和马芷彤，他（她）们在文献调研、数据分析、用户实验和材料整理等方面做了大量工作。同时要感谢我的博士研究生导师中国科学院软件研究所的戴国忠研究员为本书作序。感谢中山大学出版社的编辑，本书的顺利出版得益于他们的辛苦付出。

本书的出版得到了国家自然科学基金面上项目（No. 62272500）和广东省自然科学基金面上项目（No. 2021A1515011990）的资助，在此对国家自然科学基金委员会和广东省基础与应用基础研究基金委员会表示衷心的感谢。

尽管作者已竭尽全力，但仍恐书中有所疏漏和不足。本人非常诚恳地接受广大读者的批评和建议，争取不断完善本书的内容，并进一步提高质量以飨读者。

武汇岳

广州，中山大学

2024 年 02 月 22 日

目　录

第 1 章　VR 新闻概述

1.1　引言

虚拟现实（Virtual Reality），简称 VR，其基本实现方式是通过计算机模拟虚拟的三维环境，以带给用户"身临其境"的沉浸感。近年来，随着各种智能传感器设备价格的不断降低以及自然人机交互技术的不断发展，虚拟现实技术得以飞速发展。早期 VR 技术的应用局限于航天、军工等高精尖领域，直到进入 21 世纪，随着新媒体技术的创新和移动互联网的普及，VR 技术才逐步被应用于新闻传播领域。

南加州大学教授罗尼·德拉佩纳于 2010 年提出沉浸式新闻（Immersive Journalism，IJ）的概念（Peña et al.，2010）。沉浸式新闻是指人们能够以数字化身的形式，通过第一人称视角体验新闻故事中的某些事件和具体情况的新闻产品。沉浸式新闻以计算机图形学和人机交互技术为基础，通过实现对新闻场景的"还原再现"，使受众能够深入新闻现场，获得多维的感官体验，同时产生丰富独特的心理和情绪变化，这是传统的平面媒体无法提供的新体验。而这一新兴事物的出现也带来了新闻生产方式、新闻叙事框架和新闻伦理规范上的新变化与挑战。

值得一提的是，Peña 在 2010 年提出沉浸式新闻概念的时候，VR 还并未达到技术发展周期的高峰阶段。因此，Peña 的沉浸式新闻概念中只是强调第一人称视角和沉浸式体验这些要素，但并未指明这种新闻载体必须是 VR，这也为沉浸式新闻后来的多元化发展埋下了伏笔。尤其在新闻传播领域，先后出现了诸如"VR 新闻""VR＋新闻""VR 视频新闻""沉浸式 VR 新闻""沉浸式视频新闻"等各种各样的名称和版本。总的来说，目前沉浸式新闻仍在探索与发展阶段，我们需要全面地回顾、考察和审视这一变革性新闻形式。

本书中，我们从虚拟现实技术的发展及其与新闻业的融合谈起，引入"以人为本的 VR 新闻"的定义、特征与技术发展。接着，我们对 VR 新闻的核心特征以及用户体验和传播效果方向上的相关研究进展进行了梳理综述。随后，我们梳理了业界经典的 VR 新闻产品与实践案例，并探讨 VR 新闻给新闻业带来的影响。最后对 VR 新闻的伦理问题和发展前景进行了反思和展望。

1.2 VR 新闻的兴起与发展

1.2.1 沉浸式新闻的兴起

（1）虚拟现实技术的定义与发展

虚拟现实（VR，Virtual Reality），又称虚拟环境（VE，Virtual Environment），20 世纪 90 年代初，钱学森先生也称之为"灵境"，是指利用计算机生成一种可对用户直接施加视觉、听觉和触觉感受，并允许用户参与信息处理的多维信息虚拟空间的技术。

虚拟现实技术的起源可以追溯到 20 世纪 60 年代。当时，Ivan Sutherland 教授意识到了虚拟现实技术，提出了感觉真实、交互真实的人机协作理论（Sutherland，1965），并研发了第一个头部跟踪的头盔式显示仪（Sutherland，1968），展现了使用这种新技术产生一种完全新型的计算的前景。

随着 20 世纪 80 年代至 90 年代 3D 立体计算机图形、微型 CRT 显示、位置跟踪系统以及如 VPL 数据手套等技术和设备的发展，构建虚拟环境系统才变得更加现实。在这一时期，美国国家航空航天局（NASA）及美国国防部关于外部空间环境的研究工作对虚拟现实技术进行重要探索和应用（邹湘军等，2004）。最初，NASA 研究中心开发了用于火星探测的虚拟环境视觉显示器，通过探测器的数据构造火星表面的三维虚拟环境。随后，NASA 又投入资源研发非接触式的跟踪器、交互式接口技术、通用多传感个人仿真器和数据手套等用于虚拟现实系统的技术与设备。关于 VR 的一份代表性和总结性的成果是《科学美国人》杂志上 James D. Foley 教授发表的文章。Foley 教授（1987）以"Artificial Reality"描述虚拟现实，提出了虚拟现实的三个关键元素：想象（Imagination）、交互（Interaction）和行为（Behavior）；结合在 NASA 的研究经验，文章还对虚拟现实系统的接口、设备、交互界面、应用成果和前景进行了全面的论述，引起学界和社会公众的广泛关注和重视。

迄今，VR 技术的相关研究与应用仍在高速发展变化，相关软硬件也不断更新迭代，其成果以更多元和创新的形式融入人们的生产生活中。我们可以看到这样一些变化：早期虚拟环境研究附属于计算机科学家和工程师的领域（大多是图形社团），他们比较重视三维模拟环境的构建。一些简单有趣而实用的应用，如 3D 科学数据可视化、建筑物的实时漫游、VR 游戏等满足了人们对 VR 的初步幻想，也对 VR 技术提出了更多要求，如更逼真的图形、更精确的头部跟踪、更快速敏捷的反应和更好的 VR 软件包等。而这些应用在系统交互时也显得明显无力，典型的应用只允许用户在场景中漫游，或者提供一些稍微复杂的交互。然而随着 VR 技术的不断提升，研究人员希望开发出交互手段更加丰富、自然和灵活的应用。举个例子，除了允许建筑师在一个虚拟的环境中体验他设计的建筑，也允许他记录和播放关于设计的声音注解，更改表面所使用的石头的类型，移动一个窗户，或者隐藏内部的墙体使得管道可见。总而言之，更具备沉浸感、交互性和想象力的虚拟现实产品被广泛期待。

（2）虚拟现实技术与新闻业的融合

近年来，虚拟现实技术得到了全世界范围内的广泛关注，并被成功应用于教育、应急推演、房地产开发、工业设计、航空航天、医疗、游戏娱乐等多个不同的领域。随着 21 世纪新媒体技术的创新和移动互联网的普及，不断有学者研究将虚拟现实技术应用于新闻传播领域并提出了沉浸式新闻（IJ）的概念。相关研究发现，新闻的基本目标之一是在公众和新闻之间建立情感关系（Baía Reis Coelho，2018），而利用沉浸式的媒介技术可以帮助新闻从业者更好地讲故事，促进用户更加接近真相，唤起用户的情感体验。新闻业界也在应用实践中进行了初步的尝试。

● 制作沉浸式新闻的动机

新闻机构越来越多地制作沉浸式故事的主要原因是：与其他类型的故事相比，它创造了更多的情感与参与，有助于用户更好地理解新闻，促进用户关于新闻的记忆；同时沉浸式新闻作为一种新技术，是吸引年轻受众的一种尝试。

记者制作沉浸式新闻的最初动机通常来源于对技术的好奇心，通过对技术的组合使用让用户沉浸在故事中，他们使用哪种“组合”取决于要讲述的故事和他们的目标受众。而为了促进用户的情感体验，记者也会在沉浸式新闻里添加交互选项，并决定用户在故事中扮演什么角色。

新技术的运用也为记者带来了新的难题，尽管部分的传统的专业标准依然可以维持，但技术的选择、互动的设置、记者与用户的关系、记者如何维持新闻自主权的控制都成了今后需要思考的话题（Goutier et al.，2021）。

● 沉浸式叙事——新闻要素 5W1H 的重构

沉浸式技术在新闻领域的介入导致新闻信息的生产和消费方式发生了巨大的变化，而沉浸式技术对新闻传播过程的重塑，形成了一种新的"沉浸式新闻结构"。

这种新的沉浸式叙事可以由两个立方体表示，第一个立方体代表虚拟环境，包含新闻故事的经典"5W1H"（谁、什么、何时、何地、为什么、如何），吸引用户对故事的兴趣（图1.1）。但值得注意的是，在沉浸式新闻里，新闻的地点和时间与用户所处的虚拟时空是重合的（Paino et al.，2021）。

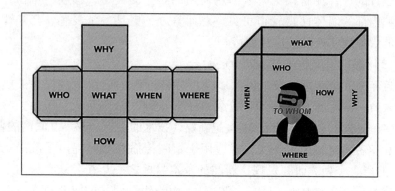

图1.1　沉浸式新闻内容的结构：第一个层次①

在第二个立方体中，新增加了与新闻故事有关的次要元素（文本、照片、视频），以及用户可以随时选择的新路径（即新闻故事中的内在细节，通过记者设置的交互链接来获得更深层的信息），通过沉浸式的空间、视觉、声音和交互选项展示出来，来帮助用户探索新闻故事（Paino et al.，2021）（图1.2）。

当用户进入新闻故事的那一刻起，用户对新闻内容进行着持续反馈，但是这个新闻故事缺乏用户与内容或者其他用户对话的可能性，这只能发生在沉浸式环境之外（Paino et al.，2021）。

---

① ＊图1.1源自文章：Paino Ambrosio, A., &Rodríguez Fidalgo, M. I. (2021). Proposal for a new communicative model in immersive journalism. *Journalism*, 22（10），2600－2617.

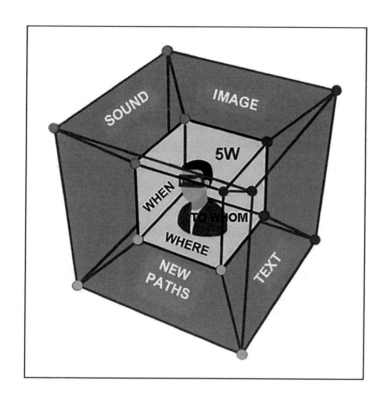

图 1.2　沉浸式新闻故事的结构：第二个层次①

1.2.2　VR 新闻的发展

（1）VR 新闻的提出

根据营造沉浸感的不同技术进行分类，沉浸式新闻目前主要有两种类型：一类是 360°全景视频新闻，即使用特殊的 360°摄影设备录制真实场景，使用配套的特殊播放装置将视频播放给受众，使其置身其中。由于这种真实拍摄的模式较为容易制作，且消费门槛较低，360°全景视频新闻目前已获得了广泛运用。另一类是 VR 新闻，其基本思想是允许参与者实际进入一个代表新闻故事的虚拟再现的场景。参与者通常以数字化身的形式呈现，即参与者的动画 3D 数字化身，并从该化身的第一人称视角观看世界（Peña et al.，2010）。参与者也可以通过以下几种形式之一进入故事：作为参观者，

---

① ＊图 1.2 源自文章：Paino Ambrosio, A.，&Rodríguez Fidalgo, M. I.（2021）. Proposal for a new communicative model in immersive journalism. *Journalism*，22（10），2600 – 2617.

直接进入故事发生地的虚拟版本；或者通过新闻故事中描述的人物的视角。无论是作为自己还是作为叙述的主体访问空间，参与者都获得了前所未有的视觉和声音，以及可能伴随着的新闻的感觉和情绪。

从业界实践来看，最早于 2013 年美国甘内特集团旗下《得梅因纪事报》推出首个 VR 新闻项目《丰收的变化》(Harvest of Change)。自 2015 年起，《纽约时报》、《华盛顿邮报》、美国广播公司等著名美国新闻媒体相继开始了基于 360°实景拍摄和虚拟现实技术的沉浸式新闻报道。国内媒体也于 2015 年起纷纷试水 VR 新闻，例如在往年"两会"等一系列重大事件报道中，《人民日报》、新华社、中央电视台等诸多媒体纷纷尝试 360°全景视频新闻，腾讯、网易这些门户网站也发布了不少 360°全景视频新闻作品。需要注意的是，国内不少媒体在谈到 VR 新闻时往往将其与 360°全景视频新闻混淆，认为通过 360°全景相机现场拍摄直播，可用手机观看获得身临其境体验的就是 VR 新闻。但是，360°全景视频新闻并不等同于 VR 新闻，目前国内大多数以"VR 新闻"命名的沉浸式新闻实质上是 360°全景视频新闻。对于这一点，牛津路透新闻所发布的报告《VR 新闻：新现实?》中也曾指出，新闻媒体发布的 VR 新闻大部分都是以 360°全景视频形式呈现的。

尽管 360°全景视频这类低层次沉浸式新闻得到了新闻媒体机构的青睐和推广，但不少学者对此提出了质疑。从新闻形式来看，有学者认为受众所观看到 360°全景新闻是一种旨在对事件进行全方位、多层次、多角度展示的报道方式，严格来说这种呈现手段仍然属于多媒体报道的范畴，并非真正意义上的 VR 新闻（周丽，2017）。从主观反应而言，通过智能手机观看 360°全景新闻时带来的存在感和沉浸感是最少的（Rupp et al.，2016），且不能让用户产生身临其境的感觉，缺乏交互性的视频观看也无法提供良好的新闻参与度（McMahan，Bowman，Zielinski & Brady，2012）。美联社其实也早已注意到这个问题，因此在 2016 年 2 月，美联社与芯片制造商 AMD建立合作关系，分别上线"360°全景视频新闻频道"与"VR 频道"两个频道，特意将 360°全景视频新闻与 VR 新闻进行区分。

关于 VR 新闻的定义，学界和业界也是众说纷纭各有见解。有研究者认为，只有需要佩戴头戴设备观看的新闻才算真正意义上的 VR 新闻（李唯嘉 & 周泉，2022）。但这种观点仍然无法将 360°全景视频新闻区分开来，因为很多用 360°全景相机拍摄的视频新闻也可以放置在 VR 头盔中显示和播放。最近十几年来，很多大型媒体机构如 BBC 等推出了一系列用 VR 技术生成的新闻产品，但这类新闻产品大都忽略了 VR 的"交互性"特征，用户只是在一个由计算机建模生成的具有"沉浸感"的 VR 环境中"观看"新闻故事，其用户体验和传播效果甚至还比不上传统的 2D 视频新闻。还有研究者提出，能否体现 VR 的基本特征是 VR 新闻区别于其他新闻形式的关键（田刚，2020；伍菲，2018），即 VR 新闻是否具备 "沉浸感" "交互性" 和 "想象性"（Bowman et al.，2004）。其中，沉浸感指的是用户沉浸在计算机生成的虚拟空间中，并产生身处真实世界中的感知；交互性强调用户能够借助手势识别、语音识别等交互技术与虚拟世界中的对象进行互动，达到真实世界中人机互动的效果；想象性指的是用户获取到虚拟世界的信息后能够通过逻辑推演等方式进行现实拓展。

基于对学界和业界的观点的梳理和讨论，本书正式提出 "以人为本的 VR 新闻" 的概念，它指的是通过计算机 3D 建模技术生成的、受众能够通过身体设备与虚拟环境进行交互的、能够带来高沉浸感的新闻，也就是一种 "深度沉浸式新闻"。

（2）VR 新闻的软硬件设备

新闻工作者和技术专家们将纸上的新闻变成可看、可听、可感的虚拟现实新闻，以及用户愉悦有效地体验 VR 新闻，均离不开有效的软硬件支持。

学者 Peña（2010）将常用的 VR 硬件设备分为高沉浸度 VR 设备和低沉浸度 VR 设备：用户借之体验真正意义上的 VR 新闻的设备为高沉浸度设备，用户搭配用于 360°全景视频观看的设备为低沉浸度设备。高沉浸度 VR 设备的成像基于计算机图形处理技术，而基于双目立体视觉原理的显示器能够将计算机所产生的某一观察视角的三维立体影像呈现于用户眼前，头部跟踪和行动跟踪的功能使得场景随用户的视线、物理位置的变化而变化（杨东梅，2010），这一系列技术带来了最高的用户沉浸感和情感投入（Peña et al.，2010），降低了眩晕问题的出现。目前，国内外市场上较流行的高沉浸度 VR 设备有 HTC Vive、Oculus Rift + Touch、PlayStation VR、HUAWEI VR Glass 和 Pico 等。

而搭配 360°全景视频的低沉浸度 VR 设备所采用的技术与高沉浸度 VR 设备非常相似。据研究，基于计算机图形算法的低沉浸度 VR 设备同样能够给用户带来较高的临场感和沉浸感，可以在一定程度上引发用户情绪感知和新闻参与（Chittaro，Buttussi & Zangrando，2014）。但若没有额外控制器的配合，这些设备仅能跟踪用户头部的旋转，无法跟踪用户身体的运动，也不能在虚拟现实世界中抓取物体。目前市面上主流的低沉浸度 VR 设备包括 Samsung Gear VR、Google Cardboard 等。这些设备普遍相对简陋，功能不全，由于依赖手机性能，分辨率低下，在快速移动的场景中会造成较强的晕眩感。尽管此类设备与本书定义的 VR 新闻的观看设备有所出入，但它们所具备的轻体量、低价格等相对优势也为头戴式显示器的发展指明了方向。

此外，数据手套也是重要的手持式 VR 硬件设备之一。人的大部分交互行为是由手完成的，通过数据手套能够获得手掌和手指的位置、方向、姿态等信息，使用户能够方便地抓取、移动、控制虚拟环境中的各种对象。市面上常见的数据手套共有四种，分别是 VPL 数据手套、DHM 数据手套、Mattel's power glove 数据手套及 Cyber glove 数据手套。

要制作一个完整的 VR 新闻项目，除了要有能看、能触的硬件设备，还需要软件为项目提供 3D 建模、交互指引等方面的支持。目前制作 VR 新闻的主流开发引擎包括 Unreal、VRP、Unigine Engine 以及 Unity3D。VR 新闻虚拟可交互场景的实现主要涉及三维场景制作、场景渲染以及添加虚拟交互等技术。三维场景制作通常采用 3DS MAX、MAYA、C4D 等相关软件，场景渲染使用 Unity3D 等相关引擎。

总的来说，市面上已经有了种类丰富、形式多样的 VR 软硬件设备，但对新闻工作者和用户而言，要挑选出最合适的 VR 新闻设备却不容易。由于业内没有对 VR 硬件指定统一的行业标准，无论是分辨率还是自由度，相关厂商都在根据自家玩家的喜好设计产品；而消费者对此也众说纷纭，难以有统一的评定标准。这可能是由于当下 VR 技术正处于高速发展阶段，产品市场和受众群体都较为局限，这些问题可能随着未来更成熟广泛的 VR 应用的落地而被重视、讨论和解决。

（3）VR 新闻的生产方式

作为一种新的技术应用，虚拟现实技术对 VR 新闻的生产方式提出了新的要求，包括制作流程、所需设备和专业技能等。在制作流程方面，VR 新闻的生产制作一般要通过内容捕获、3D 建模软件等后期制作以及内容的开发、存储分发这三个阶段来完成。相较于传统新闻生产，内容捕获、3D 建模软件等后期制作需要较高的制作成本、较长的制作周期、掌握相应复杂技术的专业人员。如需满足新闻的时效性，尽可能加快制作效率，减少生产周期，则需要昂贵的设备提供支撑，如动态捕捉系统、三维扫描建模仪器。而当前的多数媒体机构无法承受这类高端的、具有交互功能的实时动态虚拟现实的高昂制作成本，缺乏完备的虚拟现实新闻生产流程和有效的生产工具，不具有拥有生产虚拟现实产品专业技能的团队。

除此之外，相比于 360°全景视频，要达到更好的用户体验，VR 新闻对用户所持有的设备也有高要求，如配备 HTC 或 Oculus 等高沉浸式的 VR 头盔。Tow 新闻中心报告曾强调记者们在生产沉浸式新闻前需对新闻的质量成本及用户群体进行权衡，因为使用交互式内容的高质量技术项目意味着较少配备相应高端设备的用户，而有限的较低质量的技术项目意味着更多的用户。

以上种种原因延缓了 VR 新闻在业界的发展速度，然而，作为沉浸式新闻这一领域中沉浸度最高的 VR 新闻，其独特的优势赋予了不可替代的位置，在未来将会作为新闻媒介的一种重要补充，因此，我们需要不断探索适合 VR 新闻的生产方式和机制，对新闻行业带来更加专门化的细分。如技术的复杂性需要新闻工作者掌握广泛的新专业技能，或者与其他专业团队进行合作，以便更好理解沉浸式技术在讲述新闻身临其境故事的能力和局限性。

同时，研究者可以在生产流程方面需要进行更多的研究、开发和理论工作，以更有效处理 VR 技术项目开发和新闻生产的关系，发挥 VR 新闻的真正潜力。本书结合了传统新闻生产规范和交互设计方法论，提出了涵盖六个阶段的 VR 新闻的生产流程，包括新闻采集、新闻加工、框架设计、产品的视觉内容设计、产品开发和评估测试。在整个设计生产流程中，新闻伦理规范的根本原则作为最高的指导原则，贯穿在每个阶段。

随着生产流程、内容收集技术、数据采集、后期制作软件、VR 头盔质量、专业技能等不断发展，相信具备更沉浸体验的 VR 新闻将会被更低成本、更小难度、更高质量地被创造出来。

（4）VR 新闻的叙事设计

新闻是叙事的一种类型，新闻叙事学是在新闻学和叙事学的碰撞和融合形成新兴边缘学科。从 2014 年媒介融合提出起，不少学者由传统新闻文本转向 HTML 交互式新闻、360°全景视频新闻、VR 新闻等新型媒介形态的新闻叙事研究。学者常江（2016）结合叙事学理论研究的相关概念，将 VR 新闻的叙事研究分为"叙（命题、序列）"和"事（叙事视角、叙事落点和视听语言）"两部分，前者指叙事的内容，后者指故事的策略。近年来，数字时代新闻叙事的转型——视角由客观转向主观、落点由全知转向个体、线程由连续转向碎片，揭示了 VR 新闻在"叙"与"事"中正面临的挑战。

在叙事内容上，由于 VR 新闻正在远离传统新闻采用的线性和计划式的叙事结构——用户不再是内容的被动接受者，而可以主动控制和选择内容进行不同程度的探索和交互，这使新闻信息与主旨是否能被受众有效和完整接受成为问题。例如 Dumlu 和 Demir（2020）在实验视觉分析的比较结果显示，每位被试在 VR 新闻体验过程中的屏幕录像都不同，这说明在 VR 新闻中，如何解释事件的某些方面将更多地取决于感知者而不是设计者。例如体验女总统出席一个活动的新闻故事，假设记者在视觉重建上尽最大努力还原最初的场景，关于女总统的穿着是否脱颖而出，仍然高度取决于感知者的认知。换句话说，VR 新闻内容可能被每一位用户积极塑造，产生差异性的体验与理解。因此，新闻制作者如何处理新闻信息、设计叙述框架，以使新闻的时间、空间与因果关系的处理在交互媒体中可信并被用户清晰地接收，是 VR 新闻所面临的一个重要难题。

在叙事策略上，VR 新闻提供了一种受众体验和参与新闻的主动范式，这种新范式可能与作者对叙事设计的控制权相矛盾。报纸、书籍、网页和 APP 等基于 2D 空间进行内容生产的媒介使信息生产者能够轻松控制用户的观看顺序，相比之下，VR 新闻从 2D 空间向 3D 空间转化导致了信息承载量的增加。由于缺少视觉视角的选择和框定，每个用户都可以自由地选择看什么，决定自己的视线被什么吸引。VR 新闻的这种内在属性导致了"叙事悖论"（Aylett，1999），即作者的控制权（叙事的预设性质）和用户在沉浸式环境中的互动和参与的自由之间的矛盾。此外，丧失有效控制的新闻内容也是导致用户关注失焦与错失恐惧（Fear of Missing Out，FOMO）问题的重要原因。习惯于消费 2D 屏幕固定区域内容的用户，可能难以迅速适应虚拟现实中无物理屏幕的内容消费模式，由此可能被 VR 场景中次要的环境信息吸引而忽略了新闻本身想要传达的重要信息，或陷入错过某些对故事至关重要的内容的恐慌与压力中（Domínguez，2017），导致叙事理解力弱和情感参与度低。在这种情况下，新闻创作者需要探索在 VR 新闻中重新聚焦和持续聚焦预定目标信息的方式和策略，从而提升 VR 新闻信息传递效率与用户体验。

已有项目采取线索设计和引导技巧来解决 VR 新闻的叙事挑战。如《纽约时报》*The Displaced* 中通过飞机飞行的声音引导用户本能抬头看，进而捕捉到"食物投放"这一讯息。Dumlu 等人（2020）使用 Cinemetrics 方法分析记录虚拟环境中用户的行为的摄像机运动，以探索视觉和听觉刺激对虚拟故事中用户体验的影响，结果发现使用者倾向于对动作、声音和故事的空间作出反应。如果场景中有多个动作，多数使用者会倾向跟随更动态的动作。当一个声音出现时，使用者倾向于寻找声音的来源，还可以确定声源的距离与位置。但如果使用者被空间所吸引，会倾向环顾四周，探索故事空间的所有细节，导致对动作和声音的反应程度降低。此外，目前关于 360°全景视频和 360°全景电影的线索设计策略的研究成果较为丰富，可作为 VR 新闻中的叙事和线索设计指导框架。

1.3　VR 新闻传播效果评估

1.3.1　VR 新闻的核心特征

一般认为虚拟现实的基本特征可以用 3 个"I"来概括（Wang et al.，1996；Bowman et al.，2004），即沉浸感（Immersion）、交互性（Interaction）和想象性（Imagination）。其中，沉浸感是指受众沉浸在一个完全由计算机生成的虚拟空间之中，能够获得与真实世界相同或相似的感知，并产生"身临其境"的感受；交互性是通过硬件和软件技术进行人机交互，用户能够充分使用手势识别技术、语音识别技术、目光跟踪技术以及脑机交互技术等多种自然交互技术，与多维虚拟信息空间进行交互，逐渐趋同于同真实世界的交互；想象性是指在虚拟世界中，用户根据所获取的多种信息和自身在系统中的行为，通过逻辑判断、推理和联想等思维过程，对其未来进展进行想象的能力。

1.3.2　VR 新闻的用户体验

在用户体验层面，沉浸感和同理心是 VR 新闻研究的两个焦点。

（1）沉浸感。

沉浸感（Immersion）是人机交互中一个重要的概念。沉浸感是对技术的客观和可量化的描述，它描述了"计算机显示器能够在多大程度上提供一个包容的、广泛的、周围的和生动的现实幻觉"。通过将媒体内容（叙事沉浸）和媒体形式（技术沉浸）的适当结合，可以成功沉浸于 VR 新闻。然而，Shin 等（2018）基于修正的期望确认理论（Expectation confirmation theory，ECT）进行的实证研究发现，用户期望是在用户的认知中形成的，而不仅仅受技术属性的影响。有些沉浸感属性被认为存在于用户的期望中。沉浸感的类型和程度应在很大程度上取决于用户现有的价值观/认知。Shin 和 Biocca（2018）还提出了"沉浸的良性循环概念"，即沉浸和用户互动和共同进化：沉浸感影响用户，同时由用户塑造。这种互动既不是一次性的，也不是暂时的；它不断演变并与用户互动。用户的沉浸式倾向寻求身临其境的努力和身临其境的环境，这强化了用户的态度和未来意图。

在虚拟现实领域，最初 Slater（1997）等将之定义为 VR 技术提供的"另一种现实"的感受，即更强调技术作用的客观性，这是一种技术决定论。随后，Witmer 和 Singer（1998）将之描述为一种身处数字环境中，并与之进行交互的感觉。在这种定义发展许多年后，Shin 等（2018）进行了实验发现，沉浸与具有能动性的用户和客观的技术都有关系，VR 技术的沉浸属性创造了多通道感官，这种新闻的新体验让事件有了更多的真实性和吸引力，并借由用户的感知过程对 VR 中的新闻事件进行再加工。总而言之，当前 VR 领域中，沉浸相关的实证研究基本证实了，相较于传统的新闻，沉浸式新闻受益于技术优势，让受众主观上有了更沉浸式的体验。

根据 Slater 和 Sanchez-Vives（2016）的研究，临场（Presence）是一种与沉浸类似的主观状态。上文中提到，沉浸是指 VR 技术造成受众产生了主观上的沉浸式体验。临场感可以描述为一种"身在该处"的"幻觉"。之所以称之为幻觉，是因为用户是明确知道自己并不真实存在于虚拟世界中。这种虚幻的位置感和现实的体验感，是 VR 新闻相较于其他所有媒介的优势与特点。当前，沉浸式传播领域的实证研究还相对较少，但相关研究大多会测量临场感，以此确认 VR 新闻相较于传统新闻的临场优势。总之，当前研究对于 VR 的形式能够造成受众的临场感或沉浸感达到了一定的共识。

（2）共情。

共情（Empathy，又称同理心）是虚拟现实和讲故事的讨论中经常出现的概念。共情的概念起源于 19 世纪的美学理论 Einfühlung，该理论描述了我们如何在情感层面上与自然联系，或者观察者如何体验一件艺术品。VR 对感官的影响在于，技术沉浸可以在用户中产生共情，使用户能够更充分地分享，例如，更深入地了解流离失所难民的困境等。在 2015 年 TED 的《西德拉云》演讲中，Milk 声称，360°的 VR 场景创造了"终极同理心机器"，在那里产生"发自内心的情感反应"，以至于参与者"感觉与他们在数字'世界居住'中看到的人在一起"。

在 VR 新闻用户体验的相关研究中，共情也是一个重要的指标。共情在不同的研究领域中，有着不同的定义。总体上，共情是指人类的一种对事件、人物、自然、环境等的情感联系，在新闻中，则多指对于其中人物的情感反应。在 VR 新闻中，用户以自己的视角，通过化身进入新闻事件中，能够有机会与场景进行交互，甚至与新闻中的人物进行交流、交互，更有可能产生同理心。Shin 等（2018）通过研究发现 VR 新闻通过提供更高的沉浸感，增加了受众的共情（相比于传统的电视新闻）。

即便如此，依旧有一些研究者认为 VR 新闻不一定能够增加受众的共情。Sánchez Laws（2020）认为共情的概念包括关心、认同和理解他人。以这个角度进行评估，现有的 VR 新闻中仅有少数能够增加共情。Tse 等（2017）的研究结果表明 VR 技术的确增加了临场感，但不一定能造成更多的共情。研究表明，VR 新闻在增加受众的共情上依旧存在一些需要继续探讨之处，目前没有明确的结论，且需要更多的努力来让其显示出增加受众共情的作用。

1.3.3 VR 新闻的传播效果

在传播学研究领域，传播效果的概念有双重含义，它既指带有说服动机的传播行为在受传者身上引起的心理、态度和行为的变化；也指传播活动尤其是报刊、电视等大众传播媒介的活动对受传者和社会所产生的一切影响和结果的总体。本书所探讨的传播效果主要基于前者，聚焦于效果产生的微观过程。

郭庆光（2011）依照传播效果产生的逻辑顺序，将传播效果分成三个层面：认知层面、心理态度层面和行动层面。认知层面指的是信息作用于人们的知觉和记忆系统，引起人们知识量的增加和知识构成的变化；心理和态度层面关注的是传播行为作用于人们的观念和价值体系而引起的情绪和感情变化；行动层面指人们言行上的变化。尽管沉浸式传播属于全新的传播模式，但针对传播效果的研究多基于传统的传播效果理论模型，而且在研究时多与传统媒体的传播效果对比。例如，周勇等（2018）采用实验法对比分析受众在阅读相同内容的 VR 新闻和传统的文字、视频新闻时，其在新闻内容的认知、情感强度及受众态度等方面的差异。李晓静和张奕民（2020）通过实验探究了相对于传统图文、视频新闻报道，VR 新闻对受众移情效应、媒介可信度和受众传播行为等方面的影响。

绝大多数的传播效果研究均离不开认知、心理态度与行为三个层次，VR 新闻的效果研究亦然。本节将依据该框架介绍目前 VR 新闻传播效果研究中的部分关键指标（图 1.3）。

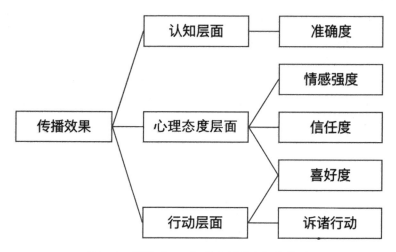

图 1.3 周勇（2018）的传播效果评价模型

（1）认知层面。

新闻是一种记录社会与传播信息的文体，因此在沉浸式传播中也需要考察 VR 新闻的信息认知。在认知层面，人们认可大众传播对认知的影响，认为认知在很大程度上反映了人类的心理过程，如注意力、知识、记忆和感知。大众传播研究中也将认知因素纳入"态度"的重要考量范围，而认知因素就包含了具体的记忆和了解。

对于 VR 新闻在新闻认知与记忆上的影响，过往的研究有着较为统一的结论：VR 新闻信息认知的表现在整体上并未优于传统新闻。有实验结果表明，尽管 VR 新闻会帮助受众实现新闻内容的整体性理解，但相较于新闻文本，受众在细节认知上更容易发生遗漏与缺失。而关于记忆准确性，Tse 等人（2017）发现 35% 的被试提到在沉浸式环境中害怕丢失信息的经历，而 33% 的被试提到沉浸式媒体会分散他们对故事本身内容的注意力。然而，也有研究指出沉浸式环境在促进记忆上的作用。Ed Tech 最近的一项研究表明，在沉浸式环境中学习的学生记忆保留率增加了近 9%。而在叙事感知方面，观看 3D 全景视频的学生在记忆、理解和共情上比观看 2D 视频表现得更好。

以上研究结果超出了许多研究者对于这种新形式新闻的预期，因此研究人员也从不同角度试图解释这种效果。Sundar 等（2017）通过实验发现沉浸式新闻媒介对有线索回忆与自由回忆没有显著差异，但与新闻内容的交互作用后存在显著差异，在个别新闻上 360° 视频最优，在其他新闻上是文本新闻最优。而 Jeong 等（2020）的研究结果甚至表明，与传统新闻类型相比，VR 新闻对新闻知识的记忆有反向影响的效果。本书后文章节也对比了传统视频新闻、无交互的 VR 新闻、有交互的 VR 新闻（保证了三者的新闻内容相同），通过 5W1H 测量新闻认知准确度，发现这个指标上无交互的 VR 新闻表现最差，而其余的指标两者并没有显著差异。我们认为这种现象的出现是因为有交互的 VR 新闻中，制作者在关键的新闻内容相关的场景上设置了可交互的信息、按钮，引导受众通过交互来获得这些关键的新闻内容，因此相对于无交互的 VR 新闻，其在这点的表现上有所改善。而无交互的 VR 新闻实质上并未改善受众单向接受信息的模式。

虚拟现实的"沉浸感"是造成认知变化的最主要因素。当受众"浸入"到虚拟世界中时，虚拟现实技术在视觉、听觉和身体体态上达到了较高的"感官取代"，为受众带来另类的身体感官经验（alternative body experience），并通过身体经验的置换影响到受众的身份经验，使其感到"身临其境"。

研究者发现，造成记忆准确度差异的因素可能是信息的隐藏式内嵌和受众有限的注意力。沉浸式新闻虽然增加了最接近事实的、多维度的信息，然而关键信息却并不像文字或者视频一样直观，反而可能成为隐藏的、内嵌的环境元素，受众从信息的接受者变成了信息的"探索者"。然而受众的注意力相对有限，一是对虚拟现实技术奇观的聚焦可能会削弱故事叙事本身的关注度，二是在高信息密度的环境下很可能因为信息冗余面临选择的困境，最终只能通过试探性分析和判断，选择自认为重要和需要的部分——这种自主的选择有强烈的个人因素，并不在传播者的控制范围内，因而受众对于信息的掌握会具有极大的随机性。

可以看出，VR 新闻使用建模的方法打造了一个新的空间，造成了受众的沉浸，虽然这个空间是严格按照新闻事件来搭建的，但是依旧存在因为无关信息量过分吸引受众认知，而导致其错过新闻关键内容的问题。因此需要在场景中加入更多对于关键新闻内容的引导，从而使受众有更高的沉浸感的同时有更好的新闻认知。

（2）心理态度层面。

在有关沉浸式媒体传播效果的研究中，可信度表征了受众对于新闻的信任程度，其中既有对新闻内容的信任，也包含了对新闻来源、新闻媒介等的信任。因此，可信度会受到呈现新闻的技术形式的影响。目前，研究者们对于 VR 技术能否增加新闻可信度存在一些争议。Nielsen 和 Sheets（2021）通过访谈发现，部分受众认为沉浸式新闻的可信度非常低，部分受众则认为可信度很高，因此他们提出需要用实证研究测量沉浸式新闻对信任度的影响。

在积极影响上，一些研究发现，受众在接触沉浸式新闻时，对于信息的信任度会高于接触其他类型的媒介。例如周勇等人的研究表明，受众对沉浸式新闻内容的信任度高于文字信息和 360°全景视频信息。本书的研究结果也表明，受试者更倾向于相信沉浸式新闻而不是传统的视频新闻。

消极观点认为，VR 新闻可能会损害受众对于新闻的信任程度。VR 技术将新闻事件通过建模展示给受众，而习惯于接受传统图文、视频新闻的受众会质疑新闻来源的可信。此外，VR 新闻给予受众的探索自由也可能对其信任程度造成负面影响。Peña 等人（2010）则有不同意见，他们认为 VR 新闻不仅能呈现事实，更是给受众提供了体验新闻事件的机会。他们的研究结果表明，具有高临场感的 VR 新闻可信度更高，让受众使用能够引发高沉浸感的 VR 交互设备，得到了其对于新闻故事更高的可信度。

谈到引起态度变化的原因时，受众普遍认为 VR 系统支持的交互功能提供了一个主动的、身体的审视和体验整个新闻事件的机会，而不是像传统方式那样简单地用眼睛被动地观看新闻事件，这说明可参与的身体经验会对受众态度产生影响，Peña 等人（2010）的研究结果更证明了这一点，远程临场感（浸入感）水平高的沉浸式新闻具有更高的可信度，使用能够触发高沉浸感的 VR 交互设备的受众的体验反馈表明其对内容的信任度更高。这非常重要和有价值，特别是当视频造假等技术（deep fake video）如此普遍，以至于"眼见为实"变得值得怀疑的时候，参与者反而更倾向于相信和接受互动式 VR 传递的信息内容。

由此可见，在 VR 新闻能否增加新闻的可信度上存在争议，需要通过进一步的研究回应以上争议，增加 VR 新闻带给受众的可信度。

情绪作为人类与生俱来的生理和心理特征，是人对客观事物的态度体验及相应的行为反应。在新闻传播学领域，学界和业界对情绪的关注一直较少，直到媒介技术的变革打破了专业化新闻生产的单一垄断，丰富多元的自媒体内容快速发展，受众情绪的作用和影响力才被逐渐认知。真实、客观是新闻的命脉，媒介技术是影响新闻客观性的一个重要维度，每一次媒介的革新，都可能会极大地影响受众对新闻客观性的认知和判断。VR 技术的沉浸、在场等特征预示着受众情绪和新闻的客观性将面临前所未有的冲击与变革。

国内外不少研究成果认为，沉浸式 VR 媒体对受众的情绪有显著影响。Hardee 等人（2017）认为沉浸式新闻为被试提供了前所未有的多感官体验，有利于加强观众在新闻事件中的情感参与，这种情感参与体现在受众接受媒介信息内容后的心理反应变化、情绪强度等方面。Sundar 等人（2017）实验研究发现，相比使用文本、图片等传统的媒介，使用虚拟现实和 360°视频媒介的受众的共情度更高。VR 新闻擅长讲述故事，能更好地塑造性格鲜明的新闻人物，受众在体验新闻事件时情绪容易变得敏感。如果 VR 新闻呈现的新闻故事整体调性是欢快喜悦的，受众也很容易被感染而具有相同的情绪；如果 VR 新闻呈现的新闻故事是具有悲剧色彩的，受众情绪的表现也容易偏负面。

虚拟现实技术已经被成功应用于情绪诱发，比如张进等人（2021）采用主观受众自评量表和客观脑电信号两种测量方式，得出实验结论：VR 环境可以显著诱发负向情绪和正向情绪。Chirico 等人（2017）通过测量被试生理心理数据发现，沉浸式视频能帮助受众提高副交感神经的兴奋性，增强受众对敬畏情绪的感受。然而，VR 新闻对受众情绪类别的激发存在不确定性，例如一项针对《纽约时报》制作的 VR 新闻《流离失所》的观后研究显示，一部分受众在体验虚拟的贫民窟生活后，并没有产生公众所认为的同情、怜惜等情绪，相反他们表露出了对这些贫穷孩子的厌恶之情。

（3）行动层面。

在沉浸式传播相关的研究中，一些研究者关注受众观看新闻、体验沉浸式新闻系统之后的态度或采取的行动，包括与他人分享的意图、后续继续了解新闻相关信息的行为等。

周勇等人（2018）提出假设，用沉浸式技术报道消极的新闻内容之后，受众对于新的媒介形式有一种改善自身情绪的预期，而拒绝消极的新闻，因此可能后续没有积极主动的行为。但他们的研究结果显示，受众在体验了沉浸式新闻（包括 360°视频新闻和 VR 新闻）之后，即使在其中感受到了负面情绪，也依旧愿意分享和继续了解相关信息。而 Damme 等人（2019）有不同的观点，他们发现高沉浸的技术设备能导致更高的临场感和享受感，但对主观参与没有显著影响，即用户体验后并没有强烈希望获得关于这一主题的更多信息，也不想与其他人讨论实验素材中的相关内容。对此他们提出一种可能的解释是同情疲劳，由于新闻素材中选取的战争已持续很多年，受众已面临过多相关讨论而导致情感较为淡漠。Ma 等也通过实验证实，媒介技术即使对被试的助人态度和实际行为没有表现出显著正向作用，但可以通过临场等中介变量显著增强受众的身份认同，致其减少反对意见，进而促进他们的亲社会态度。

由此可见，目前的研究对于 VR 新闻是否能影响受众的各种行为意向或实际行动出现了多样的观点和讨论，未来还需要进一步的研究对该问题进行回答。

1.4　VR 新闻的应用现状

1.4.1　虚拟现实技术对新闻业的影响

在人类传播史中，每一个传播发展阶段都与当时的媒介技术密切相连，VR 技术的发展势必会使新闻业发生巨大变革。美国 Goldman Sachs 公司发布的《2015 年虚拟现实报告》显示，2025 年世界范围内 VR 市场总规模预计超过 800 亿美元，VR 将会和娱乐、医疗、教育等领域深度融合。

乐观派学者认为，VR 新闻为新闻生产、新闻教育、媒体融合带来新的机遇。董卫民（2021）指出，VR 新闻以用户视角叙事，在深度报道、体育赛事等现场感强的重大事件题材的新闻生产中，有利于引导受众理解、参与事件，而加深新闻的内容深度。喻国明等（2016）指出沉浸式媒介对新闻生产者提出了更高的要求，未来的新闻教育中除了培养传统的采写、拍摄能力，对 VR 新闻的专业化生产能力将成为新的培养重点。此外，在虚拟现实技术的加持下，未来机构主流媒体和互联网等高新技术公司的合作势必会愈发密切，这有助于传统新闻媒体行业转型升级，加深媒体融合发展趋势。

而 VR 新闻作为全新的新闻形式，会对传统的新闻理念产生冲击，尤其是其新闻真实性原则、新闻伦理、新闻价值评判体系都有待革新与重塑。常江（2017）通过内容分析法研究 2015 年到 2017 年西方主流新闻媒体对 VR 新闻的认识变化过程，研究结果显示，态度由最初的狂热拥抱到反思质疑，针对 VR 新闻的批评性言论大幅增加，积极评价的表述和用词都变得更为谨慎。此外，VR 新闻在内容制作、内容传播、盈利销售等方面仍然面临着诸多的问题。史安斌和张耀钟（2016）指出，VR 新闻生产成本高昂，生产门槛较高，会加剧媒体行业的垄断。也有学者担心，未来传统媒体会加速衰落，VR 新闻会成为新式意识形态的构建工具。

1.4.2 VR 新闻的业界实践

（1）VR 新闻产品演进脉络

2013 年，美国最大的报业集团——甘内特集团旗下的《得梅因纪事报》通过虚拟现实技术打造了 VR 新闻项目《丰收的变化》（Harvest of Change），它被视为业界对 VR 新闻的首次尝试。2015 年，VR 新闻快速席卷全球媒体行业，尤其是在英美等发达国家，这一年也被称为"VR 新闻元年"。

在 2015 年，《纽约时报》率先推出 VR 新闻客户端 NYTVR，并一同上线 5 部精心制作的 VR 新闻作品。而后两年，《纽约时报》持续制作超 20 余部高质量 VR 新闻作品，成为行业领头羊和模范案例。《纽约时报》的 VR 新闻从表现形式到内容生产都十分专业，尤其注重新闻细节的还原。例如，针对 2015 年巴黎街头的恶性恐怖袭击事件，《纽约时报》紧跟新闻时效性推出 VR 新闻 "Vigils of Paris,"还原了暴恐袭击的整个过程，带给观众强烈的现场冲击力；而 2017 的 VR 新闻 "Still Living With Bottled Water in Flint"生动形象地反映密歇根州弗林特市严峻的水资源短缺和水污染问题，引发公众巨大关注。

2015 至 2018 年这一时期，越来越多的西方新闻媒体开始加入制作 VR 新闻的行列，VR 新闻的主题、类型和平台愈加多样化：美国广播公司推出 "ABC News VR" 服务，其 VR 新闻 "Inside Syria" 展示了叙利亚的故事与景色；英国《卫报》推出 VR 新闻 "6×9"，将观众置身于美国的监禁牢房内，讲述在隔离的情况下可能产生的心理伤害的故事。欧洲新闻电视台

（Euronews）、《赫芬顿邮报》等成立了专门制作 VR 和 360° 新闻影片和纪录片的部门。美国有线电视新闻网（CNN）、《华尔街日报》、《时代周刊》纷纷推出了自己的虚拟现实频道或移动应用。此外 2018 年，世界报业和新闻出版协会（WAN-IFRA）与世界 VR 论坛（World VR Forum）共同为沉浸式新闻设立了一个新的奖项——"VR 新闻报道奖"（VR Journalism Prize）。世界 VR 论坛在其官网表示，他们对于 VR 新闻报道的要求是："可以阐明复杂问题、向用户传达某种感受或情绪，或者两者兼而有之的故事、纪录片、长篇故事、交互式故事或沉浸式体验。"由此可以看出，这一时期有关 VR 新闻的探索和实践已得到新闻业的初步认可。

国内 VR 新闻则多由《人民日报》等主流媒体主导，大多应用于报道突发新闻及重大社会事件。例如 2015 年，《人民日报》利用 VR 技术全景直播"9·3 阅兵"盛大纪念活动，成为我国首家踏足 VR 新闻领域的主流媒体；同年，新华社制作了《带你"亲临"深圳滑坡救援现场》，这是 VR 技术在我国重大突发新闻报道中的首次应用。除了主流媒体外，市场媒体也在尝试 VR 内容制作，例如，2016 年网易新闻通过实地拍摄和三维建模深度复现苏联切尔诺贝利核事故，推出《不要惊慌没有辐射》，受众得以通过第一视角直观、震撼地感受灾难现场。此后至今，虚拟现实技术被应用于报道后或直播全国两会、国庆庆典、春运现状、突发灾情等场景下。董卫民（2021）总结道，尽管我国 VR 新闻的应用大致时间上与西方同步，但我国 VR 新闻的选题较为单一，多集中在展示重大活动及会议的场景，而在深度报道方面的新闻选题较少。

1）国外 VR 新闻相关媒体机构与产品：

●《纽约时报（New York Times）》。

2015 年 11 月，《纽约时报》推出了一款名为 NYT VR 的 APP，Apple Store 以及 Google Play 都可以提供下载，成为首个尝试 VR 报道的世界级权威媒体。

2016 年 11 月，《纽约时报》与三星合作，推出了 360° 新闻平台 The Daily 360°该公司还发放了一百万台 Google Cardboard 头显设备，此外还通过 iOS/Android 应用程序发布一些影片的 VR 版 Demo。

像"The Displaced""The Fight For Falluja"以及"Walking New York"等项目是迄今为止《纽约时报》制作的几个比较知名的 VR 体验产品。在 2016 年，这个媒体巨头又收购了"Fake Love"——一个专门从事虚拟现实和增强现实研究的机构。

● 美联社（The Associated Press）。

2015 年 8 月，美联社与 RYOTVR 制作公司合作推出 VR 新闻"寻找家园（Seeking Home）"。

2016 年初，美联社与芯片制造巨头 AMD 合作，推出了专门的虚拟现实和 360°视频频道。在短短一年时间里，这个全球化的通讯社就制作了超过 20 款不同主题的 VR 及 360°视频内容。其中一些做得比较好的项目例子包括"North Korea""Rush Delivery""Alzheimer's Disease""The Suite Life"。

● 美国有线电视新闻网（Cable News Network，CNN）。

2015 年，CNN 制作了一个虚拟现实版的民主辩论电视广播节目，这也标志着三星 Gear VR 头显第一次被用于实时传输新闻事件。在意大利地震、美国总统大选和叙利亚难民等国际性事件上都能看到 CNN 的虚拟现实报道。该媒体巨头还拥有一个内部的创作机构——Courageous，用于在不同的数字平台上创建支持的内容，比较知名的 360°视频的"Norfolk Southern"就是该机构创作的。

2017 年 3 月，CNN 推出了沉浸式新闻栏目和平台"CNNVR"，通过360°视频报道世界各地的主要新闻事件，把观众"传送"到新闻之中。此外，在过去几年中，CNN 一直在实验 VR 新闻产品，并制作了超过 50 部的沉浸式视频。

● 美国公共电视台（PBS）纪录片系列 Frontline。

2015 年推出第一部 VR 纪录片《Ebola Outbreak：A Virtual Journey》（《埃博拉的爆发：一场虚拟的旅途》）。

2016 年 3 月，第二部 VR 纪录片《On the Brink of Famine》（《在饥荒边缘》）是由 Frontline 栏目组和 Brown 媒介创新研究院联合推出的，记录了南苏丹人民的生活。由于连年不断的内战，南苏丹有超过 280 万人挣扎在饥荒边缘，甚至有 4 万多人处在饿死的边缘。

●《卫报》（The Guardian）。

2016 年，英国《卫报》推出第一个虚拟现实体验"6×9"，它将观众置身于美国的监禁牢房内，讲述在隔离的情况下可能产生的心理伤害的故事。在收到观众非常积极的反馈后，《卫报》决定在内部成立一个虚拟现实内容团队，它也借此成为英国第一个在新兴技术领域投入专门资源的新闻出版商。

● 美国广播公司 ABC。

该公司 2015 年在网站开始提供名为 ABC News VR 的服务，推出《在叙利亚》。

●《华尔街日报》（The Wall Street Journal）。

2015 年，《华尔街日报》推出了一个旗舰版的可应用于 iOS 及 Android 系统的应用程序，内置 360°视频且提供虚拟现实观看功能。Gear VR 用户还可以通过 Vrideo 应用程序访问华尔街日报的新闻内容。

"3D NASDAQ Interactive" 以及 "The story of American Ballet Theatre soloist Sarah Lane" 是华尔街日报打造的一些比较著名的移动 VR 项目。读者还可以在 360°全景影像中一览华尔街日报的新闻工作室。

● 《时代周刊》（Time）。

美国《时代周刊》杂志通过虚拟现实将传奇的媒体品牌 LIFE 带入到了人们的生活中。LIFE VR 是一个专门的虚拟现实平台，标志着时代公司的下一个故事叙述方式。LIFE VR 可用于 iOS、Android、Gear VR、Oculus 以及 HTC Vive。LIFE VR 已经推出了三款不同的沉浸式体验：Defying the Nazis、Fast Ride 以及 LUMEN。

● 《经济学人》（The Economist）。

"RecoVR Mosul: A collective reconstruction" 是《经济学人》打造的第一个虚拟现实体验。它是对于 Mosul 博物馆中一些文物的数字化重建，而其中的一些文物已经被伊斯兰国家的激进分子在 2015 年摧毁了，相关内容已经被重新包装为一个应用程序，用户可以选择是否配套谷歌 Cardboard 头显使用。当观众打开 APP 时，他们会根据自己观看的内容选择是否需要接入头戴式显示器。

"RecoVR Mosul" 陆续赢得了 2016 年英国交互媒体奖项中的创新奖和 2016 年的 Lovie 奖项中 VR 类别的银牌。《经济学人》的 VR 体验也随着另外两个虚拟现实作品的更新而不断深化：其中一款是日本大阪市的旅游推荐，另外一个是动画题材的体验，反映公海过度捕捞的问题。

● 欧洲新闻电视台（Euronews）。

通过与三星和 Google 数字新闻倡议（DNI）创新基金合作，欧洲新闻电视台（Euronews）在 2016 年推出了一个创建虚拟现实（VR）新闻内容的全新项目，为观众带来身临其境的新闻体验。新闻的拍摄借助于三星的 Gear 360°相机，用户可以通过不同的数字平台，如 Vrideo、YouTube 或 Facebook 来进行访问。

● 《赫芬顿邮报》（The Huffington Post）。

2016 年初，AOL 旗下的赫芬顿邮报（The Huffington Post）收购了位于洛杉矶的虚拟现实工作室 RYOT。RYOT 成立于 2012 年，致力于拍摄 VR 和 360°影片和纪录片，旨在给观众带来更加身临其境的体验。而收购之后，RYOT 将作为赫芬顿邮报的一个新的部门，将为报纸上的内容打造 360°的全景新闻，并在全平台分发。此外，该工作室还将与 AOL 的合作工作室联合起来为合作品牌创建专门的 VR 内容。

● 《国家地理》（National Geographic）。

《国家地理》杂志一直以来都是视觉故事叙述领域的先驱。它的这种传统也包括了对沉浸式技术的接纳程度，"The Devil's Pool" "Unexpected Snow" "Volcanic Eruption in Kamchatka" 等作品都是国家地理带给观众的壮观的 360° 视频体验。

2016 年 5 月，《国家地理》杂志推出了一个虚拟现实频道 "Nat Geo VR"，能让观众领略到拍摄的最前线，与探险家、摄影师以及播音员一同深入现场。在 2016 年 8 月，该杂志推出了第一个以奥巴马总统为主题的虚拟现实体验，观众能够与奥巴马总统一起在约塞米蒂国家公园进行一段 VR 旅程。

● 美国视频网站 Hulu。

Hulu VR 应用程序让 Gear VR 和 Oculus 用户能够在 Hulu 中订阅到 VR 视频，他们能够在虚拟现实环境中观看原始视频系列或电影，如私人定制的大屏幕剧院，可选现代客厅或轻松的海滩背景模式。

该在线流媒体服务还与《赫芬顿邮报》。合作推出了第一个虚拟现实喜剧系列 "Virtually Mike &Nora" 以及虚拟现实世界新闻节目 "The Big Picture：News in Virtual Reality"。

2）国内 VR 新闻相关媒体机构与产品。

2015 年，财新网拍摄了我国的首部 VR 纪录片《山村里的幼儿园》。同年 9 月份，人民日报制作了 "9·3" 阅兵 VR 全景视频，成为我国首家踏足 VR 新闻领域的主流媒体。腾讯新闻则实现了移动端观看 VR 技术视频直播的交互体验。同年，新华社同步推出《带你 "亲临" 深圳滑坡救援现场》的 VR 新闻报道。

2016 年 1 月 24 日的体坛风云人物颁奖典礼，央视网首次采用 VR 技术进行了全景直播。2016、2017 年的两会期间，新华社、央视、人民日报等媒体纷纷采用了 VR 技术进行新闻报道，掀起了一股 VR 新闻的热潮。6 月，《重庆晨报》推出 VR 新闻频道，并开发了独立客户端，可以通过 VR 设备进行新闻体验。8 月，里约奥运会期间，央视用 VR 进行了超过 100 小时的报道。10 月，在 "鸟巢" 举办的《中国新歌声》总决赛采用了 VR 直播的方式，让国内的大型综艺节目也加入了 VR 的行列。2016 年 8 月 7 日，由 "虫洞 VR" 公司发起的 "VR 新闻实验室" 在北京成立，全国 12 家新闻主流报纸将分享 VR 新闻制作技巧，并在虫洞网（www. vrcdkj. com）上发布

VR 新闻视频。2016 年在央视新闻频道的天宫二号发射特别节目《筑梦天宫》的直播中，基于 VR 技术可在演播室内看到虚拟的神舟飞船从屏幕里"飞"了出来，主持人也"穿越"到飞船的内部，介绍飞行器的内部构造，让观众对飞行器的构造有了更直观生动的认知。

2018 年春节前夕，新华网 VR 频道相继推出《春运首日，回家的路》《带您感受春运潮，宝兰高铁迎首个春运》和《带您走进广州火车东站，看人在旅途》等 VR 新闻报道，在这些 VR 视频中，体验者可以跟旅客"一起"排队买票、安检，"一起"等候上车，"一起"在车厢里欣赏窗外急速掠过的场景。尽管春运报道年年有，但通过 VR 的形式却给了受众前所未有的"沉浸式"临场体验。2018 全国两会期间，以经济报道见长的《经济日报》主办的中国经济网首次在两会报道中使用"全景 + 新闻"的报道形式，并特别推出"全景看两会"融媒体产品，让新闻报道更立体。除了对实时新闻的关注外，像"中国国际进口博览会"和"2018 物联网博览会"等也都通过 VR 全景技术实现了 24 小时不间断的线上展览，让观众足不出户就能看展。

2019 年，中央广播电视总台在国庆 70 周年庆典活动中，将搭建的 88 个机位中的 70 路讯道信号通过技术手段重新编码变成 IP 信号，通过互联网专线回传到国庆特别节目制作中心，央视新闻云 AI 引擎对来自各机位的画面内容自动解析，首次实现对阅兵分列式和群众游行的各个方阵的自动剪辑，制作了近百条 AI 微视频全程同步报道，丰富地展现每个方阵经过天安门的全过程，时长达到 1 分钟以上，较之电视直播现场导演人工切换后每个方阵 20 多秒的画面，内容更为丰富，并成倍提高了发稿速度和质量。

可以看出，国内外的 VR 技术发展至今，VR 新闻选题大多集中在人道主义问题、生态环境问题、重大会议新闻或者持续性新闻上。

（2）VR 新闻产品的分类与总结。

现阶段，鉴于 VR 新闻的发展状况和媒介特性，其应用场景集中于一些特定的领域。

● 选题内容。

"战争"和"灾难"是高频被提及的题材（常江 & 何仁亿，2018；张剑 & 潘悦凝，2019；Wu，2021）。依靠 VR 基于真实的虚拟构建，VR 新闻可以最大限度地还原现场，模拟战争、灾难"发生前——发生时——发生后"的阶段变化，具有传统媒介无法比拟的优势。此外，身临其境的观看也提升了用户的卷入度，更能激发其情感的共振。Peña 的《叙利亚项目》（Project Syria）（2014）、BBC 的《我们等待》（We Wait）就属于这类题材。

常人难以到达的场景也常在 VR 新闻中出现。例如,《经济学人》(The Economist)的《海洋 VR:净正面效益》(Oceans VR:Net Positive)围绕公海过度捕捞的相关辩论进行报道,部分镜头依靠 VR 带用户潜入深海。BBC 的《家园:VR 太空漫步》(Home_A VR Spacewalk)则直接带领用户"离开"地球,体验出舱与太空行走。

● 选题特性。

当前的 VR 大多是视觉、听觉主导的媒介,因此,VR 与现场画面感强、视觉冲击力强的报道有极高的契合度。一些学者指出,VR 新闻适用于解释性报道、新闻纪实报道或现场难以再复制的新闻事件;而动态新闻和较为抽象的内容(如财经新闻),就不适合以 VR 形式报道(肖黎 & 倪娜,2016;张钊瑜,2019)。

诚然,现在的 VR 新闻集中于长期、稳定的选题(曹金泽,2017),当前的 VR 技术水平无法做到及时、迅速完成 VR 作品进行报道,在时效性上有所欠缺。短期内,人们无法做到 VR 新闻报道动态新闻;但长远来看,当技术足够成熟,动态 VR 新闻的报道未必不可实现。

而在题材较为抽象的 VR 新闻方面,也已经有人进行了尝试。BBC VR 中心在 2018 年发布了 VR 新闻《制造噪音》(Make Noise),主题为世界"平权"主义的斗争,在 VR 新闻的抽象题材报道中进行了先行探索。

整体来看,VR 新闻在题材上有着比早期更加多样化的趋势(常江 & 何仁亿,2018),相信随着技术的发展,VR 在新闻中的使用也可以变得更加稀松平常,正如我们今天使用纸张、使用摄影技术一般。

● 选题用途。

一些学者也按照普利策奖中的硬新闻分类,广泛地对 VR 新闻进行了对应分析(Hardee & McMahan,2017;米华,2018)。普利策奖将硬新闻分为突发新闻(Breaking News)、公共服务类新闻(Public Service)、调查报道(Investigative Reporting)和解释报道(Explanatory Reporting)。在经过"VR + 新闻"的迭代后,这四个分类分别对应 360° 全景突发新闻视频、VR 沉浸式公共服务类新闻、VR 沉浸式调查报道和 VR 沉浸式解释报道。其中的第一类为使用 VR 设备的 360° 全景视频新闻。

在图 1.4 中,整理了国内国外近十年以来的 20 条 VR 新闻,按时间顺序进行排列,涵盖业界和学界,并简要描述了它们的内容。

通过这些应用实例,我们可以看出:

第一,当前的 VR 新闻应用,强调 VR 新闻在场景构建和沉浸感上的优势,通过"再现""解释""体验"进行新闻价值的传达。

第二，VR 新闻在应用方面仍处于初期起步阶段，学界与业界的分野并不是特别清晰，二者时常协力合作。Peña 可以看作是学界的代表，她的作品《饥饿洛杉矶》（Hunger in Los Angles）的技术顾问是 Palmer Luckey，也就是后来 Oculus 的创始人（史安斌 & 张耀钟，2016）。在 VR 新闻的实际应用的先行探索方面，学界和业界呈现出交融的态势。

第三，从作品出现时间和数量上来看，国内 VR 新闻起步较晚。实际上当前国内的 VR 新闻，大多是使用了 VR 设备进行最终呈现的 360° 全景视频，由虚拟的计算机合成图像（CGI）构成的很少。

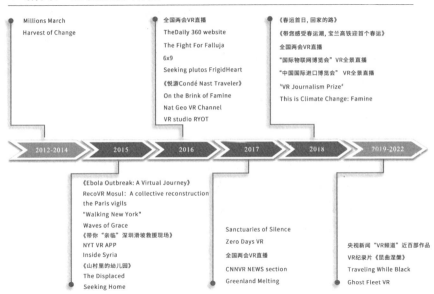

图 1.4　国内外 VR 新闻产品发展脉络

1.5　VR 新闻的思考与展望

尽管现如今 VR 在新闻业中的应用仍处于探索时期，但人们已然能窥见该新技术对于传统新闻生产消费模式和新闻业态的变革性影响。VR 新闻通过呈现高度仿真的虚拟环境，从多感官维度为用户带来高沉浸、强参与的全新新闻消费体验，其在新闻传播效果与受众体验上的优势已被广泛肯定和验证。然而，部分观点担忧 VR 新闻高度的"体验价值"可能逾越甚至破坏"新闻价值",对真实性、客观性、时效性等新闻特性造成损害,抑或产生情感操纵、隐私泄露等伦理风险。此外,这种新闻媒介还带来了晕屏症、恐怖谷效应等新问题。

这一系列风险与挑战提醒着人们,在肯定 VR 技术作为一种革命性力量、为新闻业创造无限可能的同时,还应该保持和坚守对新闻本身的价值审视和伦理思考,正如学者邓建国(2016)所言:"(虚拟现实)技术服务于新闻,而不是新闻服务于技术"。本节将概述目前新闻学界、业界关于 VR 新闻的媒介伦理讨论与研究。

(1)真实性。

真实性被称为新闻的生命,而 VR 新闻是虚拟现实技术与新闻的结合,"虚拟"与"真实",一对看似矛盾的概念在此相遇。以 VR 新闻先行者为代表的一群人指出,人们倾向于对虚拟情境做出真实的反应,即便这些情境保真度很低。他们认为,利用地点错觉、看似可信(plausibility)和虚拟身体所有权等心理和现象学感觉,可以借助虚拟技术生产沉浸式新闻,创造真实体验(Peña et al.,2010;Hardee &McMahan,2017)。然而,用户可能无法辨认哪些是体验层面的真实。

此外,VR 新闻的先行实践者常用"准确性"来回避"真实性"问题,然而实际上二者并不等同(常江 & 何仁亿,2018)。即使 VR 新闻能通过模拟仿真环境尽可能准确地还原新闻现场,但由于制作方对事实二次创作和塑造的权力远远增加,VR 新闻呈现客观事实的能力被质疑。诚然,VR 新闻的最大特点是故事情境的生动再现,而非以记者和叙述者的方式,将事实和观点分离。这种故事模式一旦处理不当,例如,因构建场景时对信息筛选整理不当、呈现视角片面、制作者的情感倾向等导致不符合现实的虚拟环境,而用户在过程中容易混淆虚拟和现实,相信"眼见为实",因此对新闻的认知不客观、不全面。

有学者提供了不一样的见解。Hardee(2016)认为所有的新闻报道都是某种模拟,而非完全真实的还原——记者使用丰富多彩的文字重述事件,电视新闻经过了一定程度的剪辑。Slater 和 Sanchez-Vives(2016)指出关于虚拟现实伦理的争论忽略了其不是传递新闻的唯一方式这一点,虚拟现实作为另一种媒介和另一种叙事的生产和展示方式,提供了一种不同的"信息"和情感投入,不会取代传统媒体。同时,在任何事件中发生的事情都可能存在相互竞争的观点,因此虚拟现实描绘的一个版本可能无法反映观点的多样性,这也与虚拟现实无关。事实上,虚拟现实可能有一个优势,那就是可以从多个角度——从不同角色的角度——重温一个场景,这有时甚至可以解释为什么他们对一个事件的描述是截然不同的。

（2）客观性。

关于新闻客观性的问题，学者们对此产生了不同的意见：VR 新闻的客观性被"双向重构"，不同条件下客观性既能被增强也能被削弱。一方面，VR 新闻承载着更完整、立体的新闻信息，受众能够越过传统新闻生产的处理环节，接收到更完整、立体和全面的新闻信息，这可能有利于新闻客观性的提高。另一方面，若从客观的媒介特性的角度来分析，与传统新闻在"把关"中的信息筛选相比，VR 新闻是基于真实事件的高度虚拟重构，在二次创作上有更大的自由度。VR 新闻的制作者更有可能在框架中控制用户去看什么、如何体验、感受到什么，因此，有时 VR 新闻也会面临"操纵"的质疑。

美国学者 Joseph SNye 曾提出"充足的悖论"（the paradox of plenty），指出 VR 由于新闻报道承载信息量的极大膨胀，多余的信息可能会对受众带来干扰和误导，受众如何选择、认知、理解核心的有价值的新闻信息会变得更加困难。在沉浸式环境中，受众在潜意识层面会更相信自己亲眼看到的内容，这使得受众容易放大对新闻事实的偏见，影响新闻的客观性。周勇等人（2018）的实证研究发现，受众在沉浸式 VR 媒介环境下，对于新闻客观信息的掌握程度低于传统文字报道。此外，偏中立学者如 Peña（2010）等认为客观性面对挑战的问题并非 VR 新闻所独有，传统新闻报道中也存在不平衡报道和修改采访内容的问题，应该针对性地对 VR 新闻从业者进行生产规范约束。在 VR 新闻这一形式下追求新闻的客观性，确实面临着更大的挑战。

（3）时新性。

时新性是新闻与生俱来的基本特征，也是新闻最核心的要求之一。在新闻实践中，时新性指的是事实新、时间近，即新闻事实在时间上是新近发生的，在内容上是人们所未知的新鲜事。一般来说，新闻越新鲜及时，其价值便越高。然而，制作真正意义上的 VR 新闻需要耗费较长的周期和巨大的投资，这可能与新闻时效性的要求相悖。

与真正的 VR 新闻相比，就算是 VR 视频新闻的制作周期也经常需要数月的实践。负责《纽约时报》开发 VR 视频新闻产品的成员就曾表示："与制作一部标准的数字视频需要耗费的时间相比，VR 视频新闻的前期制作需要花费 1.5 倍于普通前期制作的时间，视频拍摄过程时间是以往的两倍，后期制作还需要花费 10 倍于过去的时间。"从以往的生产实例来看，由得梅因纪事报制作的 VR 视频新闻《丰收的变化》制作耗时近三个月，投入五万多美元，而财新制作的 VR 纪录片《山村里的幼儿园》也用时 1 个多月，费用高达上百万元。

一般类型的新闻对时效性有着较高的要求，制作方需要平衡时间、成本和质量。长时间、高投入的新闻制作，难以满足相关方对新闻时效性的要求，因此多数新闻媒体只能不定期地根据特定新闻题材制作 VR 新闻。媒体更倾向于制作 360° 全景视频新闻，因为 360° 全景视频新闻或图像新闻只需在新闻现场拍摄，后期制作也比真正的 VR 新闻简单，所以更受新闻媒体的欢迎。

（4）其他方面。

● 恐怖谷效应。

恐怖谷效应（Uncanny Valley Effects）指的是在一个虚拟对象的拟人度逐渐上升的过程中，人们对其的亲和感会经历先增加，随后骤降，最后再增加的过程；即用户在面临一个拟人度非常高、但仍与真人有别的虚拟对象时会产生恐惧等心理不适感。该理论最早由日本机器人学家森政弘（1970）提出。

虽然恐怖谷理论更多运用于仿人机器人的设计研究中，但完全可以延伸至 VR 新闻的语境下。一方面，VR 新闻在模拟新闻场景时一般会构建相关的虚拟人物（例如，虚拟记者和当事人），而这些人物在外观、动态、语言上往往追求与真人相似，但由于成本、设计与技术问题，难以达到与自然人相媲美的效果。如果把握不好虚拟人偶的创作尺度，很容易给用户带来迷惑甚至恐惧的感受。另一方面，对现实世界高度还原的虚拟场景有效提升了用户的在场感，然而虚拟世界的时空规律及变化却与现实不同，人们可能对这种秩序感的破坏尤为不适。

目前，关于缓解恐怖谷效应的做法主要是"止于谷前"，即明确虚拟人偶的非人特征，模拟动画形象进行艺术化设计，例如，放大双眼、使肢体圆润等。也有许多人期待科技的进步能使虚拟世界更加拟真，真正实现"跨越"恐怖谷。

● 晕屏症。

晕屏症是使用沉浸式技术带来的身体不适感（Hardee & McMahan，2017），包括注意力不集中、恶心、视力模糊、头晕、疲劳、头痛、出汗等症状，类似于晕船或晕车的感觉。有三类因素导致晕屏症的发生：个体因素（例如，年龄、性别、姿势），设备因素（包括延迟、人体工程学等因素）和任务因素（包括用户所拥有的控制级别和用户正在执行的特定任务的持续时间）（Davis et al.，2014）。在 VR 新闻中，虽然记者几乎无法控制个人因素和设备因素，但他们可以尝试通过调整用户执行的任务来减少用户晕屏症的可能性（Hardee & McMahan，2017）。同时由于晕屏症会影响用户在现实生活中的身体平衡感，记者需要提醒用户注意这些影响（Sirkkunen et al.，2016）。

● 情绪渲染过度。

VR 新闻的沉浸感、临场感、情绪感染力是其优势，然而在某些场合下，过度的共情会带来不适。如《6×9》牢狱中的压抑、战争 VR 新闻中的血腥场面，都可能对用户带来负面影响。此外，情绪感染的尺度控制有时会与 VR 新闻的其他价值追求（如再现真实场景）发生冲突，这也是传统新闻中常会面临的困境。但如果仅以 VR 新闻作为一种可供选择的、短暂的沉浸体验的途径，在用户知情同意的前提下，或许可以在多种价值之间做出更大的保全。

在 VR 新闻中，为尽可能避免损害新闻伦理规范的风险，需要在叙述事实的基础上，平衡传达事实的准确性、多视角的公平性和 VR 技术的关系，并在实践中逐渐建立一套适用于 VR 新闻的完善周全的生产规范与道德标准。Sánchez Laws 和 Utne（2019）从现有的道德内容与记者制作沉浸式新闻时自身的关切着手调查，提出了针对图像操作、面对用户的记者责任、作为新闻消费者的用户自身责任的具体准则，为沉浸式新闻的新闻伦理标准提供了一些指南。值得注意的是，他们强调要在沉浸式新闻的道德准则中更好地考虑用户层面，具体包括：①制订用以早期评估技术如何改变道德实践的方法；②使记者和新闻道德机构更多地了解用户层面知识，包括不对用户造成心理伤害的原则；③建立途径，将用户作为合作伙伴，纳入沉浸式新闻道德准则建设中。

1.6 本章小结

本章梳理了学界和业界对 VR 新闻不同的定义和实践，认为通过 3D 建模制作的、受众能够通过身体设备与虚拟环境进行交互的、能够带来高沉浸感的新闻属于 VR 新闻，它是区别于使用 360°全景相机生成的沉浸式视频新闻（也被称为 VR 视频新闻）以及虽然使用了 VR 技术建模、具备一定程度沉浸感但却忽略了交互性特征的普通 VR 新闻。本章不仅对 VR 新闻的生产消费方式、传播效果、叙事框架与传播伦理等方面的变革进行了文献回顾与思考，还梳理了国内外 VR 新闻产品实践的发展脉络，反思 VR 技术为新闻业带来的影响。

随着虚拟现实技术的进步，VR 新闻将成为未来的一种重要的新闻传播形态，这种形态将是变革式和颠覆式的。然而仅仅关注和强调虚拟现实技术对新闻业的积极效用是片面的，我们更需要看到该领域一些悬而未解的问题。例如，尽管迄今为止有许多新闻媒体机构各具有稳定的 VR 新闻生产机制与周期，但国内外均未形成广泛统一的行业标准与生产规范；而有异于传统媒体的 VR 媒介新特征给新闻受众带来的多维影响及其作用机制仍存在争议性解释。VR 与新闻的融合不仅仅是一个技术进步问题，而且是一系列复杂的传播现象，更是媒介融合发展的重要机遇。对本领域现有的各种理论与实际问题进行深入思考，上下而求索，才能更好地融合 VR 与新闻并最终开花结果。

1.7　本书组织架构

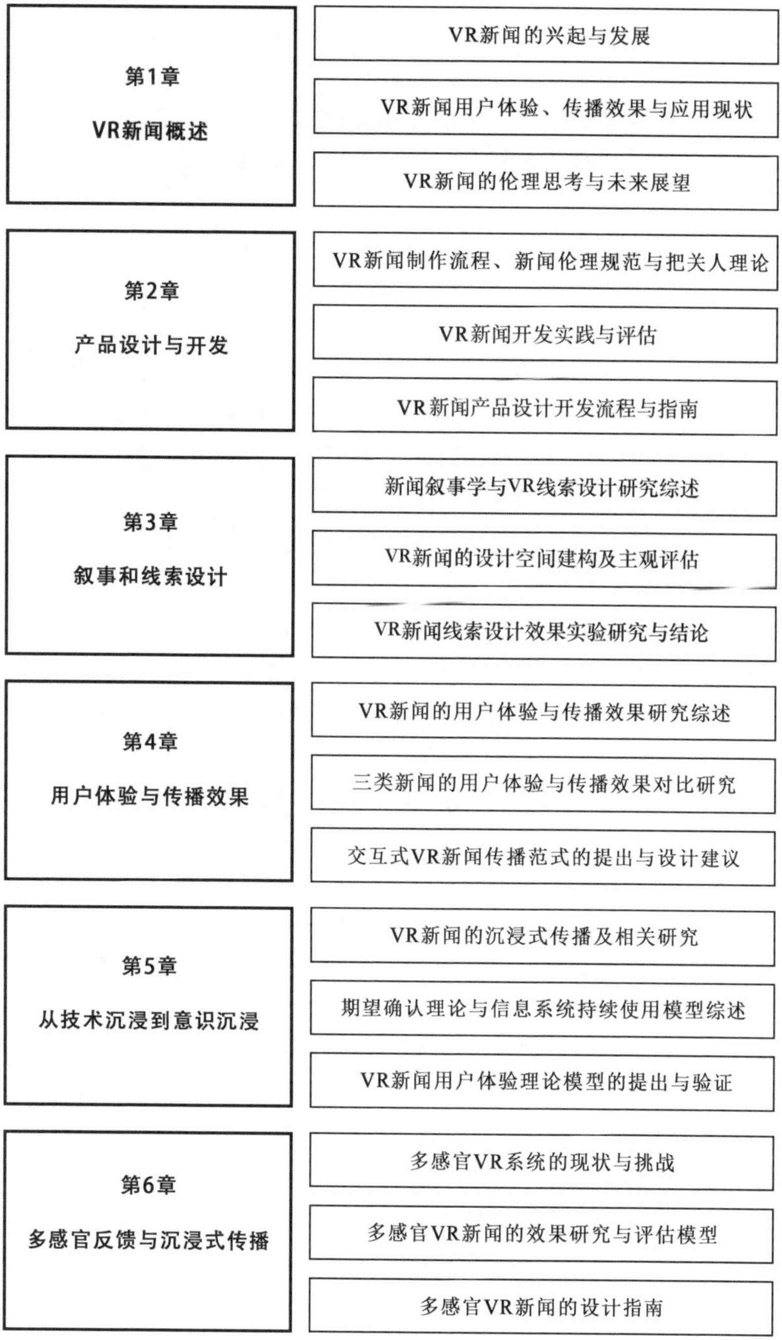

第1章 **VR新闻概述**	VR新闻的兴起与发展
	VR新闻用户体验、传播效果与应用现状
	VR新闻的伦理思考与未来展望
第2章 **产品设计与开发**	VR新闻制作流程、新闻伦理规范与把关人理论
	VR新闻开发实践与评估
	VR新闻产品设计开发流程与指南
第3章 **叙事和线索设计**	新闻叙事学与VR线索设计研究综述
	VR新闻的设计空间建构及主观评估
	VR新闻线索设计效果实验研究与结论
第4章 **用户体验与传播效果**	VR新闻的用户体验与传播效果研究综述
	三类新闻的用户体验与传播效果对比研究
	交互式VR新闻传播范式的提出与设计建议
第5章 **从技术沉浸到意识沉浸**	VR新闻的沉浸式传播及相关研究
	期望确认理论与信息系统持续使用模型综述
	VR新闻用户体验理论模型的提出与验证
第6章 **多感官反馈与沉浸式传播**	多感官VR系统的现状与挑战
	多感官VR新闻的效果研究与评估模型
	多感官VR新闻的设计指南

图 1.5　本书组织架构

第 1 章：VR 新闻概述。

本章首先介绍虚拟现实技术的发展历史，回顾该技术与新闻业的交融过程并引出和界定"以人为本的 VR 新闻"的概念。随后对 VR 新闻在用户体验和传播效果方向上的学界研究进行概述，并总结业界现有的 VR 新闻产品及应用，探讨 VR 新闻给新闻业带来的影响。接着对 VR 新闻的伦理问题和发展前景进行反思和展望。最后给出了本书的组织结构。

第 2 章：产品设计与开发。

VR 新闻为传统的新闻生产、新闻叙事和新闻伦理规范带来了新的挑战。本章将新闻规范视角下的新闻产品流程与迭代软件开发视角下的虚拟现实应用程序开发相结合，提出了一种更实用的 VR 新闻产品设计开发流程。基于这个流程，我们通过采用迭代设计方法开发了一个 VR 新闻产品，并通过两个不同的叙事框架［无交互 VR 新闻（VR-I）和有交互 VR 新闻（VR + I）］中的用户评估来探究其用户体验和传播效果。本章为设计师开发更实用、更用户友好的 VR 新闻产品提供了理论和应用实践参考。

第 3 章：叙事和线索设计。

如何叙事一直以来都是新闻业以及新闻生产关注的重点。区别于传统新闻叙事，VR 新闻受众不再只是被动的内容接收者，而是能够在一定程度上积极参与和创作新闻内容的探索者、叙事者。这一变化使得如何通过线索设计提示、引导用户，帮助他们进行新闻的感知和理解成为亟待解决的问题。为此，本章基于对 34 篇 VR 新闻的内容分析，搭建和评估了一个可视化的设计空间；随后，本章通过实证研究探讨是否使用线索设计及使用何种线索设计对新闻效果的影响，最后总结了 VR 新闻的线索设计体系和设计指南。

第 4 章：用户体验与传播效果。

与传统的视频新闻相比，VR 新闻的用户体验和传播效果方面还有待进一步考证。并且，已有的相关研究大多集中于无交互的 VR 新闻，对虚拟现实的"交互性"这一本质特征关注和应用得不够。基于此，本章提出了一种新的"以人为本的 VR 新闻"的新闻传播范式，并基于用户行为实验考证了 VR 新闻在新媒体语境下对受众沉浸感和共情等方面的用户体验效果以及对受众获取新闻信息的准确度、可信度和情绪等方面的传播效果。

第 5 章：从技术沉浸到意识沉浸。

VR 新闻的核心价值之一在于建立临场感，即让用户更好地享受、理解新闻故事，并且对故事内容产生共鸣，但技术赋予 VR 新闻用户以高度的"感官技术沉浸"，这不一定意味着带来同等高度的"认知意识沉浸"。本章

从用户体验视角切入，基于期望确认理论和信息系统持续使用模型，提出
和验证了一个整合认知、情感、态度、行为的 VR 新闻用户体验模型，揭示
人们在体验 VR 新闻的过程中从技术沉浸到认知意识沉浸再到态度行为被影
响的过程。

第 6 章：多感官反馈与沉浸式传播。

本章是多感官 VR 新闻领域的探索性研究。在 VR 系统中，视听觉信息
一般起主导作用，但这些感官信息的提升对于增加 VR 新闻的传播效果是有
上限的。因此，本章引入人机交互领域中多感官反馈的概念，增加 VR 新闻
中触觉、嗅觉和味觉等感官反馈通道，并采用实证研究的方法，探究多感
官反馈对于 VR 新闻传播效果的影响。在这个基础上，本章提出多感官 VR
新闻的效果评估模型和产品设计指南。

1.8　参考文献

常江, & 何仁亿. (2018). 真实的虚妄：浸入式新闻的伦理风险探析.
新闻战线, (6), 57 – 61.

常江, & 杨奇光. (2016). 重构叙事？虚拟现实技术对传统新闻生产
的影响. 新闻记者, (9), 29 – 38.

邓建国. (2016). 时空征服和感知重组——虚拟现实新闻的技术源起
及伦理风险. 新闻记者, (5), 45 – 52.

董卫民. (2021). 沉浸式新闻（VR/AR）：演进历程，创新路径及行业
影响. 未来传播.

郭庆光. (2011). 传播学教程. 中国人民大学出版社.

李唯嘉 & 周泉. (2022). "我觉得像是玩游戏"：用户对 VR 新闻的使
用体验研究. 国际新闻界 (04), 78 – 95. doi：10.13495/j. cnki. cjjc. 2022.
04.004.

李晓静 & 张奕民. (2020). VR 媒体对情绪、认知与行为意愿的传播效
果考察. 上海交通大学学报（哲学社会科学版）(03), 115 – 128. doi：
10.13806/j. cnki. issn1008 – 7095.2020.03.009.

森政弘. (1970). "不気味の谷," KF MacDorman and T. Minato（英
訳）. *Energy*, 7 (4), 33 – 35.

史安斌, & 张耀钟. (2016). 虚拟/增强现实技术的兴起与传统新闻业
的转向. 新闻记者, (1), 34 – 41.

田刚. (2020). 浅析国内媒体"VR + 新闻"现状及未来图景. 传媒

（04），48－50.

汪成为.（1995）. 灵境（虚拟现实）是建立人机和谐仿真系统的关键技术. 系统仿真学报（04）.

伍菲.（2018）."VR＋新闻"：虚拟现实报道的尝试与反思. 传媒（02），38－40.

杨东梅，印桂生 & 赖初荣.（2010）. 虚拟装配中基于双目视觉的用户化身研究. 微电子学与计算机（06），35－38. doi：10. 19304/j. cnki. issn1000－7180. 2010. 06. 010.

喻国明，盛倩玉，& 李建飞.（2016）. VR（虚拟现实）技术的产业化进程：业态模型与发展关键. 新闻知识，201（6），11.

张进，许子明，周月莹，王澎湃 & 张道强.（2021）. 基于脑电的虚拟现实诱发下情绪状态分类. 数据采集与处理（06），1226－1236. doi：10. 16337/j. 1004－9037. 2021. 06. 016.

周丽.（2017）."VR 新闻"概念的滥觞与误读. 传媒（24），51－53.

周勇，倪乐融 & 李潇潇.（2018）."沉浸式新闻"传播效果的实证研究——基于信息认知、情感感知与态度意向的实验. 现代传播（中国传媒大学学报）（05），31－36.

邹湘军，孙健，何汉武，郑德涛，陈新.（2004）. 虚拟现实技术的演变发展与展望. 系统仿真学报（09），1905－1909.

Baía Reis, A. , &Coelho, A. F. V. C. C. (2018). Virtual Reality and Journalism：A gateway to conceptualizing immersive journalism. *Digital Journalism*, 6（8），1090－1100.

Bowman, D. , Kruijff, E. , LaViola Jr, J. J. , &Poupyrev, I. P. (2004). *3D User interfaces：theory and practice, CourseSmart eTextbook*. Addison-Wesley.

Chirico, A. , Cipresso, P. , Yaden, D. B. , Biassoni, F. , Riva, G. , &Gaggioli, A. (2017). Effectiveness of immersive videos in inducing awe：an experimental study. *Scientific reports*, 7（1），1－11.

Chittaro, L. , Buttussi, F. , &Zangrando, N. (2014, November). Desktop virtual reality for emergency preparedness：user evaluation of an aircraft ditching experience under different fear arousal conditions. In *Proceedings of the 20th ACM symposium on virtual reality software and technology*（pp. 141－150）.

De la Peña, N. , Weil, P. , Llobera, J. , Spanlang, B. , Friedman, D. , Sanchez-Vives, M. V. , &Slater, M. (2010). Immersive journalism：Immersive virtual reality for the first-person experience of news. *Presence*, 19（4），

291 – 301.

Domínguez, E. (2017). Going beyond the classic news narrative convention: The background to and challenges of immersion in journalism. *Frontiers in digital humanities*, 10.

Dumlu, B. N. , &Demir, Y. (2020). Analyzing the User Experience of Virtual Reality Storytelling with Visual and Aural Stimuli. In *Design*, *User Experience*, *and Usability. Design for Contemporary Interactive Environments*: 9th International Conference, DUXU 2020, Held as Part of the 22nd HCI International Conference, HCII 2020, Copenhagen, Denmark, July 19 – 24, 2020, Proceedings, Part II 22 (pp. 409 – 425). Springer International Publishing.

Foley, J. D. (1987). Interfaces for advanced computing. *Scientific American*, 257 (4), 126 – 135.

Goutier, N. , De Haan, Y. , De Bruin, K. , Lecheler, S. , &Kruikemeier, S. (2021). From "Cool Observer" to "Emotional Participant": The Practice of Immersive Journalism. *Journalism studies*, 22 (12), 1648 – 1664.

Hardee, G. M. , &McMahan, R. P. (2017). FIJI: a framework for the immersion-journalism intersection. Frontiers in ICT, 4, 21.

Jeong, S. H. , Kim, S. , Yum, J. Y. , &Hwang, Y. (2020). Effects of virtual reality news on knowledge gain and news attitudes. *International Journal of Mobile Communications*, 18 (3), 300 – 313.

McMahan, R. P. , Bowman, D. A. , Zielinski, D. J. , &Brady, R. B. (2012). Evaluating display fidelity and interaction fidelity in a virtual reality game. *IEEE transactions on visualization and computer graphics*, 18 (4), 626 – 633.

Milk C. How Virtual Reality Can Create the Ultimate Empathy Machine. https://www. ted. com/talks/chris_milk_how_virtual_reality_can_create_the_ultimate_empathy_machine, 2015.

Nielsen, S. L. , &Sheets, P. (2021). Virtual hype meets reality: Users' perception of immersive journalism. *Journalism*, 22 (10), 2637 – 2653.

Paino Ambrosio, A. , &Rodríguez Fidalgo, M. I. (2021). Proposal for a new communicative model in immersive journalism. *Journalism*, 22 (10), 2600 – 2617.

Rupp, M. A. , Kozachuk, J. , Michaelis, J. R. , Odette, K. L. , Smither, J. A. , &McConnell, D. S. (2016, September). The effects of immersiveness and future VR expectations on subjec-tive-experiences during an educational 360 video. In *Proceedings of the human factors and ergonomics society annual meeting* (Vol. 60, No. 1, pp. 2108 – 2112). Sage CA: Los Angeles, CA: SAGE Publications.

Shin, D. , &Biocca, F. (2018). Exploring immersive experience in journalism. *New media &society*, 20 (8), 2800 – 2823.

Sirkkunen, E. , Väätäjä, H. , Uskali, T. , &Rezaei, P. P. (2016, October). Journalism in virtual reality: Opportunities and future research challenges. In *Proceedings of the 20th international academic mindtrek conference* (pp. 297 – 303).

Slater, M. , &Sanchez-Vives, M. V. (2016). Enhancing our lives with immersive virtual reality. *Frontiers in Robotics and AI*, 3, 74.

Slater, M. , &Wilbur, S. (1997). A framework for immersive virtual environments (FIVE): Speculations on the role of presence in virtual environments. *Presence: Teleoperators &Virtual Environments*, 6 (6), 603 – 616.

Sundar, S. S. , Kang, J. , &Oprean, D. (2017). Being there in the midst of the story: How immersive journalism affects our perceptions and cognitions. *Cyberpsychology, behavior, and social networking*, 20 (11), 672 – 682.

Sutherland, I. E. (1965, May). The ultimate display. In *Proceedings of the IFIP Congress* (Vol. 2, No. 506 – 508, pp. 506 – 508).

Sutherland, I. E. (1968, December). A head-mounted three dimensional display. In *Proceedings of the December* 9 – 11, 1968, *fall joint computer conference, part I* (pp. 757 – 764).

Sánchez Laws, A. L. , &Utne, T. (2019). Ethics guidelines for immersive journalism. *Frontiers in Robotics and AI*, 6, 28.

Sánchez Laws, A. L. (2020). Can immersive journalism enhance empathy?. *Digital journalism*, 8 (2), 213 – 228.

Tse, A. , Jennett, C. , Moore, J. , Watson, Z. , Rigby, J. , &Cox, A. L. (2017, May). Was I there? Impact of platform and headphones on 360 video immersion. In *Proceedings of the 2017 CHI conference extended abstracts on human factors in computing systems* (pp. 2967 – 2974).

Van Damme, K. , All, A. , De Marez, L. , &Van Leuven, S. (2019). 360 video journalism: Experimental study on the effect of immersion on news experience and distant suffering. *Journalism studies*, 20 （14）, 2053 – 2076.

Witmer, B. G. , &Singer, M. J. (1998). Measuring presence in virtual environments: A presence questionnaire. *Presence*, 7 (3), 225 – 240.

第 2 章　产品设计与开发

2.1　引言

近年来，虚拟现实（VR）技术被应用到新闻传播领域，其与新闻报道相结合而成的 VR 新闻正在新闻业的前沿蓬勃发展。目前沉浸式新闻产品主要有两种呈现方式：一种是 360°全景视频新闻，它通过摄影设备捕捉真实场景，使得用户置身其中。然而，这种形式缺乏交互性和具身性，导致用户参与度较低。另一种是 VR 新闻，它是基于虚拟现实技术，通过计算系统生成与真实世界高度相似的数字世界，用户和虚拟环境的交互性保证了更强的沉浸感（Hardee & McMahan，2017）。

作为一种新的新闻传播范式，VR 新闻产品的设计与开发仍然存在许多悬而未决的问题。例如，虚拟现实技术对传统的新闻制作过程提出了新的要求（Mabrook & Singer，2019；Hardee & Mcmahan，2017；Sirkkunen et al.，2016），物理屏幕的消失和交互元素的出现所导致的视角变化给新闻的叙事框架带来了新的挑战。与此同时，学术界也在探讨 VR 在新闻中的应用是否会损害新闻业的专业性（Laws & Utne，2019）。例如，在沉浸式体验中，故意误导或捏造的视角可能会降低向观众传达准确真实事实的能力。因此，VR 新闻的进一步应用需要一套生产工艺标准和设计规范。

基于上述背景，本文希望在设计实践过程中探索 VR 新闻生产制作规范并给出设计指导。首先，我们通过迭代设计的方法，结合新闻把关人理论和新闻伦理规范的要求，在不同条件下（无交互或有交互的两种 VR 新闻版本）讨论 VR 新闻的产品设计开发流程。其次，我们分别评估和测试了两个版本的产品的用户体验和传播效果，以理解 VR 新闻中"交互性"的角色与作用。最后，我们提出了 VR 新闻的产品设计流程和产品设计开发指南。

2.2　相关研究

本章主要内容涉及与新闻制作和系统评估相关的研究，因此本章的文献综述侧重于这些领域的工作，包括传统新闻制作和 VR 新闻产品的现有设计实践。

2.2.1　新闻把关人理论

传统新闻的制作过程是灵活多变的，以满足不同新闻主题的需要。Paterson 和 Domingo（2008）基于民族志将网络新闻的制作过程分为五个阶段，即：①采访和观察；②选择和过滤；③加工和编辑；④分发；⑤解释。在这样一个过程中，新闻选择、过滤、加工和编辑等各个阶段都以怀特提出的把关人理论为指导。"把关"指的是将无数条信息筛选出来，处理成有限数量的信息，然后传播给受众的一种系统（Shoemaker & Vos，2009）。White（1950）认为新闻在采集阶段受到把关人的选择和过滤，随后才得以出版。Bass（1969）进一步强调新闻信息处理也应以这种把关理论为指导。最近，有人提出把关理论也涉及新闻的传播和解释阶段，甚至涉及任何关于信息编码的决策过程。

2.2.2　虚拟现实在新闻领域的应用

近年来出现了许多 VR 新闻产品。本书收集并分析了以往 VR 新闻产品的构成因素，包括主题、叙事框架、用户体验模式和传播效果。在新闻主题方面，目前的 VR 新闻产品主要关注反映社会问题的事件，如《Hunger in LA》；重要的历史事件，如《Aftermath VR：Euromaidan》，以及一些普通人难以接触或体验的具有科普价值的主题，如《Home：A VR Spacewalk》。在叙事框架方面，VR 新闻的制作正在远离传统新闻采用的线性和计划式的故事结构。在 VR 新闻中，观众不仅可以从全知的角度了解整个新闻事件（如《Kiya》），还可以作为旁观者参与新闻故事（如《Use of Force》），甚至可以成为主角，体验相关各方的感受（如《Cross the Line》）。就用户体验模式和媒体的效果而言，用户对新闻的参与程度在不同情况下有所不同。当前主流 VR 新闻主要关注非交互式产品，这些产品仅允许用户从旁观者的角度"访问"或体验新闻事件。

2.2.3　VR 新闻的评估

目前对 VR 新闻的评估主要集中在：①从用户体验的角度测量沉浸感和共情程度；②从传播效果的角度测量准确性、可信度和受众的情感态度。

沉浸感（Immersion）：尽管 VR 技术最近被用于在沉浸式新闻中传达新闻故事，但我们仍不清楚观众如何体验这些故事。在以计算机为中介的环境中实现沉浸式体验是一个重要目标（McGloin &Fishlock，2015），沉浸式体验是虚拟现实技术的特点之一（Shin，2018）。Slater 等人（2003）认为，在交互式空间中活动可以提高被试的在场感和沉浸感。此外，使用能够触发高度沉浸感的 VR 交互设备，可以提高观众满意度、可信度和交互体验。这种沉浸感很大程度上取决于用户的特点、意图和背景，而不是媒体的定义。它还影响用户对新闻故事的感知和观看意图，可以定性和定量地定义。例如，Jennett（2008）等人提出了一个在 VR 新闻中测量沉浸感的量表。

共情（Empathy）："共情"一词起源于艺术领域，在心理学中被广泛使用。起初，它指的是人与自然之间的情感联系，但后来被用来描述一个人对他人感受的反应（Brandt，1976）。Wondra 和 Ellsworth（2015）表示，同理心包括关心、识别和理解他人。Rath 等人（2015）认为，虚拟现实技术的一个重要要素是提供与人的真实生活相似的共情感。Laws（2017）也指出，一些沉浸式新闻确实正在接近一种能够产生和增强用户同理心的形式。

可信度（Credibility）：可信度是指新闻受众对媒体、新闻组织或新闻来源的信任程度（Fico，Richardson & Edwards，2004）。除了新闻的来源和内容外，可信度也可能受到媒体技术的影响。人们担心 VR 新闻可能会损害新闻的可信度，削弱其向观众展示事实的能力（Chung，Nam & Stefanone，2012；Shaw，1973）。而 Peña 等人（2010）认为沉浸式新闻能够提供一个体验事实的机会，使用能够触发高水平沉浸感的 VR 交互设备的观众对新闻内容的信任程度更高。同样，Nielsen 和 Sheets（2019）认为虚拟现实可以为传统新闻产品增加相当大的价值，潜在地提高参与度和信任度。这种可信度可以被定量测量，例如，Meyer（1988）提出了一个可信度量表来衡量 VR 新闻产品的可信度。

准确性（Accuracy）：关于准确性，Tse 等人（2017）发现，受众在沉浸式环境中会体验到信息错失的恐惧，他们对故事本身内容的注意力也会被分散。根据 Neisser（1967）和 Perry（2002）的观点，在考虑传播效果的影响时，受众的认知应被视为一个重要因素。基于著名的"刺激反应"模型，认知反映了人类的心理过程，如注意力、知识、记忆和感知。为了衡量 VR 新闻的认知准确性，在先前的研究中，新闻的六个要素［即 5W1H：谁（Who）、何时（When）、何地（Where）、何事（What）为何（Why）、过程如何（How）］被广泛用于衡量用户对新闻信息的感知及其准确性。

情感态度（Emotional attitude）：受众的态度一直是新闻传播效果研究中的一个重要因变量（Perry，2002）。态度通常分为独立的三个方面（Cronen，1995），即认知、情感和意念。这种"认知情感意念"（CAC）框架已被广泛应用于传播研究（Chia，2006；Kalyanaraman & Sundar，2006；Kang & Kim，2009；Lin，2014；Luther，2009；Park，N，2010），以衡量受众的态度；因此，本书也利用该框架测量 VR 新闻的传播效果。

总之，虽然沉浸式技术正在进步，但人们对其对新闻消费者的影响的理解仍然不足。目前，VR 新闻产品中存在受众身份多元化的趋势，而我们对 VR 新闻的用户体验和传播效果是否会受到不同受众身份的影响的了解仍然有限。此外，当下主流的 VR 新闻仍专注于非交互式产品，这些产品仅允许用户从旁观者的角度"访问"或体验新闻事件，而 VR 新闻的用户体验和传播效果很少被研究。我们发现，不同研究所采用的叙事框架与传统新闻报道的叙事框架有明显不同，从全知叙述者的角度看待事件的模式并不适用于所有新闻主题，观看视角开始多样化，例如，与主角进行眼神交流，甚至作为主角体验其他各方的感受。不同情况下观众的参与程度和交互程度不同。在交互案例中，特定的交互包括通过眼神交流以及与场景、对象和其他角色的交互，这种交互程度正在加深。

为了解决这些问题，我们提出了一个 VR 新闻的产品设计开发框架（Wu et al.，2021）。通过采用迭代设计方法，该框架为设计师开发更实用、更用户友好的 VR 新闻应用程序提供了参考框架。基于这个框架，我们设计并开发了一个 VR 新闻产品，并从实验结果和发现中得出了 VR 新闻设计的具体设计准则。

2.3　VR 新闻产品设计开发挑战

与传统新闻的制作过程不同，VR 新闻面临着新的制作挑战。根据 Sirkkunne 等人（2016）的研究，VR 新闻的技术制作过程通常可分为三个阶段，即：①用相机和/或录音机捕捉新内容；②后期制作包括图像处理、运动图形和 3D 建模技术；③使用耳机技术和相关内容存储的分发。这一制作过程需要图像处理、3D 建模和计算机动画方面的专业知识，这是普通记者难以企及的；传统记者必须与精通 HCI 或 VR 领域的专业人士合作，以更好地理解 VR 技术在沉浸式新闻故事讲述中的能力和局限性（Mabrook & Singer，2019；Hardee & Mcmahan，2017；Sirkkunen et al.，2016）。因此，需要对新闻制作进行更多的研究，以更好地了解 VR 技术在新闻制作和传播领域的工作方式。

VR 新闻的挑战之一是设计一个合理的故事讲述框架，在这个框架中，新闻故事的时间、空间和因果关系更加可信（Hardee，2016）。另一个挑战是提供对当前新闻故事的生动描述，而不是按照传统记者或叙述者通常采用的方式将事实与观点分开。这种讲故事的方式必须小心处理，否则可能会降低向公众讲述真相的能力，从而导致道德困境。因此，设计师不可避免地面临着在 VR 新闻中平衡新闻报道和准确传达事实的挑战。

此外，VR 新闻受众不再是被动的内容接收者，而是能够在一定程度上积极探索新闻内容的自主者（Domínguez，2017；Johns，2017）。在这种情况下，用户的感知和意图会显著影响他们对 VR 新闻的体验（Shin & Biocca，2018）；例如，他们可能会忽略新闻记者想要传达的重要信息，而专注于 VR 场景中不太相关的信息（Tse et al.，2017），从而打断故事叙述。因此，设计师在设计 VR 新闻产品时应充分关注用户的行为和体验。

综上，尽管 VR 技术在新闻领域的应用与传统新闻相比提供了全新的沉浸式体验，但它也给新闻制作过程、叙事框架和新闻规范带来了新的挑战。目前，VR 新闻缺乏统一的框架和设计准则，以供设计师遵循这些准则来创建能够提供更好的用户体验和传播效果的新闻产品。

为了解决上述问题与挑战，我们提出了一种实用的方法来开发比传统新闻产品更可靠的 VR 新闻产品。我们将此方法应用于 VR 新闻报道《北京：非典阻击战》，并通过两个不同的叙事框架［无交互 VR 新闻（VR-I）和有交互 VR 新闻（VR + I）］中的用户评估来探究其用户体验和传播效果。

2.4　无交互的 VR 新闻

鉴于当前主流的 VR 新闻主要关注非交互式产品，我们在本章中首先探讨了 VR-I 的制作过程。图 2.1 显示了我们为 VR-I 产品提出的多阶段设计和开发流程。与文本、图像和视频等传统媒体不同，VR 新闻制作既具有新闻伦理规范的属性，又具有软件产品迭代的特点；因此，把关人理论和新闻伦理规范被整合到新闻产品的生产过程中，以指导新闻产品的设计。

在我们提出的流程的第一阶段，根据新闻生产组织的要求，选择特定的新闻主题，并收集相关信息。在第二阶段，基于在前一阶段确定的新闻主题对从多个频道获得的新闻信息进行分类和处理。第三阶段是框架设计，确定和设计内容结构和功能模块。第四阶段的重点是视觉内容设计，其成果将被应用到第五阶段以开发系统。在第六阶段，对整个系统进行评估，以确保产品满足新闻产品（如传播效果）和 VR 系统（如用户体验）的要求。在整个设计和制作过程中，新闻伦理规范的根本原则被视为核心原则，并指导设计实践。

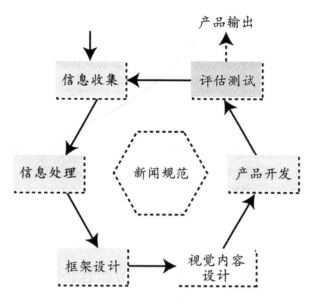

图 2.1　VR 新闻产品设计流程

2.4.1　新闻伦理规范

新闻伦理规范被许多新闻从业者广泛用作职业信仰体系和道德准则。在 VR 新闻的整个设计过程中，本章主要应用了 Aidan White 提出的根据《全球新闻工作者职业道德宪章》（Global Charter of Ethics for Journalists）总结而来的 5 条准则：

● 平衡报道。这一原则主要体现在 VR 新闻制作的前三个阶段，包括新闻采集、新闻处理和框架设计。设计者应考虑基于多个信源的内容设计以平衡报道。更具体地说，应该根据虚拟现实技术带来的沉浸式差异来考虑不同来源和事实之间的平衡。

● 中立。在 VR 新闻的框架设计阶段，应仔细考虑这一原则。鉴于用户作为被试参与 VR 新闻事件可能与这一原则相冲突，设计师应在框架设计过程中区分意见和事实，以确保用户始终是一个中立的被试或观察者，不会随意卷入新闻事件。

● 事实准确性。这一原则适用于整个制作过程，包括场景、角色、动画和交互。这个阶段的所有设计细节都需要与新闻事实保持一致，以便使用户通过多个渠道获取准确的信息。

● 伦理考量。这一原则提醒我们，在信息收集和处理阶段，应该避免那些容易造成负面影响的新闻材料，如过度暴力和血腥场面。在系统开发过程中，应深入考虑用户的物理体验以避免不良反应。

● 问责制。这一原则与虚拟现实系统的用户体验思想是一致的。所有 VR 新闻产品都应该经过仔细评估和反复完善，以确保该系统用户友好且社会可接受。

2.4.2 信息收集

通过收集和分析以往研究的结果，我们了解到 VR 新闻对新闻主题有一定的要求。VR 新闻一般不适合于突发新闻或时间敏感新闻，而更适合于社会性和灾难性新闻，因为这些新闻具有鲜明的特点和完整的故事时间线，并且常人通常不会经历。这类题材的作品可以重复使用较长时间，不容易过时，且一般更关注人性和生活体验。而在普通新闻事件中，VR 新闻的应用价值则较小。

基于这一分析，我们选择了 2003 年 4 月 26 日中央电视台新闻频道播出的调查性新闻报道《北京：非典阻击战》作为本研究的新闻材料。我们选择这种新闻材料是因为：①它具有很高的社会和人文价值，符合我们的目标新闻类型；②该视频由一家中国国家电视台发布，该电视台的新闻报道具有影响力和权威性，赢得了极大的可信度，因此可以反映和代表典型的新闻叙事和传统主流媒体；③这起新闻事件发生在北京友安医院 SARS 疫情隔离病房，一名记者在病房里探望了一名患者，这是普通人不常经历的事件。当代年轻人群体对这一事件只持有模糊的记忆和有限的了解，这有助于更准确地衡量 VR 新闻的传播效果（例如，信息接收的准确性）。

2.4.3 信息处理

在这个阶段，我们需要根据把关人理论处理和筛选在信息收集阶段收集的资料。与传统的文本和视频新闻不同，VR 新闻报道的载体是计算机生成的虚拟现实应用程序。该应用程序的开发涉及多种不同的功能模块和设计元素，包括 SARS 案例中的场景、医疗项目、角色和概要。该阶段的结果是脚本设计文档（图 2.2）。

2.4.4 框架设计

信息收集和处理之后是框架设计，在框架设计中，新闻内容、结构和系统功能被作为一个整体来考虑和设计。在无交互的 VR 新闻中，我们采用了线性、非交互式的叙事框架，该框架已被 VR 新闻产品的现有研究广泛使用（例如，《使用武力》《Kiya》《跨越战线》）。这则新闻主要采用记者在采访时与医生和患者对话的形式。整个新闻故事的脚本包括三个场景（图 2.3）—— 一个清洁区（消毒室）、一个半污染区（走廊）和一个污染区（病房）。在消毒室，医生介绍并演示进入半污染区域前的清洁和准备程序，包括穿戴防护服、头饰、防护眼镜和鞋套，并解释三个区域之间的差异。在走廊里，医生解释了防护鞋套和消毒剂的功能，然后介绍了治疗 SARS 患者的具体步骤。在病房里，记者采访了一名 SARS 患者，了解她的病情和治疗计划，并与医生交谈，询问医生为什么冒着生命危险来治疗这些患者。

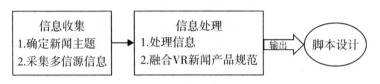

图 2.2 **信息收集和信息处理**

图 2.3 **"SARS"案例场景设计**

2.4.5 视觉内容设计

在这一阶段，我们首先使用 AutoCAD 软件，根据第一阶段收集的视频内容，制作了新闻故事发生地的 2D 平面图（图 2.4a）。随后根据 2D 平面图，使用 Unity3D 对 3D 场景进行建模（图 2.4b）。

接下来，我们使用 3D 建模软件（例如，3D Max、Maya）来创建角色（例如，记者、医生和护士），并调整角色的细节，如皮肤和五个感官，使他们看起来更像原始新闻视频中的真实人物。然后，我们根据记者在医院与医生和患者交互时的对话和动作，遵循新闻规范所要求的真实性和准确性原则，为现有角色创建了角色动画，该过程包括骨绑定、皮肤覆盖和控制器构建等操作步骤（图 2.5）。

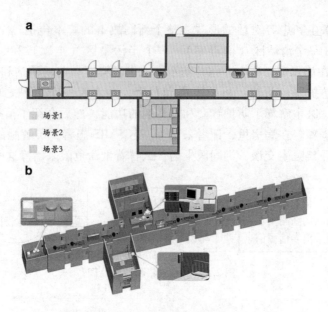

图 2.4 新闻故事场景的 2D 和 3D 建模

（a）新闻故事的 2D 平面图；（b）新闻故事的 3D 场景

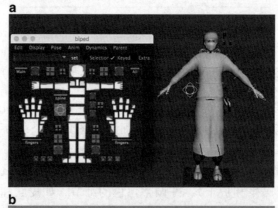

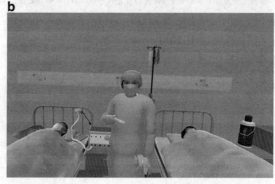

图 2.5 虚拟场景和动画建模

2.4.6　产品开发

在这个阶段，我们使用了 Oculus Rift VR 头盔，让用户能够自由探索虚拟环境。Oculus Rift VR 头盔的单目分辨率为 640×800，双目分辨率为 1280×800。刷新率为 90 Hz。VR 领域有许多可用的开发引擎，如 Unity3D、Unreal Engine4、CryEngine3 和 Cocos 3D。在本研究中，我们选择了 Unity3D，它已经与 Oculus SDK 很好地集成，被用于开发虚拟现实应用程序。我们使用脚本语言来实现相关的交互功能。

2.4.7　用户访谈与定性评估

在这一阶段，我们从用户体验和传播效果两个方面，对本研究所制作的 VR 新闻进行了用户访谈和定性评估。

被试与实验设备：我们通过广告、网络聊天软件和微博等从一所大学招募了 88 名被试（36 名男性和 52 名女性）。他们的年龄在 18 ～ 33 岁之间（$M = 26.5$，$SD = 3.297$），主修不同的专业，包括经济学、法律、文学、科学、工程和管理。在招募过程中，根据前测问卷调查中收集的信息，对本实验中使用的新闻材料内容有充分了解或表现出强烈个人观点和情感态度的个人被排除在外，以避免被试的偏见对实验结果的准确性和可信度产生影响。除了 Oculus Rift 头盔，我们还使用了网络摄像头和录音机来记录被试的行为和独白，以便日后进行数据分析。

实验过程：实验期间，被试被随机分为 A 组（44 名被试）和 B 组（44 人）。A 组的被试被要求在电脑上观看传统的 2D 视频新闻，B 组的被试则被要求佩戴提供的 Oculus VR 头盔观看基于传统 2D 视频新闻片段创作的 VR 新闻。在所有被试完成体验之后，我们的实验室人员对每个被试进行了一对一的半结构化访谈，以了解他们对整个系统的看法和建议。实验持续 30 ～ 40 分钟。

实验结果和用户反馈：

传播效果：通过实验观察和实验后对被试的访谈，我们发现被试很容易被 VR-I 报告中的无关内容分散注意力。传统的视频新闻有一个有限的视觉边界，即一个框架，在这个框架中，记者可以准确地向观众传达他们想要传达的信息的内容和焦点。相比之下，VR 新闻中 360° 的视野可以把所有信息同时呈现给观众。此外，与传统的第三人称视角视频新闻相比，虽然 VR-I 新闻提供了第一人称视角，但它并没有改变新闻信息的单向传播模式。在新闻叙事中，许多被试被新形式的 VR 所吸引，戴着 HMD 头盔环顾四周，从而分散了他们对新闻故事旨在传达的主要信息的注意力。被试们表示：

> "如果没有了交互，VR 新闻就变成了另一种形式的视频新闻。这样的话，如果用户按部就班地观看新闻内容的时候就会很容易产生分心。例如，我在顺着故事情节的时间线进行观看无交互 VR 新闻的时候，就被病人枕头旁边的一部旧手机吸引了，因为我从没见过那么老款的手机，而这恰恰让我错过了此时正在播报的很多重要的新闻信息（例如，医生正在介绍的病人的感染情况）。"［B 组 P5］

> "床头柜上的红色热水瓶吸引了我。"［B 组 P22］

> "如果我事先知道会有人问我一些问题，这些问题的答案可以在记者和医生之间的对话中找到，那么我在实验过程中就不会注意手术刀了。"［B 组 P44］

用户体验：通过采访，我们了解到，在观看传统视频新闻时，被试相信人物和场景都是真实的。随着新闻故事的展开和继续，被试不知不觉地沉浸在一种压抑的气氛中，因此他们产生强烈的同情心。相比之下，VR 新闻应用程序是一个人工虚拟环境。尽管我们试图真实地再现新闻视频中的故事，但由于现有建模能力的限制，我们无法以任何方式完全复制通过相机镜头拍摄的材料，例如，角色模型、场景模型、场景色调、灯光和阴影。因此，被试无法完全沉浸在场景中，无法感受到如此强烈的共情感。此外，被试还描述了 VR 新闻报道中的"旁观者身份"问题，并表示沉浸式环境所分配的身份让他们的沉浸感和共情感降低：

> "我觉得观看记者和医生之间的对话很无聊。我除了在虚拟环境中愚蠢地观看对话之外，无其他事可做。"［B 组 P18］

> "作为一名产品体验者，我更喜欢被分配到特定的身份（如记者），这样我可以有更深刻的临场感。"［B 组 P25］

2.4.8　小结

总体而言，在本研究中，传统视频新闻的评估优于无交互的 VR 新闻。主要原因可能在于，被试有机会在虚拟环境中自由探索，这有助于被试根据个人兴趣或习惯专注于不同的事物。而在传统的没有交互的 VR 新闻中，包括本研究中的 SARS 案例，无法准确地把关需要传达给观众的关键信息，难点在于在具有多个自由度的沉浸式虚拟环境中如何塑造、编码和突出新闻信息。这一结果与 Krugman（1956）的发现一致，即不同模式下的传播效果容易受到观看动机和观众参与程度的影响。

本研究的实验结果和发现告诉我们，在设计 VR 新闻产品时，应仔细考虑三个重要因素。第一是集中注意力，即将观众的注意力引向新闻记者想要传达的信息。第二是信息逻辑，这意味着信息应该被有效地归纳、总结，并以更合理的顺序表达，以提高传播效果。最后，应该考虑参与度，因为用户的视角会影响情感和同理心。因此，应允许被试以更积极的方式沉浸在新闻故事中，以增强参与感。

2.5　有交互的 VR 新闻

与无交互的 VR 新闻相比，被试在本研究中扮演主角（如记者）而不是第三人称的旁观者，他们可以主动与其他角色（如医生或患者）交互，而不是被动观看 VR 环境中的对话。因此，我们扩展了无交互的 VR 新闻中提出的设计方法：如图 2.6 所示，在新闻加工的阶段，新闻内容被重新归纳，其重点信息也被重新提取，为后期选择对应功能和交互方式做准备。此外，在框架设计阶段，集成了新添加的交互设计模块，根据具体需求确定功能集，根据关键信息设计合适的交互技术，并设计整个用户体验过程。同时，一个新的用户界面设计模块被集成到视觉内容设计阶段。在系统开发阶段，对新闻脚本和内容逻辑结构进行了更新和修改，以满足先前阶段确定的相应系统功能的要求。最后，根据用户体验和传播效果对交互式产品进行了评估。

2.5.1　信息处理

如上所述，信息把关理论（Gate keeping）通常被用于传统新闻媒体领域。而在新媒体时代，有研究者建议新闻把关人理论应该被新闻守门人理论（Gate watching）所取代（Bruns，2005）。二者的区别在于，把关人理论所强调的简单地删除不太重要的信息变为了守门人理论所强调的有目的地突出更重要的信息（Bardoel & Deuze，2001）。与前人研究不同的是，我们在这一阶段提出了新闻领航人（Gate guiding）的概念，通过重新设计信息结构和交互来引导用户关注关键信息，从而更有效地传达新闻。

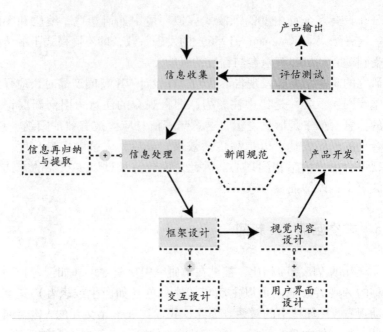

图 2.6 完善后的 VR 新闻产品设计流程

2.5.2 框架设计

根据无交互的 VR 新闻的研究结果，我们确定了三个主要设计需求，包括专注、逻辑和参与（图 2.7）。

我们根据三个设计需求提出了 VR 新闻的常用功能集。确定了不同的功能以匹配不同类型的信息，例如，在记者（本研究中的被试）和医生之间的对话中，"穿着防护服"这一信息点包含一段重要的知识片段，该片段在虚拟环境中具有很强的可操作性，因此，我们设计了一种交互逻辑，即让被试在新闻报道中练习穿防护服。最后，在三个场景中确定了四种功能类型，即事件处理、对话、查看项目细节和场景转换（表 2.1）。

本研究中的用户体验过程与之前的研究完全不同。在无交互的 VR 新闻中，被试作为旁观者线性地经历了新闻事件，而没有明确的角色或身份。这种体验设计符合"公共新闻"或"公民新闻"的概念（Kovach & Rosen-stiel, 2001），在这一概念中，观众可以不受任何限制地获得信息。尽管这个设计理念代表了"每个人都是把关人"的概念，但在获得杂乱无章的新闻时，期望普通观众扮演专业把关人的角色是不现实的。与之前的研究相比，我们提出了一种基于新闻领航人理论的新的用户体验模式，即"双约束条件下的双自由体验"。在这种体验模式下，用户需要通过特定的交互和有组织的方式参与新闻事件，以获得必要的关键信息。一旦用户完成了系统要求的特定交互任务，他们就可以在每个场景中自由探索 VR 场景（图 2.8）。

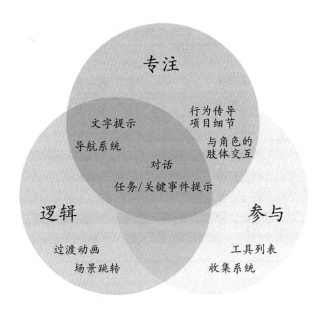

图 2.7 VR 新闻产品的三个设计要素

"双约束"是指不同场景之间的约束，要求用户只能在完成当前场景中的所有给定交互任务后，才能进入到下一个场景。此外，不同交互任务之间的约束也是预定义的，即交互只能在特定场景的适当阶段触发。"双自由"是指：①在当前场景中探索不同事物的自由，即用户可以自由探索场景，不受时间和空间的限制，他们可以根据个人意愿决定何时移动到下一个场景；②在没有顺序限制的情况下操作同一交互任务中涉及的不同对象的自由，例如，用户可以拾取病历，然后与医生交谈，或者他们可以在与医生交谈期间拾取病历。

2.5.3 用户访谈与定性评估

被试与实验设备：我们使用了与无交互的 VR 新闻相同的实验环境和设备。在实验中，被试需要使用两个 Oculus 触摸控制器来执行给定的交互任务，包括抓取病房中的对象并查看该对象的详细信息，戴消毒手套和护目镜，以及检查医疗记录。

43 名大学生（19 名男性和 24 名女性）参加了这项研究，年龄在 18 ～ 28 岁之间（$M = 25.7$，$SD = 2.981$）。被试正在攻读不同的专业，包括法律、文学、计算机科学、医学工程、管理和历史。与无交互的 VR 新闻相似，在这项研究之前，没有被试看过原始视频新闻。

表 2.1 四种类型的交互功能

场景	功能	描述
场景 1	对话选择	记者和医生之间的对话
	事件操作	穿戴防护设备
场景 2	对话选择	记者和医生之间的对话
	了解物品详情	检查走廊边的设施
场景 3	对话选择	记者和病人之间的对话
	对话选择	记者和医生之间的对话
	了解物品详情	检查呼吸机
场景之间	场景跳转	在两个不同场景之间切换

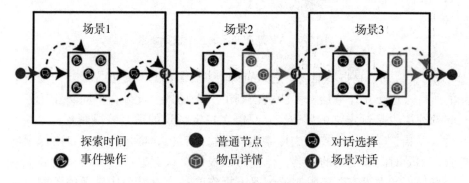

图 2.8 双约束条件下的双自由体验模式

实验过程：本研究的被试被分配到 C 组。实验过程与无交互的 VR 新闻相同。在实验过程中，被试被要求佩戴提供的 Oculus VR 耳机来观看 VR 新闻，并使用 OculusRift 手柄控制器与系统交互。实验结束后，我们对每个被试进行了一对一的半结构化访谈，以收集被试的进一步用户反馈。实验持续约 40 分钟。

实验结果与用户反馈：在本研究中，实验结果表明，与无交互的 VR 新闻（VR-I）相比，有交互的 VR 新闻（VR + I）有效地改善了传播效果和用户体验。

传播效果：被试在采访中提到，交互体验中传达的新闻信息作为"记忆点"存在，这比连贯但非交互的故事更令人印象深刻。这些发现证实了交互作为新闻领航人在强调信息方面的重要性（Bardoel & Deuze，2001）。例如，被试表示：

"在我进入病房之前，我被要求穿戴防护装备，这让我觉得疫情（SARS）非常严重。我个人很赞同这种交互方式，因为它增强了替代感，给人留下了深刻印象。"［C 组 P10］

"一些交互体验令人印象深刻，例如，进入病房前穿防护服。如果你只是坐在一旁看着其他人穿防护服的话，你不会有强烈的代入感，也不会去记忆新闻传达的详细信息。"［C 组 P11］

情感态度：被试解释说，由于 VR + I 中的自由度和自主性增加，他们体验到了更高程度的情感。在"两个限制下的两种自由"用户体验程序下，被试可以自由探索新闻事件，而不必担心遗漏重要信息；因此，他们更清楚新闻本身所传达的兴趣和紧张感受。正如一位被试所指出的那样：

"这是一个相对开放的场景，在这种场景中，我可以自由地探索重要的新闻信息，或者在必要时在医生的指导下以受限的规范方式做出帮助患者的决定。"［C 组 P1］

可信度方面，被试们有如下反馈：

"我并不怀疑这个新闻的真实性。甚至当我看到了病床上那么虚弱的病人之后，我有一种想要冲过去拥抱一下她的冲动，尽管这个 VR 系统目前并不支持我这样做。"［C 组 P2］

"当我在 VR 环境中进入了半污染区，穿戴上防护服和护目镜之后，仿佛感觉到 SARS 就在我身边，这让我感到特别真实并且产生了紧张情绪。"［C 组 P7］

"VR + R 需要更多真实和丰富的细节信息（例如，穿戴防护服等），这促使新闻内容生产者需要以一种更加有效的方式来展示新闻细节信息，从而提高真实性和可信度。"［C 组 P13］

"交互和第一人称视角促使我在医生的介绍和建议上投入了更多的注意

力。并且我认为我必须要记住 VR 新闻中的关键信息，例如，如何正确地穿戴防护服和护目镜等防疫设备以及如何养成饭前饭后正确洗手的好习惯，因为我在 VR 中真实地体会到了 SARS 仿佛就发生在我身边。"［C 组 P18］

"VR + I 对信息更真实、更丰富细节的要求，促使新闻生产者更有效地审查和呈现信息，从而提高了新闻的真实性和可信度。"［C 组 P23］

用户体验：与传统视频新闻和 VR-I 相比，被试对 VR + I 的沉浸感和同情心表现出更积极的态度。被试表示，VR + I 中的场景转换和交互设计使新闻故事更清晰，并更准确地向他们传达了关键信息：

"新闻组织得很好。与 360°新闻或没有交互的传统 VR 新闻不同，我可以通过触摸突出显示的交互小部件或弹出式对话框来了解下一步该做什么以及如何做，以便在我感到困惑时获得系统提供的必要信息或指导。"［C 组 P5］

"故事进展顺利，交互令人印象深刻。"［C 组 P26］

2.5.4　小结

基于实验结果，我们认为 VR + I 可以有效地改善虚拟现实新闻的传播效果和用户体验。在之前的研究中，一些被试在虚拟空间中走动，而其他人则被一些小部件吸引（例如，患者枕头旁边的老式手机）。这种不受限制的用户体验模式极大地影响了关键新闻信息的传播，从而导致 VR-I 新闻中的传播效果和用户体验表现不佳。

相比之下，VR + I 的优势在于：①通过不同的交互技术准确捕捉用户的感受；②用户能够在虚拟环境中作为一个主动的搜索者来探索关键新闻信息；③促进用户对社会身份和责任的认识；④有效体现了新闻领航人理论的应用。例如，被试表示：

"没有交互，VR 新闻只是视频新闻的另一种形式。如果你只是旁观新闻报道，很容易分心。"［C 组 P7］

"交互和第一人称促使我注意医生的建议。同时，我觉得我必须记住重要的信息，例如，在日常生活中，如何正确穿着防护服，饭前饭后洗手，因为疫情（SARS）就在我身边发生。"［C 组 P24］

尽管有积极的反馈，但一些被试对 VR 新闻在实践中的应用表示担忧：

"VR 新闻的制作技术还处于早期开发阶段，制作难度和成本都很高，因此难以设计和开发。"［C 组 P3］

"对于大多数人，尤其是商人或白领来说，VR 新闻既费时又麻烦（例如，用户必须佩戴重型头戴式显示器）。相比之下，在个人手机上观看传统视频新闻更高效、更方便。"［C 组 P14］

"虽然 VR 新闻可以提供免费的导航空间，但它通常需要昂贵的设备（例如，头戴式显示器和手柄控制器）和物理世界中的大空间才能让用户四处移动。"［C 组 P26］

"它让我感觉自己真的在虚拟世界中，但无法在虚拟世界里找到我自己。"［C 组 P33］

2.6　VR 新闻设计开发指南

基于上面用户研究的结果，我们得出了 VR 新闻设计的具体指南。

2.6.1　新闻主题的选择

尽管 VR+I 被评为优于传统视频新闻和 VR-I，但仍存在许多问题，例如，VR 新闻制作和消费的高成本决定了 VR 新闻必须选择性地应用于某些新闻类型。目前，媒体机构大规模进行 VR 新闻制作似乎不可行。然而，灾难场景和重大历史事件场景以及普通人难以访问或体验的场景不会过时，可以重复使用相当长的时间，涵盖与人性和生活体验相关的主题，因此更有利于 VR 制作。为其他常见新闻事件大量投资 VR 新闻制作是鲜有意义的。

2.6.2　VR 新闻的向导设计

VR 新闻的应用也给设计师带来了新的挑战。例如，在交互式 VR 环境中，用户依靠视觉通道搜索对象（例如，防护服）。这种眼睛参与的交互技术可能会显著降低交互效率和用户体验，特别是当用户必须频繁地转动头以在头戴式显示器的有限视场中搜索目标对象时。这种交互技术可能会增加用户的负担，甚至让他们感到困惑或沮丧。因此，设计师应在 VR 环境中提供适当的指导，例如，设计指示用户的视觉搜索路径或交互对象的指标，以及吸引用户注意力的醒目标语，并提示他们继续探索和执行系统预定义的指定任务。

2.6.3 约束与自由二者之间的平衡

设计师还应考虑 VR 新闻中自由与限制之间的平衡。一方面，VR 新闻应该允许用户在虚拟环境中导航时四处走动，为他们提供更大的自由来探索新闻信息。另一方面，在虚拟现实新闻报道中，需要在新闻领航人理论的框架下合理安排信息。交互设计可以平衡这两个因素的需求。通过合理设计的交互技术，以合理的方式引导用户的注意力，系统可以在一定程度的限制下支持自由探索（如图 2.8）。

2.7 总结和展望

虽然交互式 VR 技术在新闻领域不断进步，但这些技术对新闻消费者的影响仍然不够清晰。本章着眼于用户视角，希望能推动学界和行业的发展。

本章研究有四方面的贡献。首先，交互扮演着新闻领航人的角色，这对于解决当前主流 VR-I 面临的信息过载、并行表达和信息干扰等问题非常重要。此外，交互可以让用户从一个被动的旁观者，从无所不知的角度观看新闻，变成一个能够体验新闻故事中各方感受的主角。从应用的角度来看，VR + I 类似于新闻游戏（News game），是对传统新闻的有价值的扩展和补充。然而，与新闻游戏不同的是，VR + I 不能超越新闻本身而自由发挥，应该保留新闻的基本内涵，因此它必须遵守真实和公平的新闻报道原则。

本章未来的工作可以从各个方面扩展。例如，本章目前是基于一个新闻案例进行了验证。未来，VR 新闻的应用场景可以进一步扩展，以进一步推广本章的结论。还应该招募更多的被试进行更大规模的 VR 新闻效果测试。

2.8 参考文献

Bardoel, J., & Deuze, M. (2001). "Network journalism": converging competencies of old and new media professionals. *Australian journalism review*, 23 (2), 91 – 103.

Bass, A. Z. (1969). Refining the "gatekeeper" concept: A UN radio case study. *Journalism quarterly*, 46 (1), 69 – 72.

Brandt, R. B. (1976). The psychology of benevolence and its implications for philosophy. *The Journal of Philosophy*, 73 (14), 429 – 453.

Bruns, A. (2005). *Gatewatching: Collaborative online news production* (Vol. 26). Peter Lang.

Chia, S. C. (2006). How peers mediate media influence on adolescents' sexual attitudes and sexual behavior. *Journal of communication*, 56 (3), 585 – 606.

Chung, C. J., Nam, Y., & Stefanone, M. A. (2012). Exploring online news credibility: The relative influence of traditional and technological factors. *Journal of computer-mediated communication*, 17 (2), 171 – 186.

Coordinated management of meaning: the consequentiality of communication and the recapturing of experience. In: Sigman SJ (ed) The consequentially of communication.

De la Peña, N., Weil, P., Llobera, J., Spanlang, B., Friedman, D., Sanchez-Vives, M. V., & Slater, M. (2010). Immersive journalism: Immersive virtual reality for the first-person experience of news. *Presence*, 19 (4), 291 – 301.

Domínguez, E. (2017). Going beyond the classic news narrative convention: The background to and challenges of immersion in journalism. *Frontiers in digital humanities*, 10.

Hardee, G. M., & McMahan, R. P. (2017). FIJI: a framework for the immersion-journalism intersection. *Frontiers in ICT*, 4, 21.

Hardee, G. M. (2016). Immersive journalism in VR: Four theoretical domains for researching a narrative design framework. In *Virtual, Augmented and Mixed Reality: 8th International Conference, VAMR* 2016, *Held as Part of HCI International* 2016, *Toronto, Canada, July* 17 – 22, 2016. *Proceedings* 8 (pp. 679 – 690). Springer International Publishing.

Jennett, C., Cox, A. L., Cairns, P., Dhoparee, S., Epps, A., Tijs, T., & Walton, A. (2008). Measuring and defining the experience of immersion in games. *International journal of human-computer studies*, 66 (9), 641 – 661.

Jones, S. (2017). Disrupting the narrative: immersive journalism in virtual reality. *Journal of media practice*, 18 (2 – 3), 171 – 185.

Kalyanaraman, S., & Sundar, S. S. (2006). The psychological appeal of personalized content in web portals: Does customization affect attitudes and behavior?. *Journal of Communication*, 56 (1), 110 – 132.

Kang, Y. , & Kim, S. (2009). Understanding user resistance to participation in multihop communications. *Journal of Computer-Mediated Communication*, 14 (2), 328 – 351.

Kovach, B. , & Rosenstiel, T. (2001). *The elements of journalism, revised and updated 4th edition: What newspeople should know and the public should expect.* Crown.

Krugman, H. E. (1965). The impact of television advertising: Learning without involvement. *Public opinion quarterly*, 29 (3), 349 – 356.

Lin, J. (2014). The effects of gratifications on intention to read citizen journalism news: The mediating effect of attitude. *Computers in Human Behavior*, 36, 129 – 137.

Luther, C. A. (2009). Importance placed on physical attractiveness and advertisement-inspired social comparison behavior among Japanese female and male teenagers. *Journal of Communication*, 59 (2), 279 – 295.

Mabrook, R. , & Singer, J. B. (2019). Virtual reality, 360 video, and journalism studies: Conceptual approaches to immersive technologies. *Journalism studies*, 20 (14), 2096 – 2112.

McGloin, R. , Farrar, K. M. , & Fishlock, J. (2015). Triple whammy! Violent games and violent controllers: Investigating the use of realistic gun controllers on perceptions of realism, immersion, and outcome aggression. *Journal of communication*, 65 (2), 280 – 299.

Meyer, P. (1988). Defining and measuring credibility of newspapers: Developing an index. *Journalism quarterly*, 65 (3), 567 – 574.

Neisser U (1967) Cognition and reality: principles and implications of cognitive psychology. San francisco

Nielsen, S. L. , & Sheets, P. (2021). Virtual hype meets reality: Users' perception of immersive journalism. *Journalism*, 22 (10), 2637 – 2653.

Owen, T. , Pitt, F. , Aronson-Rath, R. , & Milward, J. (2015). Virtual reality journalism. *Tow Center for Digital Journalism, Columbia Journalism School.* https://www. cjr. org/tow_center_reports/virtual_reality_journalism. php.

Park, N. (2010). Adoption and use of computer-based voice over Internet protocol phone service: Toward an integrated model. *Journal of communication*,

60 (1), 40 – 72.

Paterson, C. A., & Domingo, D. (Eds.). (2008). *Making online news: The ethnography of new media production* (Vol. 1). Peter Lang.

Perry DK (2002) Theory and research in mass communication: contexts and consequences, 2nd edn. Lawrence Erlbaum Associates, Publishers, Mahwah

Shaw, E. F. (1973). Media credibility: Taking the measure of a measure. *Journalism quarterly*, 50 (2), 306 – 311.

Shin, D., & Biocca, F. (2018). Exploring immersive experience in journalism. *New media & society*, 20 (8), 2800 – 2823.

Shin, D. (2018). Empathy and embodied experience in virtual environment: To what extent can virtual reality stimulate empathy and embodied experience?. *Computers in human behavior*, 78, 64 – 73.

Shoemaker, P. J., & Vos, T. (2009). *Gatekeeping theory*. Routledge.

Sirkkunen, E., Väätäjä, H., Uskali, T., & Rezaei, P. P. (2016, October). Journalism in virtual reality: Opportunities and future research challenges. In *Proceedings of the 20th international academic mindtrek conference* (pp. 297 – 303).

Slater, M. (2003). A note on presence terminology. *Presence connect*, 3 (3), 1 – 5.

Sánchez Laws, A. L. (2020). Can immersive journalism enhance empathy?. *Digital journalism*, 8 (2), 213 – 228.

Tse, A., Jennett, C., Moore, J., Watson, Z., Rigby, J., & Cox, A. L. (2017, May). Was I there? Impact of platform and headphones on 360 video immersion. In *Proceedings of the* 2017 *CHI conference extended abstracts on human factors in computing systems* (pp. 2967 – 2974).

White, D. M. (1950). The" gate keeper": A case study in the selection of news. *Journalism quarterly*, 27 (4), 383 – 390.

Wondra, J. D., & Ellsworth, P. C. (2015). An appraisal theory of empathy and other vicarious emotional experiences. *Psychological review*, 122 (3), 411.

Wu, H. Y., Cai, T., Liu, Y. X., Luo, D., Zhang, Z. A (2021). Design and development of an immersive virtual reality news application: A case study of the SARS event. *Multimedia Tools and Applications*. 80: 2773 – 2796.

第 3 章　叙事和线索设计

3.1　引言

如何叙事一直以来都是新闻业以及新闻生产关注的重点。传统的新闻叙事通常采用全知视角，根据素材对新闻进行全方位、全景式的描述。在智媒体时代，新闻叙事变得更加重要，由于媒介的拓宽，新闻叙事由原本的语言为主、非语言为辅的方式，逐步转化为媒体融合，非语言的方式也变得同样重要。而结合虚拟现实技术的 VR 新闻，叙事媒介从语言、声音、图像、动画扩展到气味、温度等。

挑战随着变化接踵而至，VR 新闻的内在属性被认为造成了"叙事悖论"，即作者的控制权（叙事的预设性质）和用户在沉浸式环境中的互动和参与的自由之间的矛盾。这也是导致"错失恐惧（FOMO）"问题主要原因（MacQuarrie & Steed，2017），用户害怕错过关键信息，从而导致叙事理解力弱和情感参与度低。在 VR 新闻中，开放的叙事使得受众具备编辑能力，在作为信息接收者的同时，又同样是叙事者。如果受众缺乏参与，就无法达到 VR 新闻的叙事效果。所以需要线索设计来指引用户，但是这些线索可能会影响用户的沉浸感。所以在新闻叙事中，如何设计线索来提示、引导用户，帮助他们进行新闻的感知和理解是新闻生产者需要解决的问题。

本章立足于 VR 新闻的叙事和线索设计，首先对 34 部 VR 新闻作品进行了内容分析，提出了一个新的叙事方法和线索设计分类体系，并将其内容进行可视化，形成可交互、可传播的设计空间，在新闻生产环节指导叙事和线索的设计。并通过工作坊的形式，招募有 VR 新闻相关经验的被试，对设计空间进行有用性、易用性的评估。在此基础上，基于技术接受模型、期望确认理论及传播效果等理论和以往文献，总结出线索设计的评价指标。通过实证研究探讨是否使用线索设计及使用何种线索设计对用户体验和传播效果的影响。综合以上结论提出了 VR 新闻中的线索设计指南，形成较为完整成熟的设计体系，为未来 VR 新闻生产提供思路和参考。

3.2　相关研究

3.2.1　新闻叙事学的相关研究

"叙事学"最早是由托多罗夫（1969）在《〈十日谈〉语法》中提出，其主流的分析方法是命题（Proposition）、序列（Sequence）和文本（Text）。热奈特运用叙事学，把小说的研究对象总结为三个维度，分别是故事、叙述和叙述行为。罗兰·巴特认为绘画、连环画、电影、会话等都是需要叙事的，叙事的载体可以是语言、文字、声音、动画，甚至是这些元素的组合。

新闻也是叙事的一种，新闻叙事学是新闻学和叙事学的交叉融合学科，它是以新闻叙事为基本研究对象。国内学者范步淹（2000）将新闻叙事学的研究对象归纳为"叙"和"事"，并提出研究问题，即怎样利用艺术可信的"叙"来传播典型的"事"（新闻事件），是新闻叙事学的终极目的。在其中，"新闻作为一种叙事性的存在"是开放型、非独占型的，强调新闻的意义的建构性，重点关注新闻的主题、叙事方式以及新闻与社会中的利益、权力的关系，其研究方法内在的含有"定性与定量"相结合的研究方法（齐爱军，2004）。学者齐爱军（2006）提出研究新闻叙事学的主要理论框架：第一为新闻话语及话语结构特征研究；第二为新闻叙事行为研究；第三为新闻叙事策略研究。类似地，蔡国之（2006）将新闻叙事故事、新闻叙事话语和新闻叙事策略作为新闻叙事学的研究框架。

除了研究传统新闻的文本叙事话语，自 2014 年媒介融合的概念被提出以来，不少学者也开始研究新的媒介形态下新闻叙事，如 HTML 交互式新闻、数据新闻、360°视频新闻、VR 新闻等。对于这些新的媒介形态，叙事的主体不再单单是新闻生产者，用户作为可交互的主体也参与到新闻的叙事中。刘涛和刘倩欣（2020）对"一镜到底"新闻进行分析，提出了四种叙事结构，分别为镜头位移、空间调度、场景推拉、界面引导。研究还提出，在融合新闻中的多媒体元素呈现至关重要，包括文字、图像、动画、声音等的协同设计，并结合滑动、长按、点击相应的多媒体元素达到效果，其目的主要是新闻表达和用户体验的需要。方毅华（2018）从后经典叙事学的角度对数据新闻范式进行归纳分析，总结出数据新闻的叙述焦点（宏观叙事和深度叙事）和叙事语法（视觉语法：再现、互动和构图）。

新闻是有目的的讲故事，目的是为人们提供了解世界所需的信息。在虚拟现实技术为媒介的传播研究上更是如此。虚拟现实技术重新改变了新闻报道的方式，弱化了"记者"的存在，而这种改变应该给予重视以及评估这些变化可能会产生的影响。虽然现场感有助于弱化"记者"的角色，但 VR 中视频、音频和运动等新感官方面的添加，让新闻生产者在选择如何表现叙事方面有了许多新的创造性选择和责任。段鹏（2019）搭建以叙事为思路、主题为线索、空间为维度的虚拟现实媒介传播机制，从理论视角明晰新媒介技术的意义，并反思技术带来的迷思，他强调虚拟现实改变了传统的叙事结构，破坏了原有的完整性，而这种可交互的形式也可能导致用户无法理解新闻生产者想要传达的内容以及完整性。Marie-Laure Ryan（2014）提出，讲故事的某些核心特征是无媒介的如角色、事件、背景、时间、空间和因果关系，而在 VR 新闻中另外两个概念，即浸入式和存在式，应该作为横向添加。Gary（2016）指出，研究新的叙事设计方法的关键是临场感的视角。沉浸式新闻从业者将不得不摆脱对观众讲话的被动作者，转向浸入式叙事，并引导观众沿着潜在的多种叙事路径，提供不同的变化的视角和响应环境。

3.2.2　VR 中的线索设计相关研究

传统的传播媒介如报纸、书籍、网页和 APP 等，都是基于 2D 范式生产的。用户很容易按照信息生产者所期望的顺序观看。相比之下，VR 新闻可以将视野扩大到 360°的屏幕上播放和交互。在 VR 中，用户的视场（Field of view，FOV）增加了，媒介从 2D 空间向 3D 空间转化也导致了信息承载量的增加。在这种情况下，用户可以转动头盔观看不同方向的信息，同时可以进行交互。VR 新闻的这种内在属性导致了"叙事悖论"（Aylett，1999），即作者的控制权（即叙事的预设性质）和用户在沉浸式环境中的互动和参与的自由之间的矛盾（Winters，2014）。这也是导致用户错过重要元素的原因，也就是所谓的"害怕错过（FOMO）"问题（MacQuarrie & Steed，2017），导致叙事理解力弱和情感参与度低。

为了解决上述问题，"线索设计"就起到了关键作用。线索提供引导用户视线的能力，能够提升用户对内容的理解和记忆力。

在 VR 场景中体验全景内容的一个挑战是持续聚焦和重新聚焦预定目标。为了应对这一挑战，Lin 等（2017）开发了两种聚焦辅助技术：自动驾驶 Autopilot（直接将观众带到目标物）和视觉引导 Visual guide（指示目标的方向）。对于 VR 中的线索设计，Rothe 和 Hußmann（2018）根据电影理论进行分类，将线索分为"叙事化"（Diegetic）和"非叙事化"（Non-diegetic）两种线索。叙事化线索是场景的一部分——例如，音乐家演奏音乐。

非叙事线索来自外部，例如，电影音乐或旁白。

对于叙事化线索的研究最早出现在 1996 年，Pausch 等人使用影视中的人物作为视听线索，研究了如何将观看者的注意力吸引到所需的位置。Nielsen 等（2016）研究了在 360°叙事短片中引导观众的两种方法：一种是虚拟形象的身体，方向是面向兴趣区域（Region of interest，ROI），另一种是运用叙事线索引导观众的注意力——一只场景中的萤火虫。他们发现，观众更喜欢用萤火虫来引导注意力的方法，而通过调整虚拟身体的方向来强迫观众集中注意力会增加视觉不适感。Sheikh 等（2016）从 360°电影的人物角色的叙事线索设计出发，发现音频和视觉线索的结合比单独的视觉线索更有力，是因为音频线索对提示时的注意力焦点依赖性较小。同时，Sheikh 等人（2016）还研究了角色做动作的距离对用户感知享受和沉浸感的影响，研究发现 4 m 太遥远，但 2 m 和 3 m 的评分没有明显差异。Rothe 等（2018）通过实验探讨了叙事线索中声音、移动和光对用户注意力的影响，并使用眼动数据热力图进行可视化，研究得出，声音线索起到较好作用，与声音相关连的物体比没有声音的物体更能吸引注意力；移动的物体或灯光可以引导观看方向，即使没有任何声音；不移动的灯光没有任何效果。

对于非叙事性线索，Danieau 等人（2017）从电影技术中迁移出了四个引导技术，分别为渐黑、去饱和度、模糊和变形，并通过实验讨论对用户注意力的影响。在 360°视频新闻的视觉效果中：渐黑会使用户关注区域以外的部分变暗，从而强调用户应该感兴趣的内容；去饱和强调用户需要关注的部分的饱和度，通过将用户注意区域以外的部分的饱和度设置为低。同样在 360°电影领域，与视觉引导相反，Orpheu（2017）项目被用于研究听觉线索和方法，以引导观众的注意力在沉浸式体验中，灵感来自传统电视媒体。Schmitz 等人（2020）利用眼球追踪技术研究了 360°视频里中心提示（箭头）和外围提示（闪烁）对用户注意力吸引的影响，确定中心提示（箭头）对用户注意力有积极影响。Moghadam 和 Ragan（2017）设计了三个场景过渡来改变观众的位置和引导他们的注意力。他们的初步研究结果表明，观看者在 3D 游戏环境中的体验与场景转换速度之间存在相关性，而对晕动病没有显著影响。

在叙事和非叙事线索分类的基础上，Speiche 等人（2019）将线索分为显示线索（Explicit cues）和隐式线索（Implicit cues），并将其表示进 2×2 维坐标系中（如图 3.1 所示）。他们研究了强制旋转（FR）、跟随对象（OF）、跟随者（PF）、对象操作（OM）、环境操作（EM）、小手势（SG）

和大手势（BG）对用户任务性能、用户偏好（任务工作量、用户体验、晕动症、沉浸感相关 5 个变量）的影响。结果表示，人们更偏向于有视觉引导，其中跟随对象（OF）的效果最好，强制旋转（FR）的得分最低，并根据结果提出了 360°视频的线索设计指南。

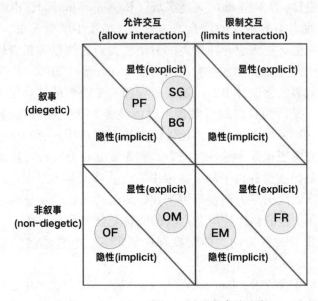

图 3.1　Speicher（2019）对于线索的分类

　　此外，媒体丰富度理论（Dennis，1998）认为，影响媒介丰富性的因素有四个：媒介传递多种线索（如声音变化、手势）的能力、反馈的即时性、语言的多样性和媒介的个人焦点。该理论声称，更丰富的媒体可以让用户更快地交流，更好地理解模棱两可或模棱两可的信息。

　　在 VR 电影、360°视频、360°电影领域，涉及线索设计的部分较多。在新闻方面，在 360°视频新闻有所涉及，而对于数字媒体建模生成的 VR 新闻则涉及较少。在 VR 新闻领域，线索的设计也至关重要。国内学者常江（2016）提出，在使用策略引导观众注意力的操作上，多数 VR 新闻都暴露出一定的缺陷。在场景间，在新闻摄影以及电影中所用到的镜头技巧（如色调搭配、蒙太奇和轴线规律等）在 VR 中表现得"水土不服"，其中镜头间的黑场效果切换也略显生硬。在单一镜头中，通过旁白叙述等吸引观众注意力的方法也略显生硬。

　　综上可以发现，在 VR 新闻领域，将叙事策略与线索设计结合起来的研究还在刚起步的阶段。对于 VR 新闻，沉浸感、感知享乐等因素至关重要，而线索的设计不仅影响用户体验，更影响用户体验 VR 新闻时的注意力，从而在新闻传播效果的认知，如理解与记忆等方面。不好的线索设计还会导致晕动症、降低用户沉浸感等与 VR 效果相违背的体验。我们可以借鉴 360°视频、360°电影的线索设计策略，对 VR 新闻中的叙事和线索设计做出指导框架和研究。为此，本章对目前已有的 34 篇 VR 新闻进行内容分析，主要从叙事设计和线索设计两个维度分析，并提出了一个 VR 新闻叙事和线索设计分类方法体系（黄一凡，2023）。接下来，将叙事设计和线索设计方法和元素以可视化的形式展现，搭建为可以交互、传播的网站式设计空间。最后通过参与式工作坊的形式，对设计空间进行评估，并将评估结果与分析反馈至设计空间中。

3.3　VR 新闻设计空间构建及评估

3.3.1　叙事与线索分析

（1）研究方法及理论框架。

本研究以叙事设计和线索设计为两个切入点，主要分为三个步骤：第一个为选择研究对象，第二个为结合已有文献的分析方法和思路对研究对象进行内容分析，第三个为分析结果与讨论。

本研究将采用新闻叙事学的理论框架，并对 VR 新闻相关研究进行梳理，再对研究对象进行分析的基础上进行整合和补充。常江（2016）结合叙事学理论研究的相关概念，将 VR 新闻的叙事研究分为"叙"（命题、序列）和"事"（叙事视角、叙事落点和视听语言）两部分，并通过典型案例研究得出 VR 新闻的叙事策略。在《Immersive Journalism as Storytelling: Ethics, Production, and Design》一书（Uskali，2021）中，作者分析了 100 个 360° VR 新闻，并对主题、长度、叙事策略和沉浸式特征、声音、镜头移动进行分析，他们发现了三种不同的叙事策略。第一种为记者主导（Reporter-led），意味着记者以画外音的身份出现，或者在镜头中可见。第二种为来源主导（Source-led），是指记者在视觉或声音上缺席，一个人作为唯一的叙述者讲述他或她的故事。第三种为无形/中性叙事（Invisible/neutral narration），是让用户看到和听到 360° 的内容，而不会受到记者或消息来源的严重干扰。Melissa Bosworth 和 Lakshmi Sarah（2018）进行了大量的采访，分析了大量沉浸式叙事新闻。Devon Dolan 和 Michael Parets（2016）于 2015 年在其在线发表的研究报告中揭示了基于用户在虚拟世界中的体验的四种叙事类型。根据用户的活跃度可以分为观察者或参与者（如图 3.2 所示），其中无法主动观察（Observant passive）的为传统媒体，其他三种为新的叙事方式；主动观察（Observant active）指的是用户不存在于这个世界上，但可以作为一个像上帝一样的决策者，有能力为故事的结局做出贡献和决定；主动参与（Participant active）指的是用户以角色或故事装置的身份存在于虚拟世界中，并对自己的故事产生影响；无法主动参与（Participant passive）的用户作为一个角色或故事装置存在于这个世界上，但故事并不要求用户做任何事，也不允许用户讲述事件的进程。研究（Jones，2017）运用内容分析方法，分析了 12 篇 360° VR 新闻（7 篇来自传统新闻媒体，5 篇来自数字化新闻媒体），将其总结为三种叙事形式，为社会 360°（Social 360°）、记者主导叙事（Reporter-led）和人物主导叙事（Character-led）（如图 3.3 所示）。

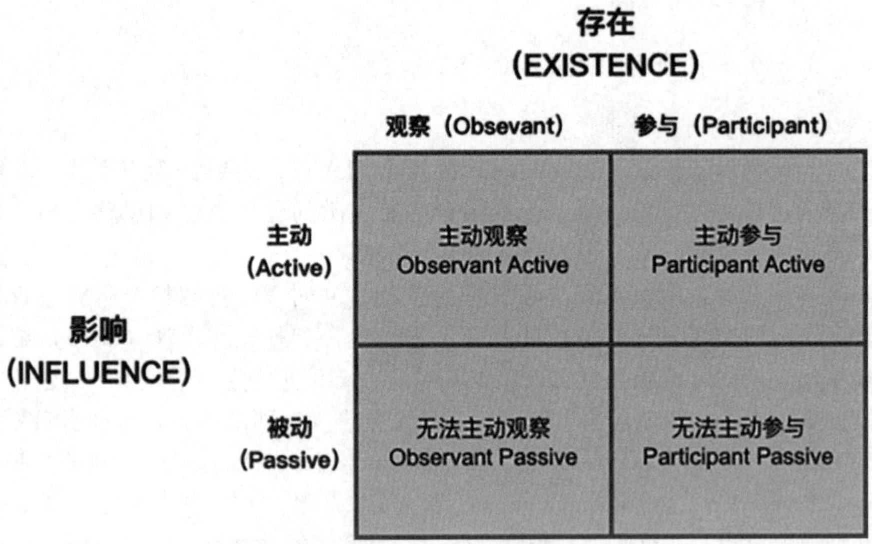

存在
(EXISTENCE)

	观察 (Obsevant)	参与 (Participant)
主动 **(Active)**	主动观察 Observant Active	主动参与 Participant Active
被动 **(Passive)**	无法主动观察 Observant Passive	无法主动参与 Participant Passive

影响
(INFLUENCE)

图 3.2　在虚拟世界中体验的四种类型

（2）研究对象。

本章中，我们研究的对象为 "VR 新闻"，而非更加广泛意义上的 "沉浸式新闻"。最初，"沉浸式新闻" 一词是由 Nonny de la Peña 等人（2010）创造的，并定义为 "以一种形式生产新闻，使人们可以获得新闻故事中描述的事件或情况的第一人称体验"。在《Immersive Journalism as Storytelling：Ethics，Production，and Design》（Uskali，2021）一书中，将概念具象化，作者认为沉浸式新闻包含多种形式，被更广泛地定义为在新闻叙事中使用

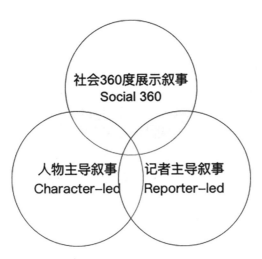

图 3.3　360° VR 新闻的三种叙事形式

沉浸式技术，如 360° 视频、虚拟现实、增强现实和混合现实。他们根据时间和空间将这些不同种类的新闻划分在图 3.4 的坐标系中。

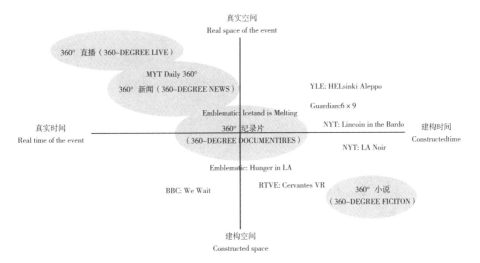

图 3.4　沉浸式新闻的分类维度

　　在 360°直播和 360°视频新闻中，写实主义传统更为普遍，而在 360°纪录片中，则允许更广泛的叙事手段。例如，在 360°视频新闻出现之初，一些著名的纪录片人就一直在使用具有真实、现场录音的动画角色和环境。如 Nonny de la Peña（2018）提出了行为现实主义的概念，意指故事中的临场感在为照片现实环境创造真实性方面更为重要。

虽有不同的对沉浸式新闻的定义，本次的研究为采用计算机技术制作或后期合成形成的 VR 新闻，不包括图中的完全写实的 360°直播、360°视频新闻和完全虚构的 360°小说。

本章选取了 2010 年 1 月至 2023 年 3 月已发表的文献研究、社交媒体平台（YouTube）、国内外各大新闻媒体平台（纽约时报、BBC、CNN、卫报等）、新闻奖项中的 VR 新闻作品共 34 部，见表 3.1。随后对其基本信息（时长、发表年份、来源）、叙事设计（命题、序列、叙事视角、文本、声音、镜头）和采用了何种线索设计进行分析，分析框架见表 3.2。

表 3.1　34 部 VR 新闻列表

序号	名称	作者／机构	类型
1	Hunger in Los Angeles	Nonny de la Peña	灾难
2	Project Syria	Nonny de la Peña	战争
3	Greenland Melting	FRONTLINE PBS	环保
4	After Solitary	FRONTLINE	犯罪
5	6×9：A virtual experience of solitary confinement	The Guardian	犯罪
6	VR：Prison inmate describes what it was like being in solitary confinement	The Globe and Mail	犯罪
7	Yemen's Skies of Terror	AJ contrast	战争
8	12 Seconds of Gunfire	The Washington Post	犯罪
9	Sensations of Sound	The New York Times	社会
10	The Atomic Bombing of Hiroshima	The New York Times	战争
11	Ruby Bridges：6 Years Old and Desegregating a School	The New York Times	犯罪
12	Kiya	Emblematic Group	犯罪
13	CARTIER MANSION	Nonny de la Peña；The New York Times	历史建筑
14	Across the Line	371 Productions, Emblematic Group, and Custom Reality Services VR Lab	社会

续表3.1

序号	名称	作者/机构	类型
15	One Dark Night	Emblematic Group	犯罪
16	Use of Force	Nonny de la Peña；	犯罪
17	Cap & Trade	USC Annenberg 新闻学院和调查报道中心、Nonny de la Peña；	环保
18	Still here	AJ contrast	社会
19	Aftermath VR：Euromaidan	New Cave Media studio	犯罪
20	Songbird：a virtual moment of extinction in Hawaii	The Guardian	动物
21	西昌森林爆炸事件	中山大学	灾难
22	东方红一号发射	中山大学	历史
23	非典阻击战	中山大学	社会
24	Underworld	The Guardian	城市
25	Bear71	national film board of Canada	动物
26	Home-A VR Spacewalk	BBC Media Applications Technologies Limited	太空
27	Is the Nasdaq in Another Bubble? A virtual reality guided tour of 21 years of the Nasdaq	WSJ｜Roger Kenny and Ana Asnes Becker	经济
28	Inside the horrors of human trafficking in Mexico	BBC News	社会
29	Oil in Our Creeks	AJ contrast	环保
30	Dreaming in Za'atari：Stories After Syria	AJ contrast	战争
31	I Am Rohingya	AJ contrast	战争
32	From Waste to Taste	AJ contrast	环保
33	We Shall Have Peace：A VR Documentary in South Sudan	AJ contrast	战争

续表3.1

序号	名称	作者/机构	类型
34	RecoVR：Mosul，a collective reconstruction	The Economist	历史建筑

表3.2　分析框架

研究内容	分析条目	条目内容
基本信息	标题	—
	时长	—
	主题	自然、环境、社会、灾难、环境、健康、文化、艺术、政治、科技、生活、体育等
	来源	—
叙事设计	序列	连接式、嵌入式、交替式、一段式（常江 & 杨奇光，2016）
	叙事方法	视觉引导、声音引导（田杨 & 钱淑芳，2022）
	叙事视角	内视角、外视角、全知视角（常江 & 杨奇光，2016）
	镜头	镜头平均个数；镜头平均时长；转场
	叙事策略	记者主导、来源主导、无形/中性叙事（Jones，2017）
线索设计	叙事线索（Rothe & Hußmann, H, 2018; Nielsen, 2016）	镜头线索（Danieau，Guillo & Doré，2017）（渐黑、去饱和度、模糊、变形、闪烁） 人物线索（Pausch et al.，1996）（小手势、大手势、跟随者、面向兴趣区域（Nielsen，2016））
	非叙事线索（Rothe & Hußmann, H, 2018）	强制旋转、跟随对象、对象操作、环境操作、音频（Sheikh，Brown，Watson & Evans，2016）、灯光、距离、箭头（Schmitz，MacQuarrie，Julier，Binetti & Steed，2020）等提示符、场景过度（Moghadam & Ragan，2017）

　　在分析过程中，不断对分类方法进行调整，最终分析结论如下文所示，基本信息保持不变，叙事设计和线索设计均有微调，具体见表3.3至表3.6。在最终进行内容分析及编码之前，抽取10部VR新闻，让两名研究员在互不干扰的情况下进行编码，对两名研究员的信度进行检验，使用指标

为霍尔斯蒂系数（Holsti's coefficient reliability），结果表明复合信度为 0.98，可以继续进行编码。

（3）分析结果。

基本信息

在研究的这 34 部 VR 新闻作品中（图 3.5），大部分来自媒体机构，小部分来自学术机构。其中媒体机构主要有纽约时报、卫报、半岛电视台下属创新机构 AJ contrast 等，学术机构及个人主要为 Nonny de la Peña 及其成立的组织 Emblematic Group 和中山大学。在主题分布上，有 9 部属于社会犯罪主题，一般为重现犯罪事件或以受害者叙述的形式展现；有 6 部属于战争主题，描述战争对当地人生活的危害；5 部属于社会方向主题，主要是女性问题、少数族裔问题；4 部属于环保主题，主要讲述人类生活对环境的破坏和影响；2 部属于动物主题、历史建筑和灾难；城市、经济、太空及历史主题各 1 部（图 3.6）。在时长方面，平均时长 6 分 9 秒，最长的《Still here》为 23 分 12 秒，最短的则为自由探索式 VR 新闻。

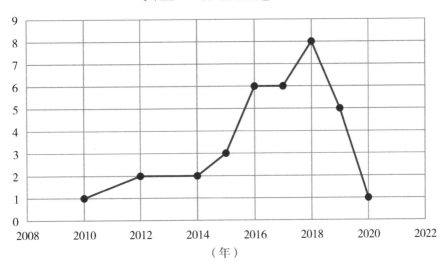

图 3.5 每年生产 VR 新闻数量趋势

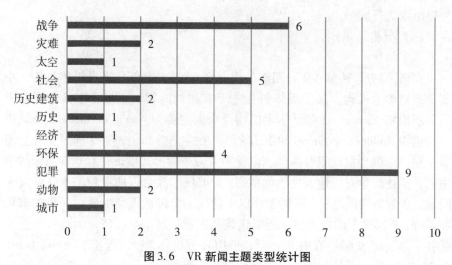

图 3.6　VR 新闻主题类型统计图

叙事设计

Uskalii（2021）分析了 Euronews 生产的 95 条 360°沉浸式视频新闻，对其报道主题、生产选择、语言语境化和技术叙事手法进行总结，研究将叙事手法归纳为 4 种：①文节中的文字；②记者或采访对象跟随摄像机/用户；③视频上的图形叠加；④画外音。这些不同的叙事传达往往是结合在一起的。田杨和钱淑芬（2022）则将 VR 电影中的空间叙事方法总结为"以视觉引导的叙事"和"以听觉引导的叙事"。常江（2016）分析了纽约时报、卫报等西方主流新闻媒体的 360°沉浸式视频新闻，总结出 4 种叙事序列：①"连接式"主要指按照时间顺序先后出场并组合而成的线性结构的新闻叙事；②"嵌入式"序列指将一个序列内容嵌套进其他序列中；③"交替式"序列意指序列交替穿插出现；④"并列式"的叙事结构分为几个段落、各自展开，类似于电影中应用的"蒙太奇"。蔡培清（2017）结合已有文献，对纽约时报的 360°沉浸式视频新闻的叙事序列分为 4 类：①"一段式"，即有且仅有一个镜头；②"连接式"即按照时间发展顺序叙事；③"交叉并列式"，即两个或两个以上的关键人物或事件并列或交叉叙述；④"嵌入式"，即在一个事件中嵌入新的事件，用以解释或补充叙述原事件。以上几篇文献都是对 360°沉浸式视频新闻的叙事方式和叙事序列进行归纳和总结的，而作为由计算机建模/扫描辅助生成的 VR 新闻，其仍然有部分可以借鉴。本章结合以上分析，对 34 部 VR 新闻的叙事设计进行总结，对其叙事序列、叙事方法和叙事视角做出整理。

表 3.3 叙事设计分析条目和分类

分析条目	分类	概念定义	案例
叙事方法	事件情节主导	由事情发生的一定逻辑来展开，以情节作为驱动	《Hunger in Los Angeles》
	人物叙述主导	由事件中的人物自白叙述来展开，叙事跟随者人物的叙述进行	《Sensations of Sound》
	交互动画主导	由事件中的不同阶段、或同一场景中的不同地点的交互动画作为引导，一般需要用户的交互动作触发叙事	《Bear 71》
叙事序列	连接式	按照时间的先后顺序出场，组成线性的叙事结构	《Inside the horrors of human trafficking in Mexico》
	一段式	有且仅有一个镜头按照事情发展顺序叙述	《VR：Prison inmate describes what it was like being in solitary confinement》
	交替式	序列交替穿插出现	《Yemen's Skies of Terror》
	自由式	没有先后顺序，而是根据用户的交互行为决定	《Bear 71》
叙事视角	内视角	采用第一人称叙事，叙述者是事件的主导者、参与者或目击者	《Sensations of sound》
	外视角	以第三人称视角的方式观看新闻，展示时间发生情况，没有单独的叙述人	《Hunger in Los Angeles》
	全知视角	全景式的叙述，能洞察到新闻事件中人物内心、向无所不在的上帝一样洞察世界，具有广度和深度	《Still here》

经过对 34 部 VR 新闻进行整理，我们将叙事方法分为三类。

第一类为由"事件情节引导"。VR 新闻的发展主要跟随真实事件发展的逻辑来展开，为故事情节驱动。比如《Hunger in Los Angeles》中，讲述了一名男子在 food bank 前面排队时，突发糖尿病休克的事件，故事按照真实事件的发展顺序展开，首先是人们在 food bank 门口排队，之后男子突发休克倒地抽搐，然后急救人员赶来查看情况，最后以新闻评论的方式讲述饥饿给洛杉矶带来的灾难。

第二种是"人物叙述主导"。这种类型主要是以一个人或几个人讲述自己的经历来展开，新闻的镜头也一般跟随人物的动作和行动进行展开。比如在《Sensations of sound》中，是一位有听力障碍的女士讲述她第一次带上人工耳蜗后听到声音的故事。她从小时候对"看见"音乐的理解讲起，接下来讲到她上大学，然后带上人工耳蜗的事情。

第三种则是"交互动画主导"，由事件中的不同阶段、或同一场景中的不同地点的交互动画作为引导，一般需要用户的交互动作触发叙事。比如《Bear71》，并不是按照事件的发展顺序展开的，而是在场景中展现出一个巨大的 3D 地形图，在地形图上以移动的标记点的形式展现野生动物，用户可以通过点击标记点的交互形式，去查看野生动物的基本信息，是以用户的交互行为驱动来展开的。

根据统计发现，在 34 部 VR 新闻中，采用最多的叙事方法为"人物叙述主导"，有 15 部，其次是事件情节主导，为 13 部，最后是交互动画主导，共 6 部。

叙事序列指的是新闻故事以何种排列组合的形式所讲述。结合文献综述和对 34 部 VR 新闻的梳理，将 VR 新闻的叙事序列分为四类。

第一类为连接式，即故事的讲述是按照事情发展的先后顺序，组成线性的叙事结构，通常在 VR 新闻中，连接式的序列为不同场景按照事件发生时间进行串联，用户体验完前一个场景后，才能继续体验下一个场景。而场景的设计则也是和真实事件相结合的，如在同一发生地、同一对话人物、事情发展的同一阶段（如同样是起因、经过、结果等）。如在《Inside the horrors of human trafficking in Mexico》，第一个场景在室内（主角的房间），性产业犯罪头目叫主角穿好衣服准备出门接客。第二个场景移步到了门口，主角从自己的房间出来，碰到同样从事服务的同事和权力较高的老年女性，她们之间发生的对话。第三个场景则是在公交车上，回到了女主角被拐骗从事性产业的起因。第四个场景则是通过特殊的视觉处理，结合女主的自述，描述了女主内心巨大的痛苦。第五个场景是无数个失去了像女主这样的母亲、妻子、女儿的人们，聚集起来寻找和纪念他们失踪的家人。虽是倒序的讲述，但仍然始终贯穿在一条线性的叙事逻辑中，所以我们将其看作是连接式叙事。

第二类是"交替式"叙事，是指序列交替穿插出现。如在《Yemen's skies of terror》中，阿克拉姆、7 岁的韦德和 17 岁的阿布·巴克尔，分别依次讲述他们经历的三次空袭，随后他们又各自叙述表达对和平的期待，整个叙事结构以三位小孩的叙述交替展开。

第三类是"一段式"，即有且仅有一个镜头按照事情发展顺序叙述。如《VR：prison inmate describes what it was like being in solitary confinement》全篇只有一个镜头，讲述了一个人在监狱格子间的见闻和感受。

第四类为"自由式"，没有先后顺序，而是根据用户的交互行为决定。例如《Bear 71》，没有特定的叙事序列，以用户自由交互为驱动进行展开。

根据我们的统计发现，在 34 部 VR 新闻中，占比最高的为"连接式"为 16 部，其次是"交替式" 5 部，再次是"一段式" 4 部。此外还有 4 部是"连接式 + 自由式"的形式，即在场景间是"连接式"序列展开，而在场景内的一些交互的设计促使用户进行"自由式"地探索。

新闻文本始终不是本来状态的事件，而是叙述者选择叙事角度"再现"的结果。新闻叙事角度，是指叙述者对某一新闻事件进行观察和叙述故事的特殊眼光和角度（蔡之国，2006）。托多罗夫将叙事视角分为"全知视角""内视角""外视角"（Todorov，1975）。"内视角"为采用第一人称叙事，叙述者是事件的主导者、参与者或目击者。如《Sensations of sound》，便是采用听力残障的女生自述的形式展开。"外视角"是指以第三人称视角的方式观看新闻，展示时间发生情况，没有单独的叙述人，用户只是作为"不存在的旁观者"进行新闻事件全程的观看和感知，如《Hunger in Los Angeles》。"全知视角"采用全景式的叙述，能洞察到新闻事件中人物内心，用户像无所不在的上帝一样洞察世界，具有广度和深度。如《Still here》中，展示了经过 15 年监狱生活的女性回归正常社会的故事，它展示了该女性的内心、女性身边发生的故事以及回到正常社会中的生活环境，用户可以像探索游戏一样探索该 VR 新闻。

根据对 34 部 VR 新闻的统计，我们发现和 360°视频新闻明显不同的一点：360°视频新闻多采用内视角的形式（常江 & 杨奇光，2016），而 VR 新闻对于三种叙事视角的采用则不分伯仲。最重要的原因就是 360°视频新闻受制于拍摄手段、制作成本，其呈现效果大多是以记者自述或采访对象自述的形式完成，通过让人物本身自己叙述传递新闻态度和情感，但对于 VR 新闻来说，其使用计算机 3D 建模或 3D 扫描技术，在表达新闻事件时，增加了更多角度和方式。比如在真实的360°拍摄的视频中叠加3D内容，更加全方位地通过"外视角"展现时间经过，再如增加3D交互，可以让用户深入探索新闻事件和场景。同时，若该VR新闻为完全计算机3D建模的，则对新闻事件的场景变更为可控，可以通过设计来重现真实场景，可以多场景、多视角地进行展现，相比于360°视频新闻，其"外视角"和"全知视角"的叙事视角必然更为多见。在34部VR新闻当中，以"内视角"叙事的有12部，以"外视角"叙事的有13部，以"全知视角"叙事的有9部。

表3.4   叙事设计统计

条目	分类	个数（部）
叙事方法	交互动画主导	6
	人物叙述主导	15
	事件情节主导	13
叙事序列	交替式	5
	连接式	16
	连接式 + 自由式	4
	一段式	4
	自由式	5
叙事视角	内视角	12
	外视角	13
	全知视角	9

在镜头语言方面，平均镜头个数为10.1个，平均镜头时长48秒。最多的镜头个数为31个，最少的镜头个数为1个，最长的镜头时间为3分钟，最短的镜头时间为5秒。

线索设计

在VR新闻中，观看者使用头戴式显示器（HMD）观看新闻，因此，观看者处于场景内部，可以自由选择观看的方向和交互的对象。相应地，观看者决定了新闻的可见部分，即视场（FOV）。用户有时并不能清晰地觉察到新闻生产者想要表达的重点，因为他们可能看向次要信息的部分。其中"线索（Cues）"便起到这个作用，即引导用户的视线至特定的区域。根据文献综述和对34部VR新闻的梳理，我们将线索分为"叙事化"（diegetic）和"非叙事化"（non-diegetic）两种线索。

表 3.5 叙事线索条目

线索种类	对象	具体条目
叙事线索	人物	人物声音
		人物手势
		人物眼神
		人物身体动作
		人物解说叙述
		人物移动
	物体	物体发光
		物体移动
	场景	场景声音
		场景叠加动画
	镜头语言	视角移动
		视角推进
		视角缩小

　　叙事线索主要指的是和新闻中的故事有紧密联系、原生的线索，比如场景中的一辆汽车从画面左侧驶向右侧，将用户的注意力转移到右侧，便是叙事线索。再如战争类型的新闻中，远处传来的爆炸声，引导用户向声音来源看去，也属于叙事线索。叙事线索的对象主要包括人物、场景中的物体、场景本身的镜头语言四大类。

　　人物主要线索包括人物声音、人物手势、人物眼神、人物身体动作（如转身、回头、拍照等）、人物解说叙述（如场景中的人物是一个导游、一个记者，或一个新闻当事人的讲述）和人物移动等。其中，每个线索都可以单独出现或组合出现。在所梳理的 34 部 VR 新闻中的人物线索中，使用频率最高的为人物声音和人物身体动作，分别为 22 次和 12 次，且组合使用的频率较高。在《Inside the horrors of human trafficking in Mexico》中，当用户走进第二个场景及街边场景时，用户的目光一开始是看向远方的，随后在身体右侧传来"Maria, do you know…"的人物声音，自然地将用户的目光吸引至左侧，一个同样被迫从事性产业的女子开始说话，新闻内容随即展开。

物体主要由物体发光和物体移动构成。物体发光主要指的是原本在自然界或生活中就会发光的东西，如手电筒、照明灯、灯带等，发光的物体能够吸引用户的注意力，如《Underworld》中，一个类似手电筒的光束引导着用户穿梭在地下排水系统。物体移动也主要是指能够移动的物体，如汽车、动物等。与人物移动类似，物体移动也是通过物体从点 A 移动到点 B 来达到吸引用户注意力从点 A 转移到点 B 的效果，比如在《Songbird：a virtual moment of extinction in Hawaii》中，就用鸟的移动来吸引用户的注意力。

场景主要包括场景声音和场景叠加动画。场景声音主要为将声音设计成 3D 环绕效果，这样用户在听到声音的时候，会被吸引到声音来源点。如在战争类的新闻中，爆炸声、喊叫声都可以作为声音叠加来吸引用户至目标视野。场景叠加动画，主要指的是 360°拍摄后再用计算机建模技术合成的 VR 新闻，如《Oil in our creeks》中，为了对比战争前后庄稼地的情况，在后期用计算机建模合成时，在场景中叠加了动画。

镜头语言主要包括视角移动、视角放大、视角缩小。需要注意的是，这里的视角并不是强制移动的，而是需要一种触发机制，如用户进行了这项操作或用户视线触发了机制才会移动。如《Inside the horrors of human trafficking in Mexico》中，主角（用户）在车中被拐走的场景，当主角得知自己已经被拐走时，视线突然放大、缩小、变得模糊，想突出一种无力感和害怕感，就属于镜头语言的一种。

表 3.6　非叙事线索条目

线索种类	对象	具体条目
非叙事线索	新增静态对象	箭头（静态、动态）
		文字
		字幕
		数字
		视频
		画中画

续表3.6

线索种类	对象	具体条目
非叙事线索	新增交互对象	按钮
		动画
		可交互式地图
		卡片
		点位标识（静态、动态、闪烁）
		图表
	已有对象样式改变	高亮
		变色
	新增音效	旁白
	镜头语言	渐黑
		去饱和度
		模糊
		变形
		闪烁

非叙事线索主要指在场景中添加新闻现场本不应该出现或与叙事无关的因素。对 34 部 VR 新闻总结和对已有文献进行综述的前提下，总结出了 5 种形式，分别是新增静态对象、新增交互对象、已有对象样式改变和镜头语言。

新增静态对象主要是指在场景中添加与事情发展和叙事无关的、不可交互的静态元素来吸引用户的注意力至某一视野或某一物体。如添加箭头、文字、字幕、数字、视频、画中画。其中，画中画主要是指在场景内添加展示元素，如一个讲述国家历史的新闻，在场景中用展览的形式摆放可以翻页的书籍、可以播放的电视等。其中，文字是使用次数最多的元素，在 34 部新闻中共有 18 部使用了文字，其次是旁白，有 7 次。

新增交互对象和新增动态对象的区别则在于，该元素是动态的、可以进行交互的。用户可以对元素进行点击、移动等操作，来查看具体的元素信息或进行下一步操作。比如按钮、动画、可交互式地图、卡片、点位标识、图标等。

已有对象样式改变主要为原本叙事场景中的物体，对其进行状态的改变，如对物体进行高亮、变色等操作，吸引用户的注意力移动至目标视野。新增音效主要是旁白，对用户进行提示。镜头语言则包括渐黑、去饱和度、模糊、变形和闪烁。

同样地，非叙事线索既可以相互间组合使用，也可以和叙事线索组合使用，更好地解决"害怕错过"的问题。在叙事线索中，被使用的最多的组合为人物动作和人物声音共同组合的线索。

3.3.2 叙事与线索设计空间构建

本节将对以上分析结果进行可视化。叙事设计中采用示意图的形式；线索设计中，叙事线索采用橙色卡片、非叙事线索采用红色卡片。在制作卡片结束后，用笔记工具 Notion 搭建设计空间「VR 新闻设计空间」①，方便用户的交互、查看以及传播。

（1）叙事可视化设计。

为了方便用户对 VR 新闻的叙事设计更好地理解，对叙事方法（包括事情情节主导、人物叙事主导、交互动画主导）、叙事序列（包括连接式、一段式、交替式、自由式），以及叙事视角（包括内视角、外视角和全职视角），全部以示意图的形式进行可视化处理。

叙事方法

叙事方法分为三个种类（图 3.7），分别为事情情节主导、人物叙事主导和交互动画主导。在可视化方面，通过示意图的形式呈现，对于事情情节主导，主要是展示故事的起因、经过和结果；对于人物叙述主导，在每个场景均存在人物叙事的内容，且所呈现的场景都围绕着人物叙述的情节展开，而这个新闻中的主人公的形象或声音会一直存在；对于交互动画主导，用户在系统中可以随意探索可交互对象，切换至其他场景。

---

① https://autumn‑dirt‑cd2. notion. site/VR‑02cef811da3a40a49fd76a77c0f5aef0。

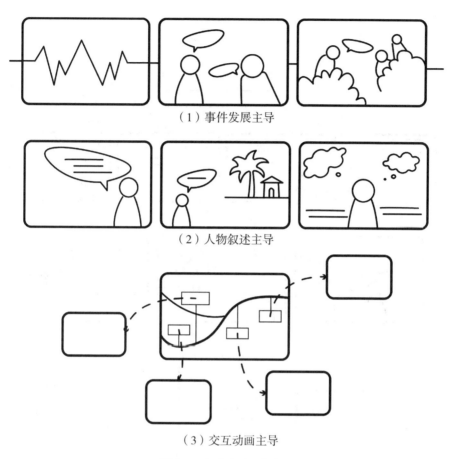

（1）事件发展主导

（2）人物叙述主导

（3）交互动画主导

图 3.7 叙事方法可视化

叙事序列

叙事序列包括一段式、交替式、连接式和自由式。一段式用一个场景
来表示采用长镜头，场景不做切换。交替式以人物 A、B、C 三个场景，以
及最后 ABC 三人一起的场景表现。连接式则表示按照故事的时间顺序，如
图 3.8 中表示为早晨、中午和晚上。自由式则表示通过用户的交互动作，在
场景间可以自由进行跳转。

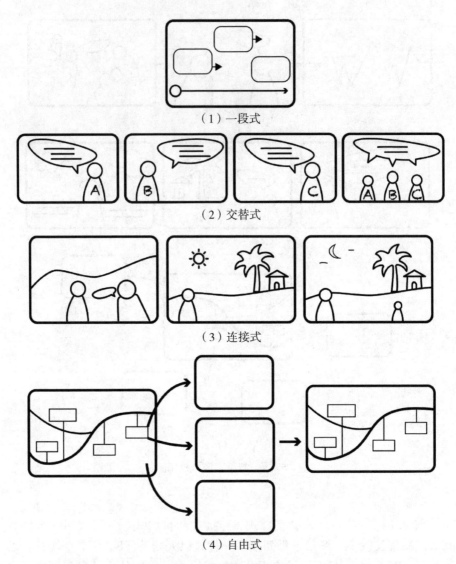

（1）一段式

（2）交替式

（3）连接式

（4）自由式

图 3.8　叙事序列可视化

叙事视角

叙事视角共三类，分别为内视角、外视角和全知视角。图 3.9 中带着
VR 眼镜的小人表示用户，其他小人如 A、B 则代表新闻中的人物。内视角
展示的是用户作为新闻中的人物去体验，可以和新闻中的其他人物进行对
话。外视角展示的是用户作为旁观者去观看 VR 新闻中的人物，却不与新闻
内容产生交互关系。全知视角展示的是用户可以多角度观察、可以"窥见"

新闻中的人物内心互动等。而这种内心活动通常以画外音、字幕的形式展现。

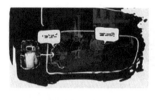

（a）内视角　　　　　　　　（b）外视角　　　　　　　　（c）全知视角

图 3.9　叙事视角可视化

（2）线索可视化设计。

为了方便用户对可视化设计空间的内容进行理解，考虑到制作成本以及用户认知成本，有关线索设计部分的设计空间采用以真实照片模拟交互式 VR 场景的形式，其中用到一些元素：①用户视野，以 VR 眼镜框为隐喻，用来表示 360°场景中用户所观看到的地方；②目标对象/目标视野（通常出现在叙事线索设计中），指新闻生产者想要用户看到或注意到的人物对象或场景，一般情况下，我们假定用户最初的视野不在该对象或场景，在可视化方案中以蓝色描边、蓝色高亮和蓝色标识的形式展现；③线索人物/对象，指线索设计，新闻生产者通过线索人物/对象将用户目光吸引至目标对象/目标视野上。在可视化方案中，以红色描边、红色高亮和红色标识的形式展现（图 3.10）。

（a）叙事线索可视化卡片

（b）非叙事线索可视化卡片

图 3.10　线索可视化卡片

对于叙事线索设计，将其分类为人物、物体、场景和镜头语言。

叙事线索——人物

如图 3.11 所示，展示的为"叙事线索"中"人物"分类下的"人物视线"。STEP1 表示用户进入到该场景所看到的视野，为一群人在站着聊天，VR 头盔形状标识内的场景代表用户所看到的内容。这群人就是"线索人物"，以红色描边、红色高亮和红色标识，这群人的目光，即他们的"人物视线"看向场景左侧坐在地上的男士，而该场景中的男士，即以蓝色描边、蓝色高亮和蓝色标识所标记的，就是我们新闻生产者想引导用户视野至该对象身上的"目标人物"。STEP2 则表示用户被刚才那群人的视野线索引导，从而看向目标人物——坐在地上的男士的过程。所以，STEP1 和 STEP2 描述了线索指引前后的用户视野情况，展现了以"人物视线"为叙事线索的线索设计方法。

图 3.11　"人物视线"叙事线索可视化

叙事线索——物体

如图 3.12 所示，展示的为"叙事线索"中"物体"类别下的"物体移动"叙事线索可视化。STEP1 表示用户看到的为一辆正在缓慢向前行进的汽车，该汽车为"线索物体"。STEP2 表示用户通过"线索物体"——汽车的实现指引，将目光移动至汽车驶向的地方，即目标物体，为蓝色高亮和蓝色标识的远方的汽车。STEP1 和 STEP2 描述了线索指引前后的用户视野情况，展现了以"物体移动"为叙事线索的线索设计方法。

图 3.12　"物体移动"叙事线索可视化

叙事线索——场景

叙事线索中利用场景的特殊性，进行线索设计，如图 3.13 展示的为"场景"分类下的场景"叠加动画"。图中设计者想强调客厅中央的一盆花以及客厅沙发角落的玩偶小狗。所以设计者在这盆花的四周叠加了蝴蝶飞舞的动画，通过动态的元素吸引用户的目光至花盆上。同样的，对于玩偶小狗，设计者给予了动态的元素，让小狗的头前后摇摆，同样通过动画的形式吸引用户的注意力。

图 3.13 "场景叠加动画"叙事线索可视化

叙事线索——镜头语言

镜头语言为一种叙事线索，包括视角移动、视角推进和视角缩小。如图 3.14 所示为"视角推进"叙事线索的可视化。通过柔和地将视野跟随场景中的动态内容放大来完成。STEP1 展示的是当前的用户视野，STEP2 展示的是视角推进后的用户视野。需要注意的是，视角的推进并不是通过强制推进的方式进行的，而是有一个触发机制，比如当用户的视野范围为目标视野，并在该视野停留 3 ～ 5 秒后，视角将缓慢地、自动地向前推进。从而引导用户的注意力至目标视野/目标物体上。

对于非叙事线索，根据以上 34 部 VR 新闻和既有文献研究，将其划分为新增静态对象、新增交互对象、已有对象样式改变、新增音效。

图 3.14　"视角推进"叙事线索可视化

非叙事线索——新增静态对象

对于大部分的非叙事线索设计，新闻生产者可能不希望用户视野进行转移，而是希望用户能够注意到场景中的某一个人物/对象，这时我们用一张图的形式进行可视化。如图 3.15，为非叙事线索中"新增静态对象"的"高亮"方法，即新闻生产者想要使用户注意到该场景中的花瓶，便以真实照片修图的形式展现，在花瓶的外围增加高亮黄色描边，以表示在 VR 新闻设计中给物体增加高亮的形式。

图 3.15　"高亮"非叙事线索可视化

非叙事线索——新增交互对象

新增交互对象，是指对于需要场景切换或需要用户进行点击、移动等操作，在场景中加入需要交互的元素。比如，按钮、可交互动画、视频、可交互视频等。如图 3.16a 所示为新增交互对象中的"可交互式地图"和"按钮"。"可交互式地图"为固定悬浮在用户视野角落的地图，用户可以点击地图中的标记点，视野就会自动移动至相应的位置。"按钮"悬浮在空中或场景中的具体位置，通常放置在需要强调的物体旁边，如图 3.16b 所示为花瓶旁放置"查看花瓶"的按钮。还有一种按钮也是悬浮固定在视野角落，通常为系统按钮，如"返回""回到主界面"等。

（a）可交互式地图　　　　　　　　　　（b）按钮

图 3.16　新增交互对象线索可视化

非叙事线索——已有对象样式改变

已有对象样式改变指的是，原本在场景中就出现的元素，由于设计者想要突出该元素，引导用户视线先看该元素，所以对该元素的样式进行改变。如图 3.17 所示"高亮"，为围绕该元素进行立体描边高亮显示；"周围褪色"，指的是通过对目标物体或目标视野其他区域进行褪色处理，吸引用户到目标物体或视野，图中想要强调中心花瓶，所以将其他视野区域进行褪色处理，引导用户看向中心花瓶。

（a）高亮　　　　　　　　　　　　（b）周围褪色

图 3.17　已有对象样式改变线索可视化

（3）设计空间搭建。

按照以上对线索设计可视化的方法，将内容分析中提炼出来的叙事线索和非叙事线索进行可视化，制作成卡片。并运用笔记工具"Notion"，将线索名称、可视化卡片、线索的使用说明整合进笔记工具中，制作成可以交互的网页（图 3.18）。

　　网站分为四个部分，分别为概览、叙事可视化、线索设计可视化和叙事以及线索设计建议。首先为概览，主要目的是清晰地表明此设计的作用。本次指南的主要作用是为了方便 VR 新闻的设计者和生产者创作新闻内容，本设计指南旨在通过可视化的形式梳理 VR 新闻中的叙事设计和线索设计。为新闻生产提供流程化的指导。然后是叙事设计，内容来自前文文献综述对前人研究的总结和对 34 部 VR 新闻的内容分析。接着是线索设计的可视化，以卡片的形式展现。其分为叙事线索和非叙事线索两部分，在标题下方进行筛选，同样也可以进行搜索、筛选和排序。最后则是来自评估中被试反馈的建议和实证研究得出的叙事与线索设计建议。

（a）设计空间标题　　　　　　　　（b）叙事设计可视化

 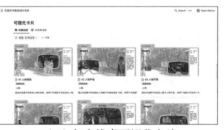

（c）非叙事线索可视化卡片　　　　（d）叙事线索可视化卡片

（e）点击查看"卡片"详情　　　　（f）来自第四节的线索设计建议

图 3.18　设计空间网站截图

3.3.3　设计空间评估

为了评估设计空间在设计和制作 VR 新闻方面的有效性，采用工作坊的形式进行评估。招募有 VR 新闻生产经验的 13 名参与者，任务为用故事版的形式呈现脚本，参与者可以参考设计空间进行交互式 VR 新闻的设计。为了指导结果分析，提出了两个研究问题：

RQ1：设计空间是否有用？

RQ2：设计空间是否易用？

（1）评估方法。

为了模拟在 VR 新闻设计与制作的环节，本文采用工作坊（workshop）的形式对 VR 新闻的设计空间进行评估。工作坊是一种在设计阶段多人共创的设计方法，对于 VR 新闻创作来说，工作坊可以在参与者的交流之中激发每个人的灵感，从而达到更好的效果。此外，工作坊相比于其他方法，参与人数更多、人员背景更丰富，也更加适用于本次 VR 新闻。尤其是在 VR 新闻的叙事设计和线索设计当中，由于不同的新闻类型、设计师或新闻创作者的个人特性、新闻表达目的多有侧重等因素，同一个新闻事件也会导致其叙事设计及线索设计迥然不同。同样，研究（Shi，Lan，Li，Li & Cao，2021）也采用了工作坊的形式对数据新闻中的动态元素设计空间进行评估。综上所述，本研究采用了工作坊的形式，去探讨参与者是如何使用设计空间的，以及其可用性和易用性是怎样的。

（2）参与者招募。

我们通过校园论坛和微信群招募被试。招募材料明确指出，本次工作坊希望寻找在新闻、新闻视频制作或 VR 设计有过专业经验的新闻工作者或设计师。共招募到 13 名被试，其中男性 3 名，女性 10 名。被试均为硕士研究生，年龄在 22 ～ 25 岁之间（$M = 23.36$，$SD = 0.72$），均受过新闻传播或交互设计的专业训练，他们的本科专业包括传播学、广告学、数字媒体技术、网络与新媒体、视觉传达、工业设计等。他们中有 11 人（占比84.6%）有设计行业从业经验，1 人（占比 7.6%）有新闻行业从业经验，8 人（占比 61.5%）有生产过新媒体新闻、视频新闻的经验，9 人（占比69.2%）有过 AR、VR 相关的设计经验，所有人对 VR 新闻有一定的了解。由于本次坊模拟 VR 新闻生产场景，故在招募填写问卷时，询问被试是否擅长新闻创作、新闻叙事设计、新闻内容可视化中的一种或多种，以便按照个人特长进行分组。将 13 个被试按照特长分为 6 个小组，每个小组均有熟悉新闻创作和新闻内容可视化的人。

（3）实验材料选择。

根据前文对 34 部 VR 新闻进行内容分析及既有文献综述得出的结论，选择更加适合制作为 VR 新闻的新闻类型，如灾难、社会、环保等。本次工作坊选择澎湃新闻生产的两篇视频新闻作为材料，分别为社会和环保题材（图 3.19）。材料①《地下代孕产业调查：隐秘的分成链条》①，新闻中记者对地下代孕产业进行暗访，揭露了代孕中介、医院、代孕妈妈、提供卵子的女性和有代孕需求的家庭之间的链条；材料②《与 1000 多只猕猴做邻居：一座城市公园的人猴之争》②，讲述了在贵阳黔灵山公园，猕猴数量在 30 年内激增，超出环境容量，频繁与人类发生冲突的起因、经过和困局。

图 3.19　两则视频新闻截图

（4）评估流程。

参与式工作坊共分为四个流程，分别为介绍本次工作坊目的、教学和自由探索环节、运用设计空间进行 VR 新闻制作、展示与讨论。

介绍本次工作坊的目的和流程

在工作坊开始运作时，研究人员作为主持人介绍了组建本次工作坊的目的，即通过工作坊的形式，让被试使用 VR 新闻设计空间，并制作一则 VR 新闻，来评估设计空间的有用性、易用性及使用情况。13 个被试被按照特长分为 6 个小组，每 3 个小组共用一则新闻视频材料，并以故事版的形式进行设计和展示。接下来，我们向被试介绍了工作坊的流程，首先为 20 分钟的设计空间教学和自由探索环节，接下来为 45 分钟的 VR 新闻的制作环节，最后为 30 分钟的展示与讨论环节。总共时长 90 分钟。

---

① https://www.thepaper.cn/newsDetail_forward_9083263。

② https://www.thepaper.cn/newsDetail_forward_21160504。

教学和自由探索环节

开展教学环节的目的是让被试了解如何在 VR 新闻制作的过程中使用"设计空间",教学环节是制作 VR 新闻的准备工作。研究人员作为主持人,首先介绍了 VR 新闻的概念、特点,并播放一则 VR 新闻作为案例来讲解《Inside the horrors of human trafficking in Mexico》。由于被试均受过专业的新闻训练,在讲解中,研究人员着重于讲解设计 VR 新闻的要点,如根据新闻类型选择叙事方法,进行叙事设计,以及通过新闻中的案例来讲述如何进行线索设计,来引导用户跟随新闻节奏进行观看。接下来,研究人员将上一节制作的设计空间向被试进行展示,并让被试进行自由探索。在自由探索中,研究人员会解答被试对于设计空间的疑问(图 3.20)。

图 3.20　研究人员作为主持人进行工作坊教学环节

VR 新闻制作

每组会得到其中一份视频材料,首先进行材料的观看,接下来进行 VR 新闻的构思,最终以故事版的形式进行展示,时长约 45 分钟。在用故事版制作新闻的过程中,研究人员要求被试将用到的叙事设计方法和线索设计元素在关键帧标注出来,以便展示和后期统计。

图 3.21 参与式工作坊被试讨论场景 - 被试展示方案

展示和讨论

每组派出代表进行 VR 新闻的介绍（图 3.21），其他组成员就该设计进行讨论和交流。在展示完毕后，请每名被试匿名进行问卷填写，使用七点李克特量表评估设计空间的有用性、易用性（问卷内容如下表 3.7），并选出自己最喜欢的一组新闻。在最后，每名被试自由发表观点，对设计空间提出建议。

表 3.7 设计空间有用性、易用性问卷

	序号	问题
	1	这个指南帮助我更有效
	2	这有助于我提高新闻生产的工作效率
	3	这个指南很有用
有用性	4	他让我更好地控制生活中的活动
	5	该指南使我更容易地制作 VR 新闻
	6	当我使用该指南时，它节省了我的时间
	7	该指南满足了我在新闻生产过程中的需要
	8	该指南满足了了我期望它具有的功能的一切

续表 3.7

	序号	问题
	9	它很容易使用
	10	它使用起来很简单
	11	它对用户友好
	12	对于我需要完成的事情，它需要最可能少的步骤
易用性	13	它很灵活
	14	使用它是毫不费力的
	15	我可以不用书面说明就可以使用它
	16	我在使用它时没有注意到任何不一致之处
	17	偶尔和经常使用的用户都会喜欢它
	18	我可以很快很容易地更正错误
	19	我每次都能成功地使用它

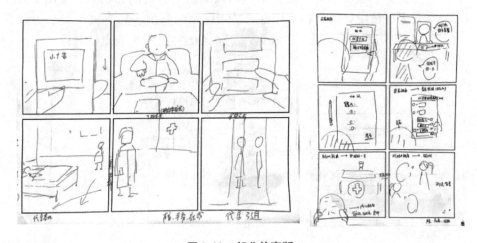

图 3.22　部分故事版

3.3.4　评估结果分析

在工作坊期间，我们收集了 6 组 VR 新闻的故事版（图 3.22），每个新闻有 3 种呈现形式。对每组的故事版，我们统计其使用的叙事和线索设计，并分析问卷有用性、易用性的结果。问卷采用 USE 官方量表。

首先，对于"暗访代孕产业"新闻，其中有 2 组新闻为事件情节为主导，这 2 组均为连接式序列，另一组为人物叙事主导，为交替序列。这 3 组新闻的叙事视角均采用内视角的形式进行。对于"与 1000 多只猕猴做邻居：一座城市公园的人猴之争"的新闻，有 2 组为事件情节为主导，叙事序列为交替式、连接式，分别采用内视角和外视角。有一组为交互动画为主导，叙事序列为自由式，采用内视角。

对于线索设计，设计空间中的 28 张卡片被使用 22 张，其中使用最多的叙事线索为人物，其中人物解说（15 次）、人物声音（6 次）、场景声音（6 次）、人物移动（5 次）、人物视线（2 次）。使用最多的非叙事线索为高亮（8 次）、字幕（6 次）、旁白（6 次）、按钮（5 次）、画中画（3 次）、卡片（1 次）、场景叠加动画（1 次）。

其次，被试表示该设计空间是有用的（$M = 5.90$，$SD = 0.96$）。

"这个设计空间在我设计 VR 新闻时有较强的指导作用，其中对很多线索设计都进行了可视化，方便我们去理解该如何使用来做到不损失用户体验的情况下，进行线索指引……"（G2P1）。

"对于一个 VR 新闻制作的新手来说，这是一个好工具，在叙事设计和线索设计两部分都给我们提供了帮助，在设计场景时，可以参照着设计空间，有时没有灵感，还可以多点击、翻看，可以给我们提供灵感……"（G3P2）。

"在设计暗访代孕产业新闻时，里面的一些线索给了我灵感，比如声音指引，我想到了救护车的声音能指引用户的视线，还有代孕妈妈的哭声，也可以引导用户走进病房进行观看。"（G1P1）。

在最后的自由讨论环节中，被试也积极为设计空间提出自己的建议。比如在设计空间中，生产者不应该仅仅罗列可以用到的那些叙事和线索的设计方案，还应该关注哪种类型的新闻适合使用内视角、哪种类型的新闻适合使用外视角等。

"不是说你列举出来了这些东西，告诉我能使用这些，给我推荐出哪个场景当中适合用哪个就行了，因为每个人选择的视角都不一样，但是其实有一些新闻它是比较适合于用某一类特定的视角来呈现的。"（G1P2）。

再如，被试希望设计空间能给出一些组合性的建议，比如，给何种类型的叙事方法、适合什么样的叙事序列等。此外，也有被试提到，在本身创作 VR 新闻时，生产者的脑海中一般会有一个大的框架，再去查看使用设计空间时，会有种本末倒置的感觉。

"我可能是脑子里已经有一个预设的逻辑了。我可能在做的过程中我是会去看这上面有什么，我去套用。但是其实我本身就可能带有一种主观的预设，相当于是把新闻生产完之后再把生产的逻辑再套进去。这种不是一个由因到果的过程…"（G6P1）。

根据被试提到的这一点建议，我们也进行反思，设计空间绝不是一个强制生产者去套用的规则，而是提供生产者更多的可能性来将设计应用到新闻中、可以进行参考的。在设计空间中，我们对这部分进行补充，强调本设计空间只用作参考，而并非生产 VR 新闻的一种强制的范式。

最后，被试表示该设计空间是易用的（$M = 5.46$，$SD = 1.08$）。

"这个设计空间像网站一样可以进行点击、搜索、查看等操作，整体分为叙事设计和线索设计两个部分，结构很清晰，一目了然…"（G4P2）。

"以卡片的形式展现这些可视化线索，比较清晰，当我想参考具体案例的时候，也有链接可以直接跳转至其他已有的 VR 新闻，我觉得非常好用。"（G4P1）。

"我认为在线索卡片的设计上，十分清晰，比如，叙事线索用橙色的卡片表示，非叙事线索用红色的卡片表示，还可以进行搜索操作，方便用户及时查看。"（G5P1）。

此外，也有被试在易用性方面提出自己的建议，希望不依附于笔记工具进行搭建，而能使用更为灵活的网页形式，在易用性方面可能会更加提高。对此，我们也将考虑将设计空间做成网页的形式，增加设计空间的易用性和美观性。

3.4　VR 新闻线索设计效果评估

根据内容分析和既有的文献研究和工作坊，我们发现，线索设计在 VR 新闻的设计中较为重要。线索设计在 VR 其他领域，如 VR 电影、VR 游戏和 360°纪录片中均有讨论，但是还未有学者在 VR 新闻中讨论其设计的效果。

故在本节中，根据已有的文献和理论，选取适合本研究的相关变量，提出了评价 VR 新闻中线索设计的指标，分别从用户体验、新闻认知和新闻态度三个维度展开，并提出相应的研究假设。接下来，通过实验法进行假设的验证，并具体介绍了实验设计、实验环境、实验被试和过程。并将实验结果和设计建议反馈至第三节的设计空间中。

3.4.1 理论基础与评价指标

周勇（2018）按照郭庆光提出的传播效果发生逻辑，将 VR 新闻的传播效果评价模型分为认知层面、心理态度层面和行动层面（图 3.23）。其中，认知层面为新闻认知的准确度，心理态度层面为情感强度、信任度和喜好度，行动层面为诉诸行动。研究者通过问卷测量的形式考察了两个方面的传播效果。期望确认理论（ECT 理论）是一种有关后采纳的理论，即前行为和后行为都会影响确认，从而影响满意度和后期的使用意愿。根据 ECT 理论（Bhattacherjee，2001），这是用户对实际表现相对于经验前比较标准的评估，例如，他们的期望。更高的感知表现影响积极确认，确认的程度为后续行为提供了基础。Shin 和 Biocca（2018）则基于修正后的期望确认理论，揭示了用户在 VR 新闻情境中的认知过程，即沉浸不是给予用户的外部因素，而是由用户处理和决定的心理状态，也就是说，ECT 机制只有在技术素质被转化为相关的认知素质时才能发挥作用。接受沉浸感是一个有意义的过程，通过这个过程，人们赋予 3D 物体和相关体验一些意义。修改后的期望确认理论模型引入 VR 新闻特有的因素作为确认和可信度的前因，并引入移情作为绩效值来修改 ECT。

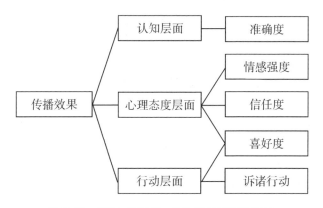

图 3.23 周勇（2018）的传播效果评价模型

技术接受模型（Technology acceptance model，TAM）是 Davis（1985）提出的，使用理性行为理论研究用户对技术的接受程度的模型（图 3.24），最初的目的是为了探究受众对技术的接受程度是受什么影响的。TAM 模型包括了两个决定因素：一是感知的有用性（Perceived usefulness），反映用户使用特定系统提高工作效率的程度；二是感知的易用性（Perceived ease of use），反映用户认为使用特定系统很容易的程度。Hsiao 和 Yang（2011）使用了因子分析、多维缩放和集群分析等，明确了未来应用 TAM 的三个领域：任务相关系统、电子商务系统及享乐系统。

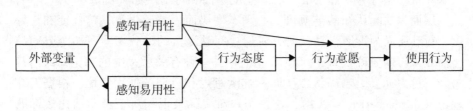

图 3.24　技术接受（TAM）理论模型

Sun 等（2009）的研究表明，感知趣味性（Perceived playfulness）对感知有用性、感知易用性以及用户对基于网络摄像头的 VR 应用程序的态度有积极影响。Diefenbach 等（2014）对大量人机交互领域有关享乐品质的文献进行综述，研究表明享乐变量是技术接受度的决定因素。Camille Sagnier（2020）提出了在 VR 领域应用的 TAM 模型的扩展版，其中一部分加入了用户体验的两个元素，即享乐品质（Hedonic qualities）和务实品质（Pragmatic qualities），通过用户在 VR 中执行航空装配任务的实证研究，证明了务实品质会影响感知易用性，享乐品质会影响感知有用性从而影响使用意愿。

综上所属，本研究结合周勇的 VR 新闻传播效果模型、Shin 的修正后的期望确认理论和 TAM 模型，并结合在 VR 中线索设计领域的因变量，整合为 VR 新闻线索设计评价指标，如图 3.25 所示。通常对于传播效果的评级是从认知、态度和行为三个角度评估，对于本次研究来说，从行为上不方便从实验中的主观量表中得出，故在新闻传播效果维度选择了新闻认知、新闻态度作为评估维度。此外，VR 新闻实质上是一个人机交互系统，且有研究表明用户体验对于沉浸感和传播效果均有影响，故将用户体验作为其中一个维度考量并进行评估。

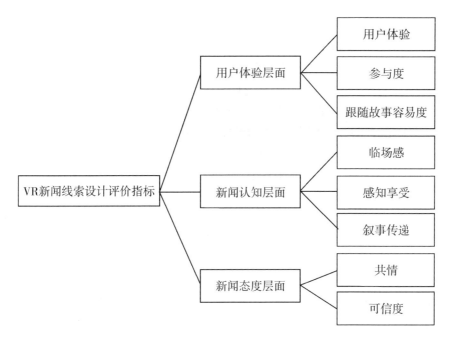

图 3.25　VR 新闻线索设计评价指标

3.4.2　研究问题与假设

根据上一节提出的 VR 新闻线索设计评价指标，对本次研究提出研究问题：

RQ1：在 VR 新闻中，不使用线索和使用线索（非叙事和叙事线索）对用户体验、新闻认知和新闻态度有何影响？

RQ2：在 VR 新闻中，使用非叙事线索或使用叙事线索，对用户体验、新闻认知的新闻态度有何影响？

为了便于描述，本次假设分为 a 类假设和 b 类假设。a 类假设为在 VR 新闻中是否使用线索对不同维度的因变量的影响，即对比组 1 和组 2（无线索和使用非叙事线索）、组 1 和组 3（无线索和使用叙事线索）之间是否有显著差异。b 类假设为探究在 VR 新闻中，使用非叙事线索和使用叙事线索对不同维度的因变量的影响，即对比组 2（使用非叙事线索）和组 3（使用叙事线索）之间是否有显著差异。下面针对每一个维度中的因变量进行介绍：

（1）用户体验层面。

用户体验（User experience）

用户体验是任何交互系统都会进行评估的要素。基于对来自研究、工业和 2D 设计的 68 种不同资源的透彻分析，Steven Vi 等（2019）提出了一套用于设计 XR 应用程序的 11 种 UX 指南。其中有一条为在整个体验过程中使用线索帮助用户。即创建意指线索帮助用户入门，提供额外信息，引导用户注意力，简化应用内的选择，为用户提供指向性指标，将其指向应用中的重要内容。这对于 XR 来说尤其重要，因为内容可以放置的区域比传统的 2D 应用要大得多。此外，在设计线索时，不仅要考虑信息的传递，还要考虑如何以高效、舒适的方式传达信息。这也是在 VR 新闻中线索设计的意义。故提出研究假设：

H1a：相较于不使用线索，在 VR 新闻中使用线索（叙事线索或非叙事线索），更能够增加用户体验。

H1b：相较于非叙事线索，在 VR 新闻中使用叙事线索更能够增加用户体验。

参与度（User engagement）

用户参与度（UE）是用户体验的一个质量特征，它被定义为参与数字系统交互时，用户在认知、时间、情感和行为方面所投入的深度（O' Brien, 2016）。用户参与度是严重依赖于上下文的（O' Brien, Cairns & Hall, 2018），在新闻中的 UE 设计可能是相当独特的，虽然个人特质可能在一定程度上推动新闻互动，但是新闻的内容及其呈现方式，能够使用户产生情境兴趣，进而促进用户参与（Oh & Sundar, 2015）。作为媒介，计算机由于其动态性和交互性，会导致用户参与度变得抽象化，如用户对系统（如挫折感）、内容（如震惊、兴趣）或其他在交互空间内操作的用户产生情绪反应，从而影响参与度。对于线索设计，由于不同的线索交互形式、呈现方式可能不同，可能会带来不同的用户参与度。研究（Lin et al., 2017）探讨了两种线索 Autopilot 和 Visual guidance 对用户参与度的影响，发现这两种技术对用户参与度并无显著差异。研究（Tong, Jung, Li, Lindeman & Regenbrecht, 2020）提出了三个动作单元，分为为谈话（故事讲述人与观看者保持眼神交流）、指向（讲故事者说话时指向一个 ROI）、看（讲故事的人转过头，明确地看着 ROI），这三个动作单元对比基线线索（箭头指向、角度偏移、没有线索指引），用户参与度更高。故提出研究假设：

H2a：相较于不使用线索，在 VR 新闻中使用线索（叙事线索或非叙事线索），更能够增加用户的参与度。

H2b：相较于非叙事线索，在 VR 新闻中使用叙事线索更能够增加用户的参与度。

跟随故事容易度（Ease to follow）

跟随故事容易度是指用户在系统中能够清晰地跟随故事发展情节、明确地知道下一步操作。在 VR 叙事中，良好的线索设计能够清晰地指导用户行为，可以将用户视野吸引至新闻生产者需要用户重点关注的地方，从而使用户更好地跟随故事的情节。故提出研究假设：

H3a：相较于不使用线索（非叙事或叙事线索），在 VR 新闻中使用线索，用户跟随故事的容易度更高。

H3b：相较于非叙事线索，在 VR 新闻中使用叙事线索，用户跟随故事的容易度更高。

（2）新闻认知层面

感知享受（Perceived enjoyment）

感知享受的概念通常被应用于研究人们在使用（特别是娱乐）媒体时是否处于愉快的体验状态。这种愉快的状态可以通过多种对媒体的反应来表达，例如，兴奋、愉悦、甚至悲伤（Vorderer，Klimmt，& Ritterfeld，2004）。Vorderer 等人（2004）提出了一个模型，在这个模型中，用户的特征、媒体的特点和叙事都会影响感知享受。感知享受是在心流状态中实现的，是一种"自有其目的的"或"自我激励的"体验（Csikszentmihalyi，1995）。目前，感知享受在多个领域中被概念化，作为一种态度（Nabi & Krcmar，2004）、作为积极的影响（Oliver & Bartsch，2010）或作为中介变量（Lewis，Tamborini & Weber，2014）。尽管存在差异，但这些方法中的大多数都同意将感知享受视为媒介刺激的享乐属性的结果。在 VR 新闻领域，Paul Hendriks Vettehen 等（2019）通过实证研究对比了 2D 新闻和 360°VR 新闻，发现后者对于用户的感知享受有明显提高。Kristin Van Damme 等（2019）比较了 4 种新闻类型，证明了 360°VR 新闻在感知享受上优于其他三种。在 VR 的线索设计方向，Tong 等（2020）提出动作单元（Action Units）作为一种全新的在 VR 中的吸引用户注意力的方法，旨在解决"叙事悖论"和"害怕错过"问题，通过实验，研究者发现，这项新技术对用户的感知享受有显著正向影响。当用户在观看 VR 新闻时，良好的视觉引导和线索设计也可能会增加用户的感知享受，故提出研究假设：

H4a：相较于不使用线索，在 VR 新闻中使用线索（叙事线索或非叙事线索），更能够增加用户的感知享受。

H4b：相较于非叙事线索，在 VR 新闻中使用叙事线索更能够增加用户的感知享受。

临场感（Presence）

临场感（Presence），又称存在感，通常指的是人自我感觉在真实地体验某种环境、或处于某种环境中（这些环境包括自然的、社会的或虚拟世界的）（Steuer，Biocca & Levy，1995；Durlach & Slater，1992）。人们一致认为，临场感是一种复杂的、多维的感知，是通过原始感觉数据和各种认知过程的相互作用形成的（Riva et al.，2007）。在已有的文献中，关于环境的哪方面能够促进人们的存在感有很多讨论。Stef G. Nicovich 等（2005）认为，临场感是沉浸在计算机媒介传播（Computer-mediated communication，CMC）环境中的结果。根据 Steuer（1995）的观点，生动性（Vividness）和交互性（Interactivity）是影响计算机媒介传播渠道沉浸感水平的两个基本元素。其中，交互性是用户可以参与修改媒体环境形式和内容的程度。已有不少研究讨论了相比于传统媒介，VR 新闻更能够增加临场感（Van Damme et al.，2019；Wu et al.，2021a；Shin，2018）。同样，在线索设计方面，也有很多研究（Lin et al.，2017；Nielsen et al.，2016；Pjesivac，Wojdynski，Binford，Kim & Herndon，2021）比较了不同线索在 360°视频新闻、VR 纪录片中对于临场感的影响。例如，Nielsen 等（2016）人比较了剧情线索（萤火虫）和非剧情线索（强迫旋转）以及没有引导的线索。通过问卷调查，他们发现叙事线索（萤火虫）比非叙事线索（强迫旋转）更有帮助。此外，非叙事线索可能会减少临场感。

同样地，不论是在 VR 新闻领域，还是在 VR 中的线索设计方向，对于临场感的研究都至关重要，对此，本研究也希望将临场感作为因变量，去探讨沉浸式 VR 新闻中不同的线索设计对临场感的影响，故提出研究假设：

H5a：相较于不使用线索，在 VR 新闻中使用线索（叙事线索或非叙事线索），更能够增加用户的临场感。

H5b：相较于非叙事线索，在 VR 新闻中使用叙事线索更能够增加用户的临场感。

叙事传递（Narrative transportation）

传递被认为是一种叙事可以影响人们信仰的机制（Green & Brock，2000）。当一个人沉浸在故事中时，可能对现实世界中与叙述中的断言相矛盾的事实缺乏意识。在个体被一个叙事吸引并投入进去时，他们可能会表现出故事对他们现实世界信念的影响。Green 和 Brook（2000）将传递概念化为一个叙事世界，是一种独特的心理过程，是注意力、意象和感觉的融合。在叙事（新闻、小说、影视）中的表现则是，读者先是从现实世界出走，转而接受作者创造的叙事世界。同样，在线索设计领域，Pjesivac（2021）研究了在 360°视频中添加定向线索对叙事传递的影响。综上，本研究提出假设：

H6a：相较于不使用线索，在 VR 新闻中使用线索（叙事线索或非叙事线索），更能够对用户的叙事传递产生显著正向影响。

H6b：相较于非叙事线索，在 VR 新闻中使用叙事线索更能够对用户的叙事传递产生显著正向影响。

（3）新闻态度层面。

共情（Empathy）

Peña 等人（2010）认为，重新唤起观众对新闻事件的情感参与是沉浸式新闻的一个非常重要的作用。关于在虚拟现实领域中哪些因素会影响共情，众说纷纭。Shin（2018）的研究表明用户体验质量、临场感和沉浸感的认知过程决定了他们将如何对新闻故事共情，当故事情节与用户自身相关时，用户才会发现的意义，了解新闻故事的人比不了解这个新闻故事的人更有可能产生共情。Sundar 等（2017）对比了新闻的媒介和交互方式，表明文本、360°视频和 VR、静止和点击的交互形式都对共情有显著差异。Wu（2021a）在研究中对比了传统新闻、在 VR 新闻中增加交互和没有交互的新闻之间的差别，参与者对于 VR 有交互相比传统视频新闻和 VR 无交互表现出更积极的沉浸和同理心，原因是场景转换和交互设计使新闻故事更加清晰，更准确地传达了关键信息。对于 VR 中的线索设计，有研究（Lin et al.，2017；Sagnier et al.，2020；Nabi et al.，2004）表明不同的线索设计会影响用户的沉浸感及对新闻故事的态度，因此也可能影响到用户的共情。由于线索设计在新闻中是指引用户视野至新闻生产者重点表达的地方，在这些重点表达的地方，传递的新闻信息、态度及情绪会更加丰富及饱满，当用户通过线索成功注意到重点区域时，更有可能激发用户的同理心，从而达到共情。当同样增加线索指引时，叙事线索相较于非叙事线索，能够更好地融入新闻场景，可能不会损害沉浸感，从而达到更好的共情效果。故提出研究假设：

H7a：相较于不使用线索，在 VR 新闻中使用线索（叙事线索或非叙事线索），更能够对用户的共情产生显著正向影响。

H7b：相较于非叙事线索，在 VR 新闻中使用叙事线索更能够对用户的共情产生显著正向影响。

可信度（Reliability）

可信度是媒体体验的重要组成部分（Peña et al.，2010）。Shyam sungar

等（2017）用实验法，探讨了讲故事的媒介（VR vs. 360°视频 vs. 文本）和故事是否可交互之间的交叉组合，是否会影响新闻的内容记忆、可信度和共情，并发现存在感、互动感和真实感会中介故事媒介与信源可信度之间的关系。周勇（2021）根据已有研究，提出了沉浸式新闻可信度影响因素基础模型，即用户特征（媒介使用变量、信任变量）和信息特征（感知因素、技术因素）对沉浸式新闻可信度的影响，并通过问卷法进行验证，其中，信息因素包括感知因素（参与性、交互性、自主性）和技术因素（设备佩戴舒适度），两者均对新闻可信度有显著影响，且影响程度为交互性大于参与性大于自主性。然而，Seok Kang 等（2019）研究得出 360° 组和 2D 视频组在远程存在感和可信度方面只有轻微显著差异。在交互效应测试中，具有高远程存在感的 VR 新闻组评估新闻可信度更好。在可信度方面，佩戴头戴式显示器、360° 和 2D 新闻组具有高远程存在感的组之间没有区别。在 VR 线索设计上，Pjesivac 等（2021）研究了在 360°视频中无方向性线索、视觉线索条件以及视觉和言语线索条件下对信息可信度的知觉是否会存在显著差异，结果表明视觉和言语条件的平均得分显著高于无方向线索条件的平均得分，但无方向线索条件与视觉线索条件的得分差异不显著。对于 VR 新闻中的线索设计，由于不同的线索在交互上、视觉引导上可能会产生差异，因此我们推测不同的线索设计可能会造成用户可信度的差异，故提出研究假设：

H8a：相较于不使用线索，在 VR 新闻中使用线索（叙事线索或非叙事线索），更能够对可信度产生显著正向影响。

H8b：相较于非叙事线索，在 VR 新闻中使用叙事线索更能够对可信度产生显著正向影响。

3.4.3 用户实验设计

本节对用户实验的实验设计、实验环境、被试招募情况和实验具体的过程做简要介绍。

（1）实验设计。

本研究方法为实验法。为验证前面所提出的假设，本研究采用组间实验法（Between-Subject Design），实验组共三组，分别为：①组 1，在 VR 新闻中不采用线索设计；②组 2，在 VR 新闻中采用非叙事线索设计；③组 3，在 VR 新闻中采用叙事线索设计。招募 36 名被试，每组 12 人，每名被试被随机分到 3 个组其中之一，进行实验体验。

考虑到 VR 设备普及度较低，且设备高昂，对场地的要求较高，无法进行大规模的实验和调查问卷。因此本研究在人机交互实验室设置独立空间，便于用户进行体验。实验采用 HTC Vive 头戴式显示器，在实验过程中研究人员全程在被试旁边辅助，以免出现被试在体验中摔倒或者碰到障碍物的情况。每名被试被随机分到一个组别，体验完 VR 新闻后，被试进行问卷填写和访谈。

（2）实验环境。

实验场地选择了人机交互实验室（图 3.26）。实验场地配备电脑一台（2.2 GHz i7 CPU、16 GB 内存和 8 GB GeForce1070 显卡），HTC Vive VR 头戴式显示器及定位器一套，系统中提前存有 3 组实验材料，软件开发平台的支撑引擎为 Unity3D。

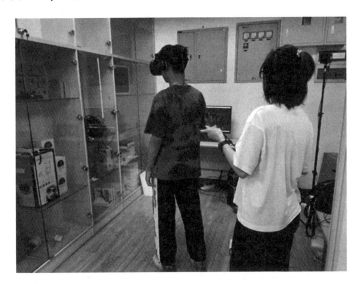

图 3.26　被试在进行实验

（3）实验被试。

本研究从校园论坛、微信群等渠道共招募被试 36 人，男性 12 名，女性 24 名，年龄在 19 ～ 27 岁之间（$M = 22.3$，$SD = 2.17$）。专业涵盖新闻学、传播学、心理学、计算机科学与技术、信息管理与信息技术、化学、微电子科学与技术、药学、自然地理等。其中，27 个人体验过 VR，5 个人观看过 VR 新闻，4 个人熟悉 VR 开发；7 个人从未有过 VR 体验。在 VR 使用频率方面，有 16 个人体验过 3 ～ 5 次，7 个人只体验过 1 次，3 个人每个月体验 1 次。统计情况如图 3.27 所示。

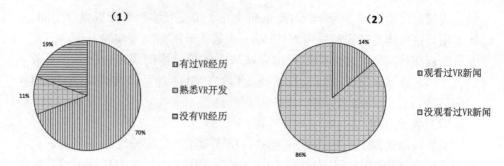

图 3.27　被试属性统计情况
(a) VR 相关经历 (b) VR 新闻相关经历

（4）实验过程。

新闻选择

在选择新闻方面，本研究遵循了我们之前提出的（Wu et al.，2021b）VR 新闻设计和开发指南，我们认为应优先考虑重大历史事件、灾难现场事件等普通人日常生活中难以接触的场景。并结合内容分析，选择占比最多的灾难类新闻。因此，本研究选择目前我们科研团队已开发完成的凉山州西昌森林爆炸 VR 新闻进行改造，这部新闻作品在设计时参考了 VR 新闻的叙事框架以及生产流程（Wu et al.，2021a）。

该新闻讲述了发生在 2020 年 3 月凉山州的西昌森林爆炸事件，用户以其中一名幸存消防员的视角进行体验，其中经历三个关键场景/交互的切换。第一个为用户需要接过消防员的灭火器进行灭火；第二个为火势扑灭后，用户需要前往悬崖进行灭火，在灭火过程中，突发爆燃，需要进行紧急避险，最终造成几名消防员的牺牲。第三个场景为事件结束后，用户需要和场景中元素进行交互，阅读相关知识和新闻照片等。

本次实验选择西昌森林爆炸事件作为研究材料有 3 个原因：其一，西昌森林爆炸事件是对社会产生巨大影响、损失惨重，普通人在日常生活中接触不到的新闻事件。其二，新闻原本设计的三个重要场景中，有两个都需要进行线索指引和提示。在线索设计中能够比较大的发挥空间，从而进行研究。其三，传播量较广、社会影响力较大的 VR 新闻，如"饥饿洛杉矶"等，受限于版权、技术，并未进行开源，无法在其原有新闻基础上进行修改和研究。故选择本研究团队按照 VR 新闻流程生产的西昌森林爆炸新闻。

线索设计

本节的研究目的为探究在 VR 新闻当中不使用线索、使用非叙事线索和使用叙事线索对用户体验和传播效果的影响。故本次实验将研究材料进行处理。在重要的场景切换、需要用户交互的环节：①用户需要拿起手中的灭火器进行灭火；②用户需要移动到悬崖上进行灭火的场景切换。分别进行无线索、使用非叙事线索、使用叙事线索的处理。

组 1 为无线索，当用户进入火灾时，没有任何提示提醒用户需要拿起手中的灭火器进行灭火。当用户需要转移到悬崖，走到发光圈才能触发场景切换时，也没有任何线索指导用户看向发光圈。

组 2 使用非叙事线索，根据该新闻本身的特点，和前文内容分析、参与式工作坊得出的结论，在灭火场景采用"语音旁白和文字提示"的形式，当用户到达灭火场景，场景中会有旁白提示"请拿起手中的灭火器，进行灭火操作"。用户眼前也会出现"请拿起手中的灭火器进行操作"的文字提示。文字提示会在语音播报完毕后隐藏。在用户需要转移到悬崖场景，当用户需要移步至发光圈时，场景中响起语音提示"请您移步至地上的发光圈，进入悬崖场景"。

组 3 使用叙事线索。根据新闻本身的特点，和前文内容分析、参与式工作坊得出的结论，我们采用使用频率较高的非叙事线索——人物声音和人物动作。当用户到达灭火场景，我们在该场景设计其他消防员和用户一起进行灭火，其中一名消防员说，"小李，快来和我一起灭火！"，这时用户意识到需要进行灭火操作。在用户需要转移至悬崖的场景，通过人物的 3D 音效，响起一名场景中的其他消防员的声音提示"小李，走，和我一起去悬崖灭火！"，来吸引用户视线至发光圈附近，这时场景中有一块去往悬崖方向的木头标识牌，同时吸引用户移动至发光圈（图 3.28）。

(1)　　　　　　　　　　　　　　　　(2)

图 3.28　两个关键场景的线索设计

预实验

在招募正式招募被试前，我们招募了 2 名被试进行预实验，检验实验是否能够顺利进行、实验流程是否合理、实验量表和访谈问题是否得当，并询问两名预实验被试对系统设计的建议。根据建议，对实验流程、系统设计、量表进行微调。

正式实验

在被试开始实验前，向所有被试介绍本次体验的新闻的概述、体验的注意事项和实验流程。并告知在实验中所收集到的个人数据仅限本次研究使用。接下来对被试进行简单的 VR 教学。之后，请被试填写一份实验前测问卷，包括人口统计学信息及对 VR 的熟悉程度等。由于在体验中，被试会进行身体移动，故在体验前，主试特意强调需要注意走路的步伐和速度，以免撞到周围障碍物。接下来，被试将会体验实验材料 6～7 分钟，在被试体验材料时，研究人员时刻观察和记录用户的行为情况。在体验结束并填写量表后，会接受约 5 分钟的访谈。实验全程约 15 分钟。在最后，每名被试会得到 12 元的报酬或小礼品一份。

问卷及访谈

本研究的问卷参考以往成熟量表和文献中的已有量表，并结合本次研究目的进行整合，汇总成本次实验的量表。

本次研究共有两个量表需要被试进行填写。首先是前测问卷，被试需要在实验前进行填写。主要包括被试的基本信息：性别、年龄、学历、所学专业、是否有过 VR 经历、VR 的使用频率、是否接触过 VR 新闻。

随后是后测问卷的填写。该问卷需要被试在实验后进行填写，主要分为用户体验、参与度、跟随故事的容易度、感知享受、临场感、叙事传递、共情和可信度，共 8 个变量，具体问卷内容见表 3.8。

表 3.8　实验后测量表

测量变量	序号	问题	参考文献
用户体验层面			
用户体验	1	你认为这个系统是	（Laugwitz, Held & Schrepp, 2008）
		1. 碍手碍脚的；能提供帮助的	
		2. 复杂的；简单的	
		3. 低效的；高效的	
		4. 令人眼花缭乱的；一目了然的	
		5. 乏味的；带劲的	
		6. 无趣的；有趣的	

续表3.8

测量变量	序号	问题	参考文献
用户体验	1	7. 常规的；独创的	（Laugwitz, Held & Schrepp, 2008）
		8. 传统的；新颖的	
参与度	2	在观看这个新闻时，你有多投入？	（Lin et al., 2017, May）
跟随故事的容易度	3	你觉得你跟随故事的容易程度有多少（能够清晰地知道系统下一步的操作）？	（Lin et al., 2017, May）
新闻认知层面			
感知享受	4	我很享受体验这个新闻的乐趣	（Shin & Biocca, 2018; Lin, Duh, Parker, Abi-Rached & Furness, 2002）
	5	体验这个新闻是一件有趣的事情	
临场感	6	我感觉自己置身在新闻的环境里。	（Shin & Biocca, 2018; Lin, 2002; Hammady, Ma & Strathearn, 2020）
	7	我感觉新闻的虚拟环境中的物体和其运动是真实的	
	8	我觉得自己好像真的参与到新闻事件中	
叙事传递	9	我全身心地投入到这个新闻当中	（Pjesivac, Wojdynski, Binford, Kim & Herndon, 2021）
	10	当我想到该新闻的时候，我很容易就能想象出里面发生的事情	
	11	我可以想象自己在新闻中所展示的场景	
新闻态度层面			
共情	12	我觉得我对这个新闻有同理心，能感受到新闻人物的内心	（Shin & Biocca, 2018; Ahn, Bailenson & Park, 2014）
	13	在这个新闻中，我发现自己能很好地理解角色的情绪	
	14	新闻中的角色感到难过/高兴时，我也会感到难过/高兴	

续表 3.8

测量变量	序号	问题	参考文献
可信度	15	我刚才看到的新闻是可信的	（Shin & Biocca, 2018；周勇 & 付晓雅, 2021）
	16	我刚才看到的新闻是清晰的	
	17	我刚才看到的新闻是客观的	

为了更好地了解线索设计对用户行为的影响，在用户进行体验的同时，研究人员采取观察法并记录用户的行为，如是否需要研究人员进行提醒、是否长时间没有发现下一步操作等。在实验的最后，对被试进行简单的访谈，包括对 VR 新闻的感受、在体验中能否顺利进行、在体验中是否有遇到过困难或不知所措、印象较深的场景和交互形式都有哪些，以及对系统中的线索指引的感知程度和建议。具体访谈大纲如下：

● 你觉得你可以在不受人指导的情况下，完成这篇 VR 新闻的体验吗？

● 在体验中，您觉得您是否清晰在下一步自己应该进行什么操作？或者跟随故事的容易度是如何的？

● 你觉得在刚才的体验中，系统中设计的引导是否到位？

● 你觉得怎么设计能让系统的引导变得更好？

● 你觉得这个 VR 新闻的设计有哪些需要改进的地方吗？

● 在体验中，你有没有遇到过哪些困难，或者不知所措的地方？

● 在这个新闻里，你印象最深的交互形式有哪些，你觉得有哪些地方可以改进？

● 关于本研究，你还有哪些想法吗？

3.4.4 实验结果分析与讨论

在本节，将对上述实验获取到的数据进行分析，根据数据分析的结果，结合用户体验时的行为记录和用户访谈内容，讨论线索设计对 VR 新闻用户体验和传播效果的影响。

（1）实验结果分析。

对每组的用户体验、参与度、跟随故事容易度、感知享受、临场感、叙事传递、共情和可信度进行正态检验，只有用户体验变量在 3 组中的数据符合正态分布，其余变量不满足 3 组数据均符合正态分布。故对于"用户体验"变量，进行独立测量方差分析，而对于其余变量采用多组独立样本的秩和检验（Kruskal-Wallis）。结果见表 3.9。

表 3.9　所有变量分析结果

指标	检验方法	实验组（平均值 ± 标准差）			p
		组 1（$n=12$）	组 2（$n=12$）	组 3（$n=12$）	
用户体验	ANOVA	5.08 ± 1.06	5.41 ± 0.57	5.96 ± 0.64	0.035 *
参与度	Kruskal-Wallis	5.16 ± 1.72	5.83 ± 0.69	6.25 ± 0.72	0.287
跟随故事的容易度		4.00 ± 1.35	5.42 ± 0.86	6.33 ± 0.85	0.000 ***
感知享受		4.75 ± 0.88	5.63 ± 0.46	6.50 ± 0.50	0.000 ***
临场感		4.19 ± 1.32	4.97 ± 0.73	5.78 ± 0.58	0.004 **
叙事传递		5.06 ± 1.22	5.50 ± 0.70	6.20 ± 0.66	0.001 **
共情		5.33 ± 0.73	5.19 ± 0.98	5.77 ± 0.94	0.311
可信度		5.80 ± 0.50	4.60 ± 0.58	6.00 ± 0.76	0.493

　　通过分析发现，对于用户体验、跟随故事的容易度、感知享受、临场感、叙事传递这 5 个指标，3 个组间有统计学差异，可以进行下一步的两两之间的比较。而对于参与度、共情和可信度这 3 个指标，3 个组之间并未发现存在显著差异。

用户体验层面——用户体验（User experience）

　　用户体验采用官方 UEQ 量表中的简短版。维度分为"务实品质"和"享乐质量"。简短版共 8 个问题，每个维度 4 个问题，分数计算采用官方提供的分数计算工具。

　　对计算出的组 1、组 2 和组 3 的用户体验总分进行正态检验，满足正态分布。故均采用独立测量方差分析的方法，对这 3 个组进行两两比较，从而验证实验假设 H1a、H1b。其中独立测量方差分析的结果见表 3.10。

表 3.10　用户体验总分 - 独立测量方差分析 - 事后检验

组别	平均值 ± 标准差	多重比较
		p
组 1（无线索）	5.08 ± 1.06	.560
组 2（非叙事）	5.41 ± 0.57	

续表 3.10

组别	平均值 ± 标准差	多重比较
		p
组 1（无线索）	5.08 ±1.06	.027*
组 3（叙事）	5.96 ±0.64	
组 2（非叙事）	5.41 ±0.57	.227
组 3（叙事）	5.96 ±0.64	

H1a：相较于不使用线索，在 VR 新闻中使用线索（叙事线索或非叙事线索），更能够增加用户体验。

H1b：相较于非叙事线索，在 VR 新闻中使用叙事线索更能够增加用户体验。

对三组数据进行 ANOVA 分析，$F = 3.762$，$p = 0.035$（$p < 0.05$），说明三组数据的用户体验不全相等。为了验证 H1a、H1b 假设，进行事后检验（post-hoc test）根据表 3.10 可以看出，对于用户体验这个指标，在 VR 新闻中加入叙事线索比不加入线索，用户体验更好（$p = 0.027$，$p < 0.05$）。对于使用组 2（非叙线索）和组 1（不使用线索），$p = 0.56$，$p > 0.05$，无统计学差异。对于组 3（使用叙事线索）和组 2（非叙事线索），$p = 0.227$，$p > 0.05$，同样也不能证明具有显著差异。因此假设 H1a 部分成立，假设 H1b 不成立。数据整体分布箱线图如图 3.29 所示。

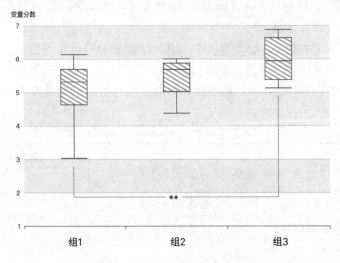

图 3.29　用户体验（User experience）分组数据箱线图

用户体验层面——参与度（User engagement）

H2a：相较于不使用线索，在 VR 新闻中使用线索（叙事线索或非叙事线索），更能够增加用户的参与度。

H2b：相较于非叙事线索，在 VR 新闻中使用叙事线索更能够增加用户的参与度。

对三组数据进行了多组独立样本的秩和检验后，根据表3.9，在参与度这个变量中，$p = 0.287$，并未发现三组处理之间有显著差异。故假设 H2a 和 H2b 不成立。数据整体分布箱线图如图 3.30 所示。

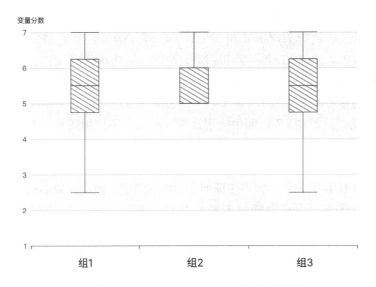

图 3.30　参与度（User engagement）**分组数据箱线图**

用户体验层面——跟随故事容易度（Easy to follow）

H3a：在 VR 新闻中使用线索，相较于不使用线索（非叙事或叙事线索），用户的跟随故事的容易度更高。

H3b：在 VR 新闻中使用叙事线索，相较于非叙事线索，用户的跟随故事的容易度更高。

对三组数据进行了多组独立样本的秩和检验后，根据表3.9，在"跟随故事容易度"这个变量中，$p = 0.000 < 0.05$，证明三组处理之间有差异，可以进行接下来的两两比较。采用 Kruskal-Wallis 检验，见表 3.11。

表 3. 11　"跟随故事容易度"两两 Kruskal-Wallis 检验结果

名称			平均值 ± 标准差		p
			配对 1	配对 2	
组 1	配对	组 2	4. 00 ± 1. 35	5. 42 ± 0. 86	. 010 *
		组 3		6. 33 ± 0. 85	. 000 ***
组 2	配对	组 3	5. 42 ± 0. 86	6. 33 ± 0. 85	. 017

组 1 和组 2 之间的 Kruskal-Wallis 检验结果，$p = 0. 01 < 0. 017$，有统计学意义，说明组 2（$M = 5. 42$，$SD = 0. 86$），即 VR 新闻采用非叙事线索，用户跟随故事的容易度大于组 1（$M = 4. 00$，$SD = 1. 35$），即不使用线索。组 1 和组 3 之间的 Kruskal-Wallis 检验结果，$p = 0. 000 < 0. 017$，有统计学意义，说明组 3（$M = 6. 33$，$SD = 0. 85$），即 VR 新闻采用叙事线索，用户跟随故事的容易度大于组 1（$M = 4. 00$，$SD = 1. 35$），即不使用线索。因此假设 H3a 成立。即在 VR 新闻中使用线索，相较于不使用线索（非叙事或叙事线索），用户的跟随故事的容易度更高。

组 2 和组 3 之间的 Kruskal-Wallis 检验结果，$p = 0. 017$，无统计学意义。因此假设 H3b 不成立。即不能证明在 VR 新闻中，使用非叙事线索，相较于使用叙事线索，用户跟随故事的容易度更高。数据整体分布箱线图如图 3. 31 所示。

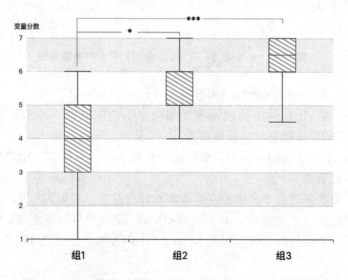

图 3. 31　跟随故事容易度（Easy to follow）分组数据箱线图

新闻认知层面——感知享受（Perceived enjoyment）

H4a：相较于不使用线索，在 VR 新闻中使用线索（叙事线索或非叙事线索），更能够增加用户的感知享受。

H4b：相较于非叙事线索，在 VR 新闻中使用叙事线索更能够增加用户的感知享受。

对三组数据进行了多组独立样本的秩和检验后，根据表 3.9，在"感知享受"这个变量中，$p = 0.000 < 0.05$，证明三组处理之间有差异，可以进行接下来的两两比较。同样采用 Kruskal-Wallis 检验，见表 3.12。

表 3.12　"感知享受"两两 Kruskal-Wallis 检验结果

名称			平均值 ± 标准差		p
			配对 1	配对 2	
组 1	配对	组 2	4.75 ± 0.88	5.63 ± 0.46	.016 *
		组 3		6.50 ± 0.50	.000 ***
组 2	配对	组 3	5.63 ± 0.46	6.50 ± 0.50	.001 **

组 1 和组 2 之间的 Kruskal-Wallis 检验结果，$p = 0.016 < 0.017$，有统计学意义，说明组 2（$M = 5.36$，$SD = 0.46$），即 VR 新闻采用非叙事线索，用户跟随故事的容易度大于组 1（$M = 4.75$，$SD = 0.88$），即不使用线索。组 1 和组 3 之间的 Kruskal-Wallis 检验结果，$p = 0.000 < 0.017$，有统计学意义，说明组 3（$M = 6.5$，$SD = 0.5$），即 VR 新闻采用叙事线索，用户的感知享受大于组 1（$M = 4.75$，$SD = 0.88$），即不使用线索。因此假设 H4a 成立。即相较于不使用线索，在 VR 新闻中使用线索（叙事线索或非叙事线索），更能够对用户的感知享受产生显著正向影响。

组 2 和组 3 之间的 Kruskal-Wallis 检验结果，$p = 0.01 < 0.017$，有统计学意义，说明组 3（$M = 6.5$，$SD = 0.5$），即 VR 新闻采用叙事线索，用户的感知享受大于 2（$M = 5.36$，$SD = 0.46$），即采用非叙事线索。因此假设 H4b 成立。即相较于非叙事线索，在 VR 新闻中使用叙事线索更能够对用户的感知享受产生显著正向影响。数据整体分布箱线图如图 3.32 所示。

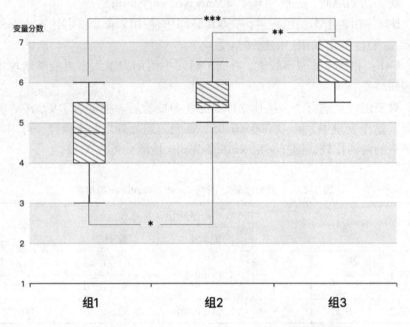

图 3.32 感知享受（Perceived Enjoyment）分组数据箱线图

新闻认知层面——临场感（Presence）

H5a：相较于不使用线索，在 VR 新闻中使用线索（叙事线索或非叙事线索），更能够增加用户的临场感。

H5b：相较于非叙事线索，在 VR 新闻中使用叙事线索更能够增加用户的临场感。

对三组数据进行了多组独立样本的秩和检验后，根据表 3.9，在"临场感"这个变量中，$p = 0.004 < 0.05$，证明三组处理之间有差异，可以进行接下来的两两比较。同样采用 Kruskal-Wallis 检验，表 3.13。

表 3.13 "临场感"两两 Kruskal-Wallis 检验结果

名称			平均值 ± 标准差		p
			配对 1	配对 2	
组 1	配对	组 2	4.19 ± 1.32	4.97 ± 0.73	.146
		组 3		5.78 ± 0.58	.004 **
组 2	配对	组 3	4.97 ± 0.73	5.78 ± 0.58	.015 *

组 1 和组 2 之间的 Kruskal-Wallis 检验结果，$p = 0.146 > 0.017$，即组 1 和组 2 之间并无统计学差异。组 1 和组 3 之间的 Kruskal-Wallis 检验结果，$p = 0.004 < 0.017$，有统计学意义，说明组 3（$M = 5.78$，$SD = 0.58$），即 VR 新闻采用叙事线索，用户的临场感大于组 1（$M = 4.75$，$SD = 0.88$），即不使用线索。因此假设 H5a 部分成立。

组 2 和组 3 之间的 Kruskal-Wallis 检验结果，$p = 0.015 < 0.017$，有统计学意义，说明组 3（$M = 5.78$，$SD = 0.58$），即 VR 新闻采用叙事线索，用户的临场感大于组 2（$M = 4.97$，$SD = 0.73$），即采用非叙事线索。因此假设 H5b 成立。即相较于非叙事线索，在 VR 新闻中使用叙事线索更能够对用户的临场感产生显著正向影响。数据整体分布箱线图如图 3.33 所示。

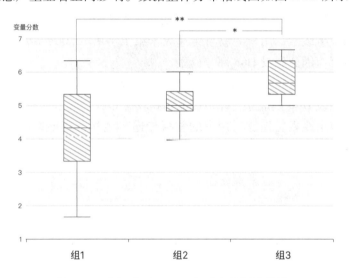

图 3.33 临场感（Presence）分组数据箱线图

新闻认知层面——叙事传递（Narrative transportation）

H6a：相较于不使用线索，在 VR 新闻中使用线索（叙事线索或非叙事线索），更能够对用户的叙事传递产生显著正向影响。

H6b：相较于非叙事线索，在 VR 新闻中使用叙事线索更能够对用户的叙事传递产生显著正向影响。

对三组数据进行了多组独立样本的秩和检验后，根据表 3.9，在"叙事传递"这个变量中，$p = 0.001 < 0.05$，证明三组处理之间有统计学差异，可以进行接下来的两两比较。采用 Kruskal-Wallis 检验，见表 3.14。

表 3.14 "叙事传递"两两 Kruskal-Wallis 检验结果

名称			平均值 ± 标准差		p
			配对 1	配对 2	
组 1	配对	组 2	5.06 ± 1.22	5.50 ± 0.70	.334
		组 3		6.20 ± 0.66	.006**
组 2	配对	组 3	5.50 ± 0.70	6.20 ± 0.66	.023

组 1 和组 2 之间的 Kruskal-Wallis 检验结果，$p = 0.334 > 0.017$，即组 1 和组 2 之间并无统计学差异。组 1 和组 3 之间的 Kruskal-Wallis 检验结果，$p = 0.006 < 0.017$，有统计学意义，说明组 3（$M = 6.2$，$SD = 0.66$），即 VR 新闻采用叙事线索，用户的叙事传递大于组 1（$M = 5.06$，$SD = 1.22$），即不使用线索。因此假设 H6a 部分成立。

组 2 和组 3 之间的 Kruskal-Wallis 检验结果，$p = 0.023 > 0.017$，无统计学意义。假设 H6b 不成立。即不能证明相较于非叙事线索，在交互式 VR 新闻中使用叙事线索更能够对用户的叙事传递产生显著正向影响。数据整体分布箱线图如图 3.34 所示。

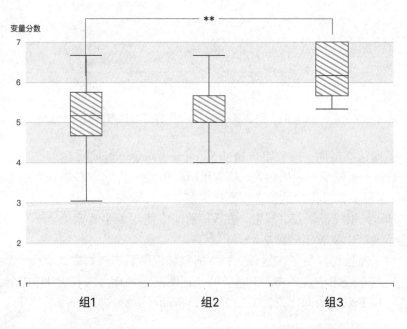

图 3.34 叙事传递（Narrative Transportation）分组数据箱线图

新闻态度层面——共情（Empathy）

H7a：相较于不使用线索，在 VR 新闻中使用线索（叙事线索或非叙事线索），更能够对用户的共情产生显著正向影响。

H7b：相较于非叙事线索，在 VR 新闻中使用叙事线索更能够对用户的共情显著正向影响。

对三组数据进行了多组独立样本的秩和检验后，根据表 3.9，在共情这个变量中，$p = 0.311 > 0.05$，并不能证明三组处理之间有显著差异。故假设 H7a 和 H7b 不成立。数据整体分布箱线图如图 3.35 所示。

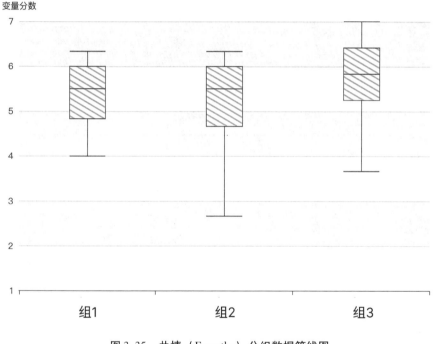

图 3.35　共情（Empathy）分组数据箱线图

新闻态度层面——可信度（Reliability）

H8a：相较于不使用线索，在 VR 新闻中使用线索（叙事线索或非叙事线索），更能够对用户的可信度产生显著正向影响。

H8b：相较于非叙事线索，在 VR 新闻中使用叙事线索更能够对用户的可信度显著正向影响。

对三组数据进行了多组独立样本的秩和检验后，根据表 3.9，在可信度这个变量中，$p = 0.493 > 0.05$，并不能证明三组处理之间有显著差异。故假设 H8a 和 H8b 不成立。数据整体分布箱线图如图 3.36 所示。

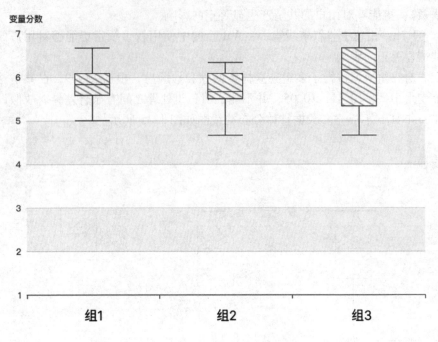

图 3.36　可信度（Reliability）分组数据箱线图

总结

综上所述，对于 VR 新闻的线索设计，"用户体验"变量采用 ANOVA 分析，其他变量采用多组独立样本的秩和检验及两两配对分析，有关假设的验证情况为：

用户体验层面：用户体验 H1a 部分成立、跟随故事容易度 H3a 成立；其余 b 类假设均不成立，说明在 VR 新闻中，使用非叙事线索或使用叙事线索对用户体验层面均无法验证有显著影响。

新闻认知层面：感知享受 H4a 成立、临场感 H5a 部分成立、叙事传递 H6a 部分成立。感知享受 H4b 成立，临场感 H5b 成立，叙事传递 H6b 不成立。

新闻态度层面：共情、可信度的 H7a、H7b、H8a、H8b 假设均不成立。

（2）实验观察及被试访谈。

在实验中，本研究采用了实验观察的形式记录用户行为。在实验后，通过简短的访谈了解用户对 VR 新闻及其中线索设计的想法。在被试体验前，研究人员作为主试会提醒被试，如果在体验中遇到什么困难，可以进行求助。在本次研究的组 1 中，即无线索小组，我们发现，在 12 个被试中，其中有 5 个被试需要研究人员进行简单提醒。主要的场景为移动至悬崖，需要走到地上的发光圈的场景，共 4 次；另有一次为灭火场景，研究人员需要提醒用户在该场景进行灭火的交互。在本次研究的组 2，由于在线索设计上采用了非叙事线索设计，比如用旁白的形式提醒用户走到地上的发光圈去往悬崖场景，或用旁白 + 文字的形式提醒被试需要拿起手中的灭火器进行灭火。被试能够很轻易地识别故事中的交互任务，并成功进入交互互动、进入到下一个场景，故没有一名被试需要研究人员进行提醒。在组 3 中，运用了叙事线索，比如在灭火场景，其他消防员喊用户一起进行灭火；在去往悬崖场景，通过其中一名消防员的空间音频，喊用户一起去往悬崖，吸引用户向发光圈位置看去，并有路标提示。仅有一名被试需要研究人员进行提示。从用户的行为角度，也可以看出线索设计在吸引用户注意力方面发挥着较大的作用，而从量化分析的数据来看，有线索设计的跟随故事容易度也是明显高于没有线索设计的。

在访谈中，研究人员向被试询问了如"在体验中，您觉得您是否清晰在下一步自己应该进行什么操作？或者跟随故事的容易度是如何的？""你觉得在刚才的体验中，系统中设计的引导是否到位？""你觉得怎么设计能让系统的引导变得更好？"等问题。

被试 1 号（无线索）提到："以为这个新闻是那种交互的感觉，但是交互不是特别的好，比如在扑火的时候，走到旁边需要一起灭火，如果是一个队友叫我一起灭火，或者有人能够跟我一起灭火，我可能会更加沉浸，或者共情。"

被试 4 号（无线索）提到："在去往悬崖的那个场景，我就听到我一会儿要去往悬崖了，但是我不知道该怎么操作，也没有人告诉我应该怎么去悬崖，所以我就到处找、左右看，最后找了半天看见地上有个发光圈，提醒我走过去，我这才去了悬崖。我觉得这里其实可以进行改进……"

被试 9 号（非叙事线索）说："当时场景中的提示音提示我走到地上的发光圈，我就四周看了下，发现有，我就去了"

当被问到是否这种旁白的形式会影响体验感和沉浸感时，被试 9 号说："我觉得还好，因为它是交互性的新闻嘛，所以会有这种提示完全是可以理解的，我觉得可能有这种提示会更好。"

当被问到，如何在场景中意识到需要灭火以及需要移动到放光圈时，被试 18 号（叙事线索）提到："好像我也不知道怎么样就发现了需要进行灭火，但是我当时就看到手柄变成了灭火器的形状，地上周围有火苗，其他消防员在灭火，好像也有人喊我一起灭火，然后我就意识到了可能需要操作，我就按了下手柄，发现可以喷水；那个发光圈我也是自然而然就看到了，总之整个过程十分流畅。"

被试 23 号（叙事线索）提到："就是消防员在灭火，然后看到手柄可以喷水，就像游戏似的，就开始灭火……发光圈我是低头就看到了。"

被试 30 号（叙事线索）提到："之前有玩过捡垃圾的游戏，然后听到有人喊我一起灭火，我就想着手柄应该能进行灭火的操作……"

此外，我们在实验中还发现，当被试在组 3 及叙事线索组时，3D 环绕的其他消防员喊被试一起去悬崖的人物声音线索会吸引被试看向发光圈的方向，从而发现地上的发光圈。但是在访谈中，几乎没有一个人提到是因为声音的原因才看向那个方向的，而都是自然而然地就发现了。我们认为，这也是叙事线索的优势之一，即使被试的的确确被线索所吸引而朝向兴趣方向看去，但是被试本人可能并没有意识到设计者在使用场景中的元素，即叙事线索进行指引，这种好似浑然天成的设计，对比非叙事线索生硬的提示，也增加了用户的感知享受（量化结果也表示 H4b 成立）。

（3）实验结果讨论。

通过实验法，本文探讨了有无线索设计、线索设计采用非叙事线索和叙事线索对 VR 新闻用户体验层面、新闻认知层面和新闻态度层面的影响。在实验假设中，本文分为 a 类假设和 b 类假设，a 类假设主要是对比有无线索设计对 VR 新闻三个层面的影响，b 类假设为对比在设计中采用非叙事线索和线索对 VR 新闻三个层面的影响。下面依次分析 a 类假设和 b 类假设。

a 类假设分析

在 a 类假设中，用户体验 H1a 部分成立，跟随故事容易度 H3a 成立，感知享受 H4a 成立，临场感 H5a 部分成立，叙事传递 H6a 部分成立。其余变量参与度 H2a、共情 H7a、可信度 H8a 均不成立。

在部分成立的 H1a、H5a、H6a 中，均为采用叙事线索的用户体验、临场感、叙事传递显著高于不使用线索的新闻，而采用非叙事线索与不使用线索对这几个变量并没有显著影响。

H1a 部分成立表明，在 VR 新闻中，采用叙事线索比不使用线索的用户体验更好，用户体验主要从享乐品质和务实品质两个角度来评估。从实验观察和访谈中也可以看出，在无线索设计的被试更有可能不知道系统中的下一步操作，可能认为这个系统较为低效、没有给出明确的提示，正如被试 1 所说"在悬崖场景，找不到那个交互的地方，又不敢往前走………"。而对于无线索和非叙事线索间，用户体验并没有显著差异，我们推测可能是因为过于突兀的非叙事线索设计，如旁白等直接的指引和提示，可能损害了用户的体验。

H3a、H4a 成立表明，在 VR 新闻中，使用线索比不使用线索更能增加用户跟随故事的容易度和感知享受。同样地，这也体现在实验观察中，在无线索一组，需要研究人员进行提示的被试就有 5 个人，而非叙事线索组没有人需要提示，叙事线索组仅有 1 个人需要提示。被试 31（无线索）提到"看了一下周围，提醒了我火势已经得到控制，可能要到别的地方，然后环顾了一下，但是不知道下一步要去哪儿，有一点不知所措的感觉"。因此我们推测，当用户更加能够跟随故事节奏时，感知到的享受会更强。

H5a、H6a 部分成立表明，在 VR 新闻中，使用非叙事线索比不使用线索更能增加用户的临场感和叙事传递，而使用叙事线索和不使用线索之间对这两个变量没有显著差异。我们推测可能是由于叙事线索采用的是场景中本身具有的元素，如消防员人物移动、消防员动作声音等，用户在体验时更具有代入感，而叙事线索则采用较为生硬的直接提示的形式，相比于非叙事线索则更加有损用户的代入感。

其余变量参与度、可信度、共情均不显著，除了每组实验人数（$n = 12$）较少外，我们推测由于线索提示仅为 VR 新闻中的一部分，并不影响整体的用户流程，故对于参与度，新闻态度（共情、可信度）影响不大。影响新闻态度的因素可能是新闻内容本身，而不仅限于新闻是通过何种途径表达的，而在本次实验中，新闻表达的途径也都是相同的，只不过采用了不同的线索进行设计。此外，Shin（2018）关于 VR 新闻的共情中也提到，对于是否产生同理心，和用户本身是否了解、或用户本身的共情能力相关。

b 类假设分析

在 b 类假设中，在用户体验层面均不成立，在新闻认知层面，感知享受 H4b 和临场感 H5b 成立，叙事传递 H6b 不成立；在新闻态度层面，共情 H7b、可信度 H8b 均不成立。所以在 b 类假设中，即比较非叙事线索和叙事线索之间的差异时，仅有感知享受和临场感有显著差异，其余的在用户体验和新闻态度层面均无显著差异。

在新闻认知层面的感知享受和临场有差异，可以表明使用叙事线索，更能够增加用户"在那里"的感觉，用户好像真实置身于新闻场景中，尤其是在设计叙事线索时，多使用人物线索，如人物声音、人物移动等，此外还有场景中的人物和用户的互动，更能增加临场感。如被试 18 说"我记得当时有人招手，说一起灭火，我就下意识地看了手柄，发现变成了水管的样子，就试一下去灭火"，便是一个例子。

在 H3b 不显著表明，在研究中也比较了非叙事线索"强制旋转（forced rotation"和叙事线索"萤火虫（firefly）"以及无线索之间对跟随故事容易度的差异，但是结果显示三者并无明显差异。研究者（Nielsen et al., 2016）分析这是因为每组的被试人数较少（$n = 15$），以及萤火虫提示较为隐蔽，用户可能无法意识到差别。我们推测 H3b 不显著，没有达到预期的效果，也可能是因为被试人数较少（$n = 12$）导致。

（4）实验发现及线索设计建议。

在前述分析中已经验证，在 VR 新闻中使用线索，尤其是叙事线索，对用户的用户体验、新闻认知均有一定的正向影响。因此结合内容分析、实验中的发现及用户的访谈，以及文献综述，为在 VR 新闻中的线索设计提出建议。

一是在需要引导用户的地方加入线索设计。如新闻中的关键场景、用户可能不能及时注意到的场景，或者需要交互的场景。比如在本次的实验材料中，对灭火环节以及移动到悬崖的环节适当增加线索对用户体验和新闻认知是有帮助的。

二是结合新闻本身的场景增加线索。如在本次实验中，灭火环节就增加了其他消防员的声音和动作作为非叙事线索。又如在《Inside the horrors of human trafficking in Mexico》这篇新闻中，用其他人物（同样被迫从事性产业的女性）的声音吸引用户注意力。此外，还可以结合场景的内容，如战争场景，增加战争爆炸声音的线索等等。

三是在添加线索设计时，可以采用多种线索设计结合的方式。这种结合不仅限于同样是叙事线索的结合如人物声音和人物手势的结合，或人物声音和人物动作的结合，还可以是非叙事线索和叙事线索的结合。这样能够更充分地吸引用户的注意力，同时向用户明确下一个场景会发生什么，或者下一个场景需要用户进行哪些操作，即给用户一个明确的预期。

四是好的叙事设计、明确的新闻主题和故事，再加上优秀的线索设计，才是一个完美 VR 新闻的雏形。在工作坊中，被试被分为 6 个小组，运用研究人员提供的设计空间，进行 VR 新闻的设计，并用故事版的形式展现出来。在展示环节最后，研究人员采用匿名投票的方式选取出所有被试认为最好的新闻设计。我们发现，在选出的这个设计中，其故事主题清晰，叙事方式、叙事视角十分明确，其中结合叙事场景用到了叙事线索和非叙事线索作为提示和辅助，达到很好的效果。

五是警惕为了进行线索指引而设计。VR 新闻的核心在于能够更好地讲故事，传递新闻事实和情感，而 VR 作为媒介，其互动性更强其实是为了给受众更大的自主性。生硬或过多的线索指引可能会损失用户的沉浸感和体验，丧失了用户作为体验新闻的主体的掌控感。在线索设计时，也需要新闻工作者、设计师和开发人员一起，打造出让人"察觉不到"却又卓有效果的线索设计。

3.5　总结与展望

本章是 VR 新闻中线索设计的探索性研究。在内容分析阶段，本章总结出 VR 新闻的叙事设计和线索设计方法及元素。提出三种叙事方法，分别为事情情节主导、人物叙事主导、交互动画主导。提出四种叙事序列，分别为连接式、一段式、交替式、自由式。提出三种叙事视角，分别为内视角、外视角和全知视角。对于线索设计，提出可以对场景中进行利用的 4 种对象的叙事线索，包括人物、物体、场景和镜头语言，以及新增静态对象、新增交互对象、已有对象样式改变、新增音效和镜头语言 5 种非叙事线索。将其以上内容进行可视化，制作成卡片并搭建成可以交互、传播的网页形式。在设计空间评估阶段，采用参与式工作的形式，招募有 VR 新闻设计经验的被试进行设计空间的使用，结果表明，设计空间的有用性（$M = 5.90$，$SD = 0.96$）和易用性（$M = 5.46$，$SD = 1.08$）较高。最后，结合被试的建议，本研究对设计空间进行微调，加入设计建议一项。

此外，本章整理出有效的 VR 新闻线索评价指标。指标包括三个层面，第一为用户体验层面，包括用户体验、参与度、跟随故事容易度；第二为新闻认知层面，包括感知享受、临场感、叙事传递。第三为新闻态度层面，包括共情和可信度。通过组间实验，本研究发现在用户体验、新闻认知层面，使用叙事线索的效果会比不使用叙事效果更高。这也符合研究的预期，即好的线索设计会让用户更加容易跟随故事情节、会带来了更好的用户体验。而在实验中，我们也观察到，在叙事线索材料组，被试在被线索吸引从而面向兴趣区域时，被试本人是并没有意识到的，这是一种精巧地、浑然天成地、不让人察觉到的线索设计。而这种线索设计也是用户在访谈中所期望出现的，能让人更有身临其境感。而在新闻态度层面，受制于新闻内容本身或用户本身的特点，并无显著影响。最后，根据实验的结论、用户访谈结果，对 VR 新闻中的线索设计给出点建议。

本研究仍然存在一些不足和局限之处：

第一，是在内容分析和线索可视化阶段，本研究尽可能地找到了 34 篇 VR 新闻，还有些未开源的新闻没有渠道获取，内容分析样本量相对较少。

在对线索设计可视化阶段，采用对真实照片进行加工处理的方法呈现，而没有展现出 VR 新闻中会出现的 3D 建模画风，可能会给使用者带来困惑。在制作设计空间时，采用了笔记工具 Notion 进行搭建，比直接进行网页编程的灵活度低。在未来，可以通过其他渠道增加内容分析样本量大小，对可视化进行优化，采取网页编程的手段构建设计空间。

第二，在实验设计选择材料阶段，受制于版权、没有渠道获取到市面上优秀的 VR 新闻源文件，本次材料选择的是本研究团队已有的实验室版新闻产品，在制作质量上相比于市面上优秀的新闻还是有一定的差距的。在未来的研究中，希望能使用到更优质的新闻，或重新制作更加精美的 VR 新闻，以在线索设计上进行探讨。

第三，本研究主要探讨的是 VR 新闻的叙事和线索设计，但是在实证研究时受制于新闻文本本身的特点和重新制作多种叙事方案的难度，并未考虑到叙事因素作为自变量是如何影响用户体验、新闻认知和新闻态度的，而只研究了线索设计对这三个维度的影响，在未来可以将叙事设计作为自变量纳入其中。

最后，本章在实验法中采用了主观量表的形式去评估三个维度指标，没有辅以更加客观的形式来评估，如眼动仪等，来测量线索设计的效果。在未来也可以考虑采用眼动仪进行客观数据的记录和分析。

3.6　参考文献

蔡培清. (2017). *VR 新闻叙事特征研究* (Master's thesis, 厦门大学).

蔡之国. (2006). 新闻叙事学研究框架的构想. 南通大学学报 (社会科学版) (04), 130 – 136.

常江, & 杨奇光. (2016). 重构叙事? 虚拟现实技术对传统新闻生产的影响. 新闻记者, (9), 29 – 38.

段鹏 & 李芊芊. (2019). 叙事·主体·空间: 虚拟现实技术下沉浸媒介传播机制与效果探究. 现代传播 (中国传媒大学学报) (04), 89 – 95.

范步淹. (2000). 新闻叙事学刍议. 新闻前哨 (12), 4 – 6.

方毅华 & 杨惠涵. (2018). 论数据新闻的叙事范式. 现代传播 (中国传媒大学学报) (12), 45 – 49.

黄一凡. (2023). 沉浸式 VR 新闻的叙事和线索研究 [D]. 广州: 中山大学.

刘涛 & 刘倩欣. (2020). "一镜到底": 融合新闻的叙事结构创新. 新

闻与写作（02），74 – 80.

　　齐爱军．（2004）．论新闻作为一种叙事性存在．现代传播（06），33 – 35.

　　齐爱军．（2006）．关于新闻叙事学理论框架的思考．现代传播（中国传媒大学学报）（04），142 – 144.

　　田杨，& 钱淑芳．（2022）．VR 电影的空间叙事特征与方法．传媒.

　　周勇，& 付晓雅．（2021）．基于可信度视角的沉浸式新闻传播效果影响因素研究．当代传播．周勇，倪乐融 & 李潇潇．（2018）."沉浸式新闻"传播效果的实证研究 – – 基于信息认知、情感感知与态度意向的实验．现代传播（中国传媒大学学报）（05），31 – 36.

　　Ahn, S. J. G., Bailenson, J. N., &Park, D.（2014）. Short-and long-term effects of embodied experiences in immersive virtual environments on environmental locus of control and behavior. *Computers in Human Behavior*, 39, 235 – 245.

　　Aylett, R.（1999, November）. Narrative in virtual environments-towards emergent narrative. In *Proceedings of the AAAI fall symposium on narrative intelligence*（pp. 83 – 86）.

　　Bhattacherjee, A.（2001）. Understanding information systems continuance：An expectation-confirmation model. *MIS quarterly*, 351 – 370.

　　Bosworth, M., &Sarah, L.（2018）. *Crafting stories for virtual reality*. Routledge.

　　Csikszentmihalyi, M.（1995）. The evolving self：a psychology for the third millennium. *Journal of Leisure Research*, 27（3）, 300.

　　Danieau, F., Guillo, A., &Doré, R.（2017, March）. Attention guidance for immersive video content in head-mounted displays. In 2017 *IEEE Virtual Reality*（*VR*）（pp. 205 – 206）. IEEE.

　　Davis, F. D.（1985）. *A technology acceptance model for empirically testing new end-user information systems：Theory and results*（Doctoral dissertation, Massachusetts Institute of Technology）.

　　De la Peña, N., Weil, P., Llobera, J., Spanlang, B., Friedman, D., Sanchez-Vives, M. V., &Slater, M.（2010）. Immersive journalism：Immersive virtual reality for the first-person experience of news. *Presence*, 19（4）, 291 – 301.

　　De La Peña, N.（2017）. Towards behavioural realism：Experiments in immersive journalism. In *i-docs*: *the Evolving Practices of Interactive Documentary* (pp. 206 – 221). Columbia University Press.

Dennis, A. R. , &Kinney, S. T. (1998). Testing media richness theory in the new media: The effects of cues, feedback, and task equivocality. *Information systems research*, 9 (3), 256 – 274.

Diefenbach, S. , Kolb, N. , &Hassenzahl, M. (2014, June). The ′hedonic′ in human-computer interaction: history, contributions, and future research directions. In *Proceedings of the* 2014 *conference on Designing interactive systems* (pp. 305 – 314).

Dolan, D. , &Parets, M. (2016). Redefining the axiom of story: The VR and 360 video complex. *Tech Crunch*.

Durlach, N. I. , &Slater, M. (1992). Presence: Teleoperators &Virtual Environments. *Journal*]. *Cambridge, MA*: *The MIT Press*.

Green, M. C. , &Brock, T. C. (2000). The role of transportation in the persuasiveness of public narratives. *Journal of personality and social psychology*, 79 (5), 701.

Hammady, R. , Ma, M. , &Strathearn, C. (2020). Ambient information visualisation and visitors' technology acceptance of mixed reality in museums. *Journal on Computing and Cultural Heritage* (*JOCCH*), 13 (2), 1 – 22.

Hardee, G. M. (2016). Immersive journalism in VR: Four theoretical domains for researching a narrative design framework. In *Virtual, Augmented and Mixed Reality*: 8*th International Conference*, *VAMR* 2016, *Held as Part of HCI International* 2016, *Toronto, Canada, July* 17 – 22, 2016. *Proceedings* 8 (pp. 679 – 690). Springer International Publishing.

Hsiao, C. H. , &Yang, C. (2011). The intellectual development of the technology acceptance model: A co-citation analysis. *International Journal of Information Management*, 31 (2), 128 – 136.

Jones, S. (2017). Disrupting the narrative: Immersive journalism in virtual reality. *Journal of media practice*, 18 (2 – 3), 171 – 185.

Kang, S. , O'Brien, E. , Villarreal, A. , Lee, W. , &Mahood, C. (2019). Immersive Journalism and Telepresence: Does virtual reality news use affect news credibility?. *Digital journalism*, 7 (2), 294 – 313.

Laugwitz, B. , Held, T. , &Schrepp, M. (2008). Construction and evaluation of a user experience questionnaire. In *HCI and Usability for Education and*

Work：4*th Symposium of the Workgroup Human-Computer Interaction and Usability Engineering of the Austrian Computer Society*，*USAB* 2008，*Graz*，*Austria*，*November* 20 – 21，2008．*Proceedings* 4（pp. 63 – 76）．Springer Berlin Heidelberg.

Lewis，R. J.，Tamborini，R.，&Weber，R.（2014）．Testing a dual-process model of media enjoyment and appreciation．*Journal of Communication*，64（3），397 – 416.

Lin，J. W.，Duh，H. B. L.，Parker，D. E.，Abi-Rached，H.，&Furness，T. A.（2002，March）．Effects of field of view on presence，enjoyment，memory，and simulator sickness in a virtual environment．In *Proceedings ieee virtual reality* 2002（pp. 164 – 171）．IEEE.

Lin，Y. C.，Chang，Y. J.，Hu，H. N.，Cheng，H. T.，Huang，C. W.，&Sun，M.（2017，May）．Tell me where to look：Investigating ways for assisting focus in 360 video．In *Proceedings of the* 2017 *CHI Conference on Human Factors in Computing Systems*（pp. 2535 – 2545）.

MacQuarrie，A.，&Steed，A.（2017，March）．Cinematic virtual reality：Evaluating the effect of display type on the viewing experience for panoramic video．In 2017 *IEEE Virtual Reality*（*VR*）（pp. 45 – 54）．IEEE.

Moghadam，K. R.，&Ragan，E. D.（2017，March）．Towards understanding scene transition techniques in immersive 360 movies and cinematic experiences．In 2017 *IEEE Virtual Reality*（*VR*）（pp. 375 – 376）．IEEE.

Nabi，R. L.，&Krcmar，M.（2004）．Conceptualizing media enjoyment as attitude：Implications for mass media effects research．*Communication theory*，14（4），288 – 310.

Nicovich，S. G.，Boller，G. W.，&Cornwell，T. B.（2005）．Experienced presence within computer-mediated communications：Initial explorations on the effects of gender with respect to empathy and immersion．*Journal of Computer-Mediated Communication*，10（2），JCMC1023.

Nielsen，L. T.，Møller，M. B.，Hartmeyer，S. D.，Ljung，T. C.，Nilsson，N. C.，Nordahl，R.，&Serafin，S.（2016，November）．Missing the point：an exploration of how to guide users' attention during cinematic virtual reality．In *Proceedings of the* 22*nd ACM conference on virtual reality software and technology*（pp. 229 – 232）.

Oh，J.，&Sundar，S. S.（2015）．How does interactivity persuade? An experimental test of interactivity on cognitive absorption, elaboration, and attitudes. *Journal of Communication*, 65 (2), 213 – 236.

Oliver, M. B. , &Bartsch, A. (2010). Appreciation as audience response: Exploring entertainment gratifications beyond hedonism. *Human communication research*, 36 (1), 53 – 81.

O'Brien, H. (2016). Theoretical perspectives on user engagement. *Why engagement matters: Cross-disciplinary perspectives of user engagement in digital media*, 1 – 26.

O'Brien, H. L. , Cairns, P. , &Hall, M. (2018). A practical approach to measuring user engagement with the refined user engagement scale (UES) and new UES short form. *International Journal of Human-Computer Studies*, 112, 28 – 39.

Pausch, R. , Snoddy, J. , Taylor, R. , Watson, S. , &Haseltine, E. (1996, August). Disney's Aladdin: first steps toward storytelling in virtual reality. In *Proceedings of the 23rd annual conference on Computer graphics and interactive techniques* (pp. 193 – 203).

Pjesivac, I. , Wojdynski, B. W. , Binford, M. T. , Kim, J. , &Herndon, K. L. (2021). Using directional cues in immersive journalism: The impact on information processing, narrative transportation, presence, news attitudes, and credibility. *Digital Journalism*, 1 – 23.

Riva, G. , Mantovani, F. , Capideville, C. S. , Preziosa, A. , Morganti, F. , Villani, D. , ...&Alcañiz, M. (2007). Affective interactions using virtual reality: the link between presence and emotions. *Cyberpsychology &behavior*, 10 (1), 45 – 56.

Rothe, S. , &Hußmann, H. (2018). Guiding the viewer in cinematic virtual reality by diegetic cues. In *Augmented Reality, Virtual Reality, and Computer Graphics: 5th International Conference, AVR 2018, Otranto, Italy, June 24 – 27, 2018, Proceedings, Part I* 5 (pp. 101 – 117). Springer International Publishing.

Ryan, M. L. , &Thon, J. N. (Eds.). (2014). *Storyworlds across media: Toward a media-conscious narratology*. U of Nebraska Press.

Sagnier, C. , Loup-Escande, E. , Lourdeaux, D. , Thouvenin, I. , &Valléry, G. (2020). User acceptance of virtual reality: an extended technology acceptance model. *International Journal of Human – Computer Interaction*, 36

(11), 993 – 1007.

Schmitz, A., MacQuarrie, A., Julier, S., Binetti, N., &Steed, A. (2020, March). Directing versus attracting attention: Exploring the effectiveness of central and peripheral cues in panoramic videos. In 2020 *IEEE Conference on Virtual Reality and* 3*D User Interfaces* (*VR*) (pp. 63 – 72). IEEE.

Sheikh, A., Brown, A., Watson, Z., &Evans, M. (2016). Directing attention in 360 – degree video.

Shi, Y., Lan, X., Li, J., Li, Z., &Cao, N. (2021, May). Communicating with motion: A design space for animated visual narratives in data videos. In *Proceedings of the* 2021 *CHI conference on human factors in computing systems* (pp. 1 – 13).

Shin, D., &Biocca, F. (2018). Exploring immersive experience in journalism. *New media &society*, 20 (8), 2800 – 2823.

Shin, D. (2018). Empathy and embodied experience in virtual environment: To what extent can virtual reality stimulate empathy and embodied experience?. *Computers in human behavior*, 78, 64 – 73.

Speicher, M., Rosenberg, C., Degraen, D., Daiber, F., &Krüger, A. (2019, June). Exploring visual guidance in 360 – degree videos. In *Proceedings of the* 2019 *ACM International Conference on Interactive Experiences for TV and Online Video* (pp. 1 – 12).

Steuer, J., Biocca, F., &Levy, M. R. (1995). Defining virtual reality: Dimensions determining telepresence. *Communication in the age of virtual reality*, 33, 37 – 39.

Sun, H. M., &Cheng, W. L. (2009). The input-interface of Webcam applied in 3D virtual reality systems. *Computers &Education*, 53 (4), 1231 – 1240.

Sundar, S. S., Kang, J., &Oprean, D. (2017). Being there in the midst of the story: How immersive journalism affects our perceptions and cognitions. *Cyberpsychology, behavior, and social networking*, 20 (11), 672 – 682.

Todorov, T. (1969). Grammaire du Décaméron (Mouton, The Hague).

Todorov, T. (1975). *The fantastic: A structural approach to a literary genre*. Cornell University Press.

Tong, L., Jung, S., Li, R. C., Lindeman, R. W., &Regenbrecht, H. (2020, December). Action units: Exploring the use of directorial cues for effective storytelling with swivel-chair virtual reality. In *Proceedings of the* 32*nd*

Australian Conference on Human-Computer Interaction（pp. 45 – 54）.

Uskali, T., Gynnild, A., Jones, S., &Sirkkunen, E. (2021). *Immersive journalism as storytelling: Ethics, production, and design*（p. 212）. Taylor &Francis.

Van Damme, K., All, A., De Marez, L., &Van Leuven, S. (2019). 360 video journalism: Experimental study on the effect of immersion on news experience and distant suffering. *Journalism studies*, 20 (14), 2053 – 2076.

Vettehen, P. H., Wiltink, D., Huiskamp, M., Schaap, G., &Ketelaar, P. (2019). Taking the full view: How viewers respond to 360 – degree video news. *Computers in human behavior*, 91, 24 – 32.

Vi, S., da Silva, T. S., &Maurer, F. (2019). User experience guidelines for designing hmd extended reality applications. In *Human-Computer Interaction-INTERACT* 2019: 17th *IFIP TC* 13 *International Conference, Paphos, Cyprus, September* 2 – 6, 2019, *Proceedings, Part IV* 17（pp. 319 – 341）. Springer International Publishing.

Vorderer, P., Klimmt, C., &Ritterfeld, U. (2004). Enjoyment: At the heart of media entertainment. *Communication theory*, 14 (4), 388 – 408.

Vorderer, P., Wirth, W., Gouveia, F. R., Biocca, F., Saari, T., Jäncke, L., ...&Klimmt, C. (2004). Mec spatial presence questionnaire. *Retrieved Sept*, 18 (2015), 6.

Vosmeer, M., &Schouten, B. (2017, June). Project Orpheus a research study into 360 cinematic VR. In *Proceedings of the* 2017 *ACM International Conference on Interactive Experiences for TV and Online Video*（pp. 85 – 90）.

Winters, G. J., &Zhu, J. (2014). Guiding players through structural composition patterns in 3D adventure games. In *FDG*.

Wu, H., Cai, T., Liu, Y., Luo, D., &Zhang, Z. (2021). Design and development of an immersive virtual reality news application: a case study of the SARS event. *Multimedia tools and applications*, 80, 2773 – 2796.

Wu, H., Cai, T., Luo, D., Liu, Y., &Zhang, Z. (2021). Immersive virtual reality news: A study of user experience and media effects. *International Journal of Human-Computer Studies*, 147, 102576.

第4章 用户体验与传播效果

4.1 引言

VR新闻作为一种比较新的新闻传播范式，问世之初就受到了社会各界的热捧并产生强烈的反响和轰动效果。虽然沉浸式技术正在进步，但这些技术对新闻消费者的影响仍然不够清晰。与传统的视频新闻相比，VR新闻的用户体验和传播效果方面还有待于进一步考证。目前，已有的相关研究大多集中于无交互的VR新闻，对虚拟现实的"交互性"这一本质特征研究和强调得不够。随着研究工作的逐步深入，学术界和业界对VR新闻提出了一些新问题：

（1）虚拟现实技术的交互性特点使得用户从内容的被动接受者成为主动探索者，其自身的认知和意图会对VR新闻的体验有很大的影响。传统的视频新闻以单向的信息推送为主要目的，而VR新闻则以双向的人机交互为主要特征，这一新变化带来了何种效果有待讨论。

（2）与传统的2D视频新闻相比，VR新闻信息内容的物理屏障得以消失，这可能会让用户迷失于过量而无引导的信息之中，造成信息传递效率和用户体验的下降。因此，如何处理好新闻的"输出信息"与虚拟现实的"沉浸性"之间的关系，是VR新闻的难点之一。

（3）在使用交互式VR技术还原新闻现场时，可能会因媒体制作人员在构建场景时对信息筛选整理不当、呈现视角片面、制作者本身的情感倾向等而影响新闻本身的客观性和真实性，也很容易使用户的认知不客观、不全面。

为了进一步探索以上问题，本章介绍了一个实证研究，重点考证VR新闻这一新兴的新闻报道方式对于沉浸感和共情等方面的用户体验效果以及新闻信息获取的准确度、可信度和情绪等方面的传播效果，并进一步验证了传统视频新闻、无交互VR新闻和有交互VR新闻在这些指标上的差异。基于实验过程中的用户行为观察，我们详细讨论了产生这些差异的原因，并给出了 VR 新闻设计和应用指导规范。

4.2　相关研究

沉浸式新闻属于一种崭新的新闻形式，自 2010 年南加州大学的 Peña 等人提出这个概念以来（Peña et al., 2010），得到了新闻学界和业界的广泛关注并对此进行了许多的探索和尝试。沉浸式新闻根据其所采用的技术不同，大致可以分为 360°全景视频新闻和 VR 新闻两种典型的呈现方式。其中，VR 新闻是以计算机图形学和人机交互技术为基础进行 3D 场景和人物角色建模，还原现场的新闻，被称之为深度沉浸式新闻。Peña 等人认为（Peña et al., 2010），虚拟现实系统特别适合于呈现第一人称体验的新闻故事，与传统的报纸或者其他二维视听材料相比，VR 新闻提供了一个对新闻故事的不同层次的重新理解的机会。

4.2.1　VR 新闻的交互设计

目前已有的 VR 新闻相关研究大多是偏理论框架和思辨性质的，较少有实证性研究。并且，目前主流的沉浸式新闻还是集中在非交互式的、以旁观者的视角让用户"参观"、体验新闻事件，通常这种 VR 新闻限制用户只能在特定的场景内观看特定的角度的内容（例如，Use of Forth, Kiya, Across the Line, We Wait, Remembering Pearl Harbor, After Solitary, Home 等），但是很少有研究关注 VR 新闻的用户体验和传播效果。研究发现，不同案例的 VR 新闻所采用的叙事框架，与传统的新闻报道有很大的差异。其制作正在脱离线性的、策划的故事讲述。单纯以"上帝"视角观看事件始末的模式不适用于所有的新闻题材。观者的身份开始多样化，比如和主角的眼神交流，甚至作为主角体会当事人的感受等。不同案例中观者参与交互的程度有所差异。可交互的案例中，具体的交互涉及与场景的交互、与物件的交互、与其他角色的眼神交互等。交互程度有逐渐加深的趋势。为此，本书提出了一种新的"以人为本的 VR 新闻"的新闻传播范式。这里的 VR 新闻指的是一种新的新闻传播机制，用户在这种新的范式之下可以跟新闻内容进行交互，更具体地说，用户可以与 VR 虚拟场景交互、与场景中的物体交互（例如，本章研究中的穿戴防护服、护目镜等）、与场景中的人物交互（例如，本章中与医生和病人谈话交流）、与新闻故事线交互（例如，选择不同的情节线非线性地体验新闻故事）。因此，用户就传统的新闻传播范式下的"用眼睛看新闻"和"用耳朵听新闻"，变成了现在的新范式下的

"用心体验新闻"。

4.2.2 VR新闻的用户体验

在用户体验方面，沉浸感和共情是目前研究沉浸式虚拟现实体验的两个关注点。沉浸感是一种发生在某个时刻的体验，类似于投入和全神贯注（Teng C，2010）。尽管虚拟现实技术已经被广泛应用在沉浸式新闻中传递新闻故事，但是在现实生活中受众如何体验这些故事及其上下文尚不清楚。McGloin等人（2015）提出在计算机中介环境中，实现沉浸式体验是一个重要的目标。类似地，Shin等人（2018）认为，沉浸可以用来表征技术支持的VR环境，受众使用能够引发高度沉浸感的VR交互设备能够得到更高的满意度、可信度和交互体验。他们还指出，一方面，沉浸感在很大意义上取决于用户本身的特征、意愿以及所处的上下文语境，而不是由媒体定义的；另一方面，沉浸感则反过来影响用户自身的认知和对新闻故事的观看意图。

共情也称同感、同理心和投情等，是指体验别人内心世界的能力。沉浸式新闻的一个重要作用是重新唤起观众对当前事件的情感参与（Peña et al，2010）。虚拟现实可以把另一个人的经验或感受传达到用户身上，体验数字化身的用户通常有一种将数字化身的行为视作为他们自己的行为的倾向（Ahn et al.，2016）。在VR环境中，观众可以通过在同一个空间中接近某个角色来实际体验他人的情绪或处境从而可以引起共情（Sutherland，2015）。Riva等人（2007）的研究结果证实了虚拟现实作为情感媒介的有效性，并通过数据揭示了在场和情绪之间的相互作用：一方面，在"情绪"环境中，在场的感觉更强烈；另一方面，情绪状态也会受在场水平的影响。Sundar等人（2017）则通过实验研究的方法发现，相比使用文本图片等传统的媒介，使用虚拟现实和360°视频体验故事的受众对来源的可信度、故事分享意图和共情度更高。

4.2.3 VR新闻的传播效果

在传播效果方面，认知层面的准确度以及心理态度层面的信任度和情感强度等是被学者们讨论较多的话题。在准确度方面，信息错失的恐惧与注意力的分散是困扰受众的重要问题。在信任度方面，目前的研究结果仍存在不确定性。Zhou等人（Zhou et al.，2018）通过选择《纽约时报》两则不同新闻材料的文字版本、360°全景视频版本和虚拟现实版本展开研究，结果表明：①受众对于VR新闻的信息接受程度低于文字阅读，尤其在细节认知上更容易发生遗漏与缺失；②VR 新闻给观众带来的情感强度要高于文字阅读，但 360°全景视频新闻与文字阅读无统计学差异；③受众对于 VR 新闻的信任度显著高于文字新闻和 360° 全景视频新闻。在受众态度上，本研究使用"认知 – 情感 – 行动意图"这一框架（Cognitive-Affective-Conative，CAC）来测量受众的态度与 VR 新闻的情感传播效果。

4.2.4 VR 新闻的其他研究

除了以上研究之外，还有从其他不同角度展开的相关研究。例如，Hardee 等人（Hardee et al., 2017）参考普利策新闻奖将新闻类型分为突发性新闻、公共服务新闻、调查性报道和解释性报道。然后通过对沉浸式技术和新闻特征的分析，提出沉浸式虚拟现实技术适用于调查性新闻和解释性新闻这两种形式。Bösch 等人（Bösch et al., 2018）提出当前沉浸式新闻面临着两大挑战：①如何平衡受众的角色，究竟是第一人称的主动式用户还是第三人称的被动式观察者。前者使用了一种非线性结构的新闻叙事方式（交互式 VR 新闻），用户的行为可以改变新闻的叙事节奏，例如，与故事中的不同人物角色交谈或者与场景中的虚拟对象交互；后者是基于传统的线性结构的新闻叙事方式（无交互的 VR 新闻），用户的行为无法改变新闻原有的叙事节奏。这两种不同形式的叙事框架都各有利弊。②缺少统一的框架。传统的视听媒体中，新闻从业人员不得不考虑 2D 的电视屏幕、电脑或手机等载体的限制，而在 VR 环境之下，这些框架和限制都将消失，用户不必跟随内容发布者的镜头和视角而自由选择和接受他们感性的信息。但是，这也给媒体发布人员带来了新的挑战，即如何在无限制的框架之下有效地将用户的注意力引导到新闻发布者想要传到的区域。Hardee（2016）提出了一种沉浸式新闻的叙事设计框架，包括四个要素：VR presence, narrative, cognition 和 journalistic ethics。类似地，Soler-Adillon 等人（2018）通过分析前人的研究案例，从沉浸式新闻的技术特征和用户体验的角度也提出了一个理论框架。但是，与 Hardee 研究不同的是，Soler-Adillon 等人的框架包含 storytelling, empathy, immersion 和 interactivity，并重点强调了交互性（interactivity）对于用户体验和沉浸式新闻叙事效果的重要性。他们认为，缺少了交互特征的 VR 新闻算不上真正意义的 VR 新闻。而当前的研究则大多集中在无交互的 VR 新闻，很少见到交互式 VR 新闻应用。在未来的沉浸式新闻发展过程中，interactivity 需要也势必将会被更好地集成在系统中。

除了学术界对于沉浸式新闻的叙事框架进行激烈的讨论之外，业界也在不断创作沉浸式新闻的项目，探索沉浸式新闻的叙事形式，开发了不少沉浸式新闻产品。例如，BBC 在 2014 年就开始尝试将 VR 应用在新闻报道上，典型的 VR 新闻产品包括 Use of Forth（2014），Kiya（2015），Across the Line（2016），We Wait：A Migrant Story（2016），Remembering Pearl Harbor（2016），Easter Rising：Voice of a Rebel（2017），After Solitary（2017），以及 Home：A VR Spacewalk（2018）。

　　基于以上分析，本章设计开发了一个交互式 VR 新闻产品，并通过可用性实验，了解其用户体验和传播效果。基于可用性测试的结果，我们进一步探索交互式 VR 新闻的设计和应用规范（Wu et al.，2021）。本章的研究致力于探索以下问题：

● 相比于传统视频新闻，交互式 VR 新闻的用户体验和传播效果有何不同？

● 这种交互式的 VR 新闻报道是否会带来信息的冗余与信息干扰？

● 交互的加入会给沉浸式新闻带来什么影响？

● 如何平衡沉浸式新闻中沉浸、共情的体验与新闻所追求的客观真实性的关系？

4.3　研究动机与新闻选题

4.3.1　研究动机

　　根据对已有文献的综述，目前关于沉浸式新闻的研究主要关注用户体验和传播效果两大方面，并且以往的研究大多集中在传统的文本和 2D 的影像材料、360° 全景视频或者无交互的 VR 新闻等方面。据我们所知，目前并没有关于交互式 VR 新闻的用户体验和传播效果方面的定量研究。而交互是 VR 的本质特征之一，脱离了交互谈 VR 是不完整的。基于文献梳理，本章提出了如下的研究假设：

　　H1：相对于传统的视频新闻，VR 新闻会增强受众的沉浸感，而且有交互的比无交互的表现更好。

　　H2：相对于传统的视频新闻，VR 新闻会更容易引起受众的共情，而且有交互的比无交互的表现更好。

　　H3：相对于传统视频和交互式 VR 新闻，无交互的 VR 新闻会降低受众对新闻内容的认知。

　　H4：相对于传统的视频新闻，用户在 VR 新闻（包括有交互和无交互）中的情绪波动更加强烈。

　　H5：相对于传统的视频新闻，用户对于经过二次加工后的 VR 新闻

（包括有交互和无交互）的信任度会降低。

以上假设中，H1 和 H2 分别为用户体验方面的沉浸感和共情两个维度；H3、H4 和 H5 分别为传播效果方面的准确度、情绪和信任度三个维度。

4.3.2 新闻选题

为了确立本次研究使用的新闻题材，我们首先对 VR 新闻生产和传播中涉及的不同群体展开调研，以进一步了解 VR 新闻选题题材和叙事方式。我们的调研对象包括由新闻业界（利益相关者）、具有 10 年以上新闻从业经验的高校教师、随机抽样的普通受众所组成的三个主要群体。根据我们的访谈结果，VR 新闻是传统新闻的一种有价值的延伸，可作为传统新闻的一种补充。但因其局限性，VR 新闻不能代替传统新闻，制作时也不能脱离其作为新闻的基本内涵，仍需尽可能符合新闻的真实性、客观性等原则。VR 新闻因其生产的技术难度和时间成本较高，对新闻题材有一定的要求，它不适用于突发的、时效性强的新闻，而是适用于人物性格鲜明和具有完整故事线的、常人难以接近或者体验的社会新闻和灾难新闻等。此类作品能够在相当长的时间里被反复使用，不容易过时，它们关乎的是更普遍意义的人性与人生体验；相对寻常的新闻事件，VR 新闻的应用价值不大。

基于以上专家访谈和用户访谈分析，我们选择了 2003 年中央电视台新闻频道播出的新闻调查《北京：非典阻击战》作为本次用户实验的新闻素材。我们选择这段素材的原因是：

·该新闻议题具有较高的社会价值和人文价值，符合我们之前定位的新闻类型。

·该视频为央视制作，而央视是中国国家电视台，报道具有广泛影响力和权威性，典型地体现了主流传统媒体的新闻叙事范式，具有较高的可信度。

·视频内容主要是一段发生在北京佑安医院中非典疫区病房的记者探访病人的片段，该段素材属于普通人平常难以体验到的经历。并且该段视频自身包含的场景信息和现场音频较完整，有助于我们后期搭建相应的虚拟现实场景。

·虽然非典一度对中国大陆影响巨大，但是该事件发生时间距离现在已经较为久远。而本实验的被试大多是在校大学生，这个群体整体上对非典的印象比较模糊，相关信息了解较少，便于我们更好地测试 VR 新闻的传播效果。

这段新闻的主要形式为记者与医生和病人之间的采访对话，整个新闻故事脚本涉及了三个场景，包括清洁区域（消毒间）、半污染区域（走廊）和污染区域（病房）。其中：①在消毒间中，医生介绍并且演示了进入半污染区域之前的清洁准备工作，包含穿防护服、戴头套、戴防护眼镜、穿鞋套等。医生还解释了清洁区域、半污染区域和污染区域的区别；②在走廊中，医生向被试解释了地面的防护鞋套、消毒液等的作用，同时介绍了救治非典病人的具体流程；③在病房中，记者采访了一名非典病人，了解她的疾病情况和治疗方案。此外，记者和医生进行聊天，询问医生愿意冒着危险报名救治病人的原因。

经过进一步的筛选整理，在呈现新闻内容一致的前提条件下，我们制作了三组不同形式的新闻素材，分别是：传统的视频新闻、无交互的 VR 新闻、交互式 VR 新闻。其中，传统的视频新闻共计 6 分 52 秒。后两种形式的 VR 新闻场景在信息不变的前提下由计算机建模技术重现了央视视频新闻的全部新闻故事，整个虚拟现实场景以及其中的人物模型和相关动画和交互控制模块等全部都是基于 Unity3D 和 Maya 等三维建模软件进行的开发和制作。除此之外，为最大程度控制实验条件和变量，无交互 VR 新闻和交互式 VR 新闻中的音频素材都是直接从原始的视频新闻素材中导入，没有任何的剪辑和修改。因此，我们可以使原视频新闻中的记者、医生、病人之间的对话和新闻旁白等内容和关键信息在 3 个不同实验控制组之间保持一致。

4.4　研究方法

4.4.1　实验设计

在我们所提出的 5 个假设之中，包含了对于信息获取准确度等传播效果的评估（H3），为了避免被试接受不同实验处理先后顺序所带来的对学习效果的影响，我们使用了组间设计方法，共分为三个实验处理，分别是：传统视频组、无交互 VR 组（VR without Interaction，简称 VR-I）和交互式 VR 组（VR with Interaction，简称 VR + I）。每一个实验处理使用了不同的刺激：其中传统的视频组中的被试将观看传统的 2D 视频新闻；无交互 VR 组中和交互式 VR 组中的被试都将戴上我们提供的虚拟现实头盔，以体验我们根据传统 2D 视频新闻还原的 VR 新闻场景，二者不同之处在于，无交互的 VR 组中的被试只能沿着系统既定的故事叙事主线被动地进行观看，而交互式 VR 新闻组中被试可以选择不同的故事叙事主线进行观看，并且在观看的过程中可以与虚拟场景进行交互，例如，可以用手拾取并自己佩戴上防护眼镜或者在消毒区域打开消毒液进行消毒，HMD 头盔将实时反馈交互的结果。

（1）被试。

我们通过散发传单、微信朋友圈以及微博等方式进行被试的招募。通过前测问卷的信息收集，我们在招募过程中有意识地排除了那些对本次实验所采用的新闻素材内容有充分的认知或者强烈的个人主观意向以及情感态度的被试。这样做的目的主要是为了防止在实验过程中被试会产生偏见从而影响实验结果的准确性和可靠性。最终，我们通过随机抽样的方法招募了 131 名被试，其中 55 名男性被试，76 名女性被试。被试具有不同的专业背景，包括电子工程学、计算机科学、新闻传播学、交互设计、生物医学工程、历史学、法学和临床医学等。被试的年龄介于 $20 \sim 38$ 岁之间（M $=28.12$，$SD=4.27$）。在参加本次实验之前，所有被试都没有观看过原新闻视频的内容，也没有体验过 VR 新闻的经历。

（2）实验设备。

我们在一个可用性实验室中进行了本次实验（如图 4.1 所示）。实验环境包括一台个人电脑（PC）、一台 Oculus Rift 虚拟现实头盔、一套 Oculus Touch 手柄，以及一个 Leap Motion 深度传感器。为了能够满足 Oculus Rift 对于渲染虚拟现实场景的需求，这台 PC 配置了 2.2 GB i7 的 CPU 处理器、16 GB 的内存以及 8 GB 的 GeForce1070 的显卡。我们在 PC 上事先安装了我们所开发的 VR 新闻系统，该系统负责处理用户的输入动作并将 VR 新闻场景的内容实时传送到 Oculus Rift 的头盔显示器上。在实验过程中，我们还使用了一个网络摄像头和录音笔记录被试在观看新闻过程中的行为动作以及他们的言语，所记录的这些信息将用来在后面帮助我们分析被试的心理模型和主观体验。

图 4.1　实验环境

4.4.2　实验过程

在正式实验开始之前，我们邀请了 20 名新闻传播学专业的本科生和研究生进行了一次预实验。预实验的主要目的是邀请被试从新闻传播专业的角度为正式实验的新闻素材长度、内容、实验设备操作、实验器材的使用感受、我们所使用的调查问卷的题目数量以及问卷的信度和效度等方面提供意见和建议。接下来我们基于被试的建议对以上实验要素进行了修改与调整，从而确保接下来将要进行的正式实验的成功率和有效性。

（a）我们开发的虚拟现实系统　　（b）实验人员正在跟被试进行半结构化访谈

图 4.2　实验过程

在正式实验中（图 4.2），我们首先向所有被试介绍了本次实验的背景意义、实验目的、任务需求和实验流程。然后，所有被试仔细阅读并签署了知情同意书。接下来，我们使用随机分组的方法，将 131 名被试随机分配在 3 个不同的小组之中。其中，A 组为 44 人，B 组为 44 人，C 组为 43 人。

三组被试都体验完之后，需要填写一份调查问卷，该问卷包含了用户体验要素和新闻传播效果要素两大方面。其中，在用户体验方面我们使用了 Jennett 等人（2008）提出的沉浸感量表用来度量沉浸感，使用 Kourmousi（2017）等人提出的 Toronto Empathy Questionnaire 用来度量共情。其中，沉浸感问卷旨在度量被试的主观沉浸体验，包括：①暂时的分离（temporal dissociation）、专注的沉浸（focused immersion）、高度的享受（heightened enjoyment）、控制（control）和好奇心（curiosity）等认知吸收指标；②情感参与（emotional involvement）、临场感（transportation to a different place）、注意力（attention）、自主（autonomy）等沉浸感指标。TEQ 问卷被用来测量共情指标，包括情绪感染（emotional contagion）（例如，"当我看到病人激动的时候，我也跟着很激动"）、情绪理解（emotional comprehension）（例如，"当我看到病人不想说话的时候，我就知道她一定很难过"）、交感神经生理唤起（sympathetic physiological arousal）（例如，"当我看到病人收到某种程度的不被尊重时，我会感到很不高兴"）、同种利他主义（con-specific altruism）（例如，"当我看到病人被虚弱时，我就有种保护她的感觉"）等。

在传播效果方面，我们通过询问 5W1H 新闻叙事六要素和新闻细节相关信息等编写了 6 个问题来度量用户对于新闻信息的接受程度和准确性（例如，"医生在进入半污染区域之前一般需要准备什么预防措施?"），使用心理学领域中经典的 PANAS 量表（Thompson, 2007）来度量情绪，使用 Meyer（1988）提出的 5 大可信度指标来度量可信度，包括公正（fair）、公正（unbiased）、全面（tells the whole story）、准确（accurate）、值得信赖（can be trusted）。所有被试都完成了调查问卷之后，我们的实验人员还对被试进行一对一的半结构访谈，进一步听取被试对整个系统的看法和意见建议。主要提出以下问题：

● 请简单描述下刚体验的新闻事件。

● 体验的时候，哪一处给你留下最深刻的印象，并说明原因。

● 体验后，对非典的感受跟以往比是否会存在差别。如果有，有什么不同?

● （A 组）对于视频有什么其他想法吗（比如对我们实验内容的看法)?

● （B 组）你觉得体验 VR 新闻和平时看视频新闻相比，有什么区别?

● （C 组）体验过程中，交互的引入会带来哪些好的方面和不好的方面?

实验过程中，被试持续时间介于 60 ～ 90 分钟。

4.4.3　实验结果

根据实验结果，我们对问卷的信度和效度进行进一步检验，以反映问卷结构的可靠性和量表测量的准确性。经过 SPSS 数据统计分析，我们所使用的 5 个维度的调查问卷的 Cronbach 系数 α 均大于 0.7，说明问卷具有较高的内部一致性信度。所有变量间的 KMO 检验统计量取值均大于 0.8，且具有统计上的显著性，说明调查问卷具有较高的结构效度。接下来，我们从用户体验和传播效果两方面共计 5 个维度来详细报告本次实验的结果。

（1）沉浸感。

在沉浸感方面，传统视频新闻、无交互 VR 新闻和交互式 VR 新闻的平均得分为 5.114（$SD = 0.786$），5.168（$SD = 0.920$），和 5.465（$SD = 0.706$），结果如图 4.3 所示。从均值来看，交互式 VR 新闻得分最高，而传统视频新闻的得分最低。接下来，我们使用了用于分析多组独立样本之间差异性的 Kruskal-Wallis 检验，结果表明三种实验处理之间并没有统计学差异 $[\chi^2 (2, n = 131) = 4.493, p = 0.106]$。

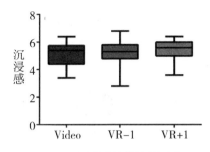

图4.3　沉浸感评估结果对比

（2）共情。

在共情方面，传统视频新闻、无交互 VR 新闻和交互式 VR 新闻的平均得分为 5.597（$SD = 0.733$），5.197（$SD = 1.178$），和 5.357（$SD = 0.778$），结果如图4.4所示。从均值来看，传统视频新闻的得分最高，而无交互 VR 新闻的得分最低。接下来，我们使用了用于分析多组独立样本之间差异性的 Kruskal-Wallis 检验，结果表明三种实验处理之间并没有统计学差异［χ^2（2，$n = 131$）$= 2.463$，$p = .292$］。

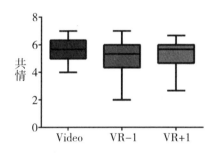

图4.4　共情评估结果对比

（3）准确度。

在准确度方面，传统视频新闻、无交互 VR 新闻和交互式 VR 新闻的平均得分为 5.386（$SD = 0.655$），4.318（$SD = 1.029$）和 5.047（$SD = 1.045$），结果如图4.5所示。从均值来看，传统视频新闻的得分最高，而无交互 VR 新闻的得分最低。接下来，我们使用用于分析多组独立样本之间差异性的 Kruskal-Wallis 检验，结果表明三种实验处理之间出现了统计学差异［χ^2（2，$n = 131$）$= 24.729$，$p = 0.000$］。我们进一步使用了事后检验进行两两对比分析，结果表明交互式 VR 新闻要明显好于无交互的 VR 新闻（$p = .002$），传统视频新闻要明显好于无交互的 VR 新闻（$p = 0.000$），而交互式

VR 新闻和传统的视频新闻之间没有显著差异（$p = .523$）。

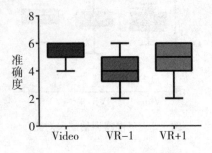

图 4.5　准确度评估结果对比

（4）情绪。

在情绪方面，传统视频新闻、无交互 VR 新闻和交互式 VR 新闻的平均得分为 3.898（$SD = 0.812$），3.765（$SD = 0.815$）和 3.864（$SD = 0.772$），结果如图 4.6 所示。从均值方面来看，传统视频新闻的得分最高，而无交互 VR 新闻的得分最低。接下来，我们使用了用于分析多组独立样本之间差异性的 Kruskal-Wallis 检验，结果表明三种实验处理之间并没有统计学差异 $[\chi^2 (2, n = 131) = 1.112, p = .573]$。

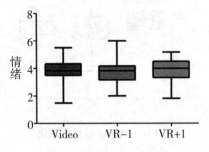

图 4.6　情绪评估结果对比

但是，如果我们进一步比较情绪感的 6 个子维度，却发现了一些有趣的结果：

①在恐惧感方面，传统视频新闻、无交互 VR 新闻和交互式 VR 新闻的平均得分为 3.61（$SD = 1.351$），3.11（$SD = 1.543$），和 3.26（$SD = 1.774$）。Kruskal-Wallis 检验结果表明三种实验处理之间并没有统计学差异 $[\chi^2 (2, n = 131) = 2.891, p = .236]$。

②在感兴趣度方面，传统视频新闻、无交互 VR 新闻和交互式 VR 新闻的平均得分为 4.66（$SD = 1.180$），5.07（$SD = 1.129$），和 5.26（$SD =$

1.136）。Kruskal-Wallis 检验结果表明三种实验处理之间有显著的统计学差异 $[\chi^2(2, n=131)=6.363, p=.042]$。事后检验两两对比分析结果表明，相比于传统的视频，被试对交互式 VR 新闻更加感兴趣（$p=0.035$）。而传统视频新闻和无交互的 VR 新闻二者之间没有统计学差异（$p=0.561$），无交互的 VR 新闻和交互式 VR 新闻之间也没有统计学差异（$p=0.697$）。

③在紧张度方面，传统视频新闻、无交互 VR 新闻和交互式 VR 新闻的平均得分为 4.45（$SD=1.372$），3.59（$SD=1.352$），和 3.79（$SD=1.807$）。Kruskal-Wallis 检验结果表明三种实验处理之间有显著的统计学差异 $[\chi^2(2, n=131)=7.388, p=0.025]$。事后检验两两对比分析结果表明，相比于非交互的 VR 新闻，传统视频更容易引起被试紧张（$p=0.023$）。而传统视频新闻和交互式 VR 新闻二者之间没有统计学差异（$p=0.216$），无交互的 VR 新闻和交互式 VR 新闻之间也没有统计学差异（$p=1.000$）。

④在受鼓舞程度方面，传统视频新闻、无交互 VR 新闻和交互式 VR 新闻的平均得分为 4.02（$SD=1.532$），3.91（$SD=1.507$）和 4.00（$SD=1.234$）。Kruskal-Wallis 检验结果表明，三种实验处理之间并没有统计学差异 $[\chi^2(2, n=131)=0.079, p=0.961]$。

⑤在难过程度方面，传统视频新闻、无交互 VR 新闻和交互式 VR 新闻的平均得分为 4.39（$SD=1.351$），4.45（$SD=1.591$）和 4.42（$SD=1.367$）。Kruskal-Wallis 检验结果表明，三种实验处理之间并没有统计学差异 $[\chi^2(2, n=131)=0.137, p=0.934]$。

⑥在快乐程度方面，传统视频新闻、无交互 VR 新闻和交互式 VR 新闻的平均得分为 2.25（$SD=1.557$），2.45（$SD=1.372$）和 2.47（$SD=1.403$）。Kruskal-Wallis 检验结果，表明三种实验处理之间并没有统计学差异 $[\chi^2(2, n=131)=1.456, p=0.483]$。

（5）可信度。

在可信度方面，传统视频新闻、无交互 VR 新闻和交互式 VR 新闻的平均得分为 4.491（$SD=0.915$），4.927（$SD=0.934$）和 4.976（$SD=0.958$），结果如图 4.7 所示。从均值来看，交互式 VR 新闻的得分最高，而传统视频新闻的得分最低。Kruskal-Wallis 检验结果表明，三种实验处理之间有统计学差异 $[\chi^2(2, n=131)=5.596, p=0.032]$。事后检验两两对比分析结果表明，交互式 VR 新闻明显优于传统视频（$p=0.019$），无交互的 VR 新闻也明显优于传统视频（$p=0.030$），而交互式 VR 新闻和无交互的 VR 新闻之间没有显著差异（$p=0.826$）。

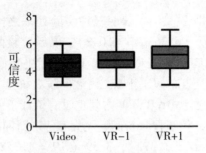

图 4.7　可信度评估结果对比

4.4.4　分析讨论

　　针对实验结果，我们在一些度量指标上发现了三种实验处理之间存在着统计学差异，而另一些度量指标并没有发现有统计学差异。下面，我们结合实验过程中的被试访谈，详细分析产生这些结果的原因。

　　在沉浸感方面，尽管交互式 VR 新闻和无交互的 VR 新闻得分均高于传统视频新闻的得分，但三者之间并无显著差异（$p = 0.106$）。因此我们并没有验证假设 H1。也就是说，VR 本身的"交互性"优势并没有体现出来。尽管如此，我们在实验中发现了一个有趣的规律，就是随着样本量的不断增加，p 值有显著降低的趋势。当总样本量为 80，105 和 131 的时候，p 值分别为 0.769、0.316 和 0.106。经过使用 G * Power 计算后发现[①]，当样本量增加到 254 的时候，将出现统计学差异（$p < 0.05$）。

　　在共情方面，传统视频新闻的得分要高于无交互 VR 新闻和交互式 VR 新闻的得分，但三者之间也没有发现统计学差异（$p = 0.573$）。因此我们不但没有验证假设 H2 还发现了与我们预期相反的趋势：从均值来看，传统新闻在这一方面反而要比 VR 新闻表现得更好。通过实验中的访谈，我们了解到传统的视频中都是真实的人物和场景，随着新闻故事的不断推进，被试会不自觉地代入到一种压抑的氛围之中，因此产生了强烈的共情。而相比之下，VR 本身就是一种虚拟的环境，尽管我们已经尽力还原视频中的新闻故事，但是由于目前建模条件所限，人物模型、场景模型、场景色调、光线、阴影等因素还是无法百分百地还原真实镜头下的新闻视频。因此，被试经常会觉得观看过程中无法完全代入到场景中，无法产生强烈的共情。

　　在准确度方面，交互式 VR 新闻要明显好于无交互的 VR 新闻（$p = 0.002$），传统视频新闻要明显好于无交互的 VR 新闻（$p = 0.000$），而交互

---

　　① http://www.gpower.hhu.de/en.html。

式 VR 新闻和传统的视频新闻之间没有显著差异（$p = 0.523$）。因此，我们验证了假设 H3。通过实验中的观察和实验之后的被试访谈，我们发现被试在无交互 VR 场景中很容易被场景中的其他东西所分散注意力。与传统的第三人称视角的视频新闻相比，尽管无交互的 VR 新闻提供了第一人称视角，但是并没有改变其新闻信息的单向推送模式这一本质特点。在新闻叙事过程中，有很多被试会被虚拟现实这种新的形式所吸引，通过佩戴的 HMD 头盔不停地看来看去，导致被试注意力分散，而忽略了新闻故事本身想要传达给受众的主要信息。

但是交互式 VR 新闻则不同，被试可以根据自己的兴趣以主人公的身份主动地去探寻新闻场景中的关键热点信息，因为被试的注意力集中在重要信息上，因而其信息获取准确率也相应地提高了很多。

在情绪方面，总的来说三种实验处理并没有显著差异，因此我们并没有验证 H4。但是，经过进一步分析，我们发现在感兴趣度和紧张度方面三个不同的实验处理表现出了显著差异，而恐惧度、受鼓舞度、难过度、和快乐度等方面都没有显著差异。首先，在感兴趣方面，有交互式 VR 最受被试喜欢。这是因为交互式 VR 新闻充分运用了明显区别于传统新闻的新的叙事框架，即第一人称视角和多条故事线的开放结局，能够同时满足新闻生产中的冲突性要求和 VR 中的参与性和竞争机制，使得它在用户体验和用户关系节点激活等方面存在着天生的优势，有利于引起受众的兴趣并衍生出渗透于新闻的生产策划过程的新的叙述视角。其次，在紧张度方面，传统的视频新闻比无交互的 VR 新闻更容易引起被试紧张，这个跟前面所分析的共情是一样的道理，因为传统视频更加真实，容易使用户代入到非典时期紧张的情绪中去。

在可信度方面，交互式 VR 新闻和无交互的 VR 新闻的得分均高于传统视频新闻的得分，而且三者之间有显著差异（$p = 0.032$）。这与我们的假设 H5 是相反的，因此这一点出乎我们的意料。因为我们提供的视频新闻是由央视主流媒体发布的，而交互式和无交互的 VR 新闻都是我们经过二次加工手工设计开发的新闻产品，相比之下我们猜想被试可能会在传统的视频新闻方面表现更好。但是，通过实验过程中的访谈，我们了解到被试普遍认为：该 VR 体验使得他们产生了较强的沉浸感和新奇感，因此他们会更容易相信新闻本身的真实性。

4.5　用户心理模型观察

本节，我们基于实验过程中的观察，讨论用户的心理模型是如何影响他们对不同实验处理/技术的偏好的。

（1）被试支持传统视频的原因如下：

● 相比于 VR 新闻，在传统的视频新闻中能够清楚地观察到人物的表情，感受和理解人物的真实情绪。

● VR 新闻的制作技术目前还不成熟，并且制作难度大、成本高，很难落地。

● 观看传统的视频新闻更有效率。

● 传统的视频新闻可以用镜头引导用户，而 VR 三维空间中容易迷失方向。

● 传统的视频新闻更加符合自己已有的新闻阅读习惯。

（2）被试支持无交互 VR 新闻的原因如下：

● 无交互式"摄像机 + 故事情节"的传播范式更加适合时效性很强的即时新闻，而交互式的更加适合需要"放入档案的新闻"，而非时效性高的即时新闻。

● 新闻主要作用是传达信息，倾向于消费（客观的）新闻内容，因而没必要交互。

● 旁观可以更加全面地了解一件事情，尤其是新闻事件。

（3）被试支持交互式 VR 新闻的原因如下：

● 可以自主探寻自己想要的信息而不是被动接受。

● 传统视频新闻和无交互 VR 新闻都是以上帝视角进行旁观，用户本身没有存在感，因此代入感被大大削弱。

● 交互式 VR 新闻使用户有很强的参与感；而单纯的旁观使用户觉得无所适从。

● 交互式 VR 新闻更适用于自己感兴趣，想要了解更多、体验更多、知道更多、印象更深刻的新闻。

● 在体验过程中不会走神，注意力也更加集中。

● 交互式 VR 新闻的趣味性是三者之中最强的。

4.6 VR 新闻设计指南

本节，我们将基于我们的实验研究和用户访谈结果，讨论 VR 新闻的设计开发指导规范。

（1）从新闻题材的角度来看：交互式 VR 新闻制作和消费的成本，注定了它需要被有选择地应用在某些新闻类型中。而且现阶段媒体机构似乎不大可能大批量生产和消费。因此，灾难事件场景、重大历史事件的场景、常人难以接近或体验的场景一般会被优先考虑作为交互式 VR 新闻题材。因为此类作品能够在相当长的时间里被反复使用，不容易过时，它们关乎的是更普遍意义的人性与人生体验；相对来讲，其他一些普通的新闻事件，斥资去做交互式 VR 新闻的价值不大。

（2）从交互的角度来看：在交互式 VR 新闻中，用户的主动性很强，而用户自身的认知和意图则会对沉浸式新闻体验有很大影响，因此系统提供一定的交互能够引导用户将注意力集中到新闻内容制作者希望传达的那些信息上，提高专注度和沉浸感。交互还提供了用户多次获得信息的机会，而不会产生因为用户一时分神而忽略重要信息的情况。此外，用户通过主动的交互，尤其是基于第一人称视角的交互，可能会对交互引导的结果有所期待，更加有效地获取信息并进一步代入自己的情绪，从而使得用户的观感印象更为深刻。

一个有趣的发现是，交互对于新闻可信度的影响。在我们的研究中，相比传统的视频新闻，被试更倾向于相信交互式 VR 新闻的内容。通过事后的访谈我们得知，其原因是被试普遍认为交互式 VR 新闻所提供的交互功能有助于被试们主动地身临其境地亲身感受新闻事件发生的整个过程，而不是传统视频新闻那样简单地用眼睛看一下。也就是说，交互式 VR 新闻提供了新的新闻传播范式：从传统的"眼睛看"和"耳朵听"新闻，变成了现在的"用心体验"新闻。因此，被试们更容易相信自己亲身体验和经历过的新闻事件，从而大大提高了真实性和可信度。我们研究得出的这一点是非常重要的，因为随着现代技术的不断发展，例如，deep fake video 等技术的泛滥已经在某种程度上改变了人们"眼见为实"的信仰。而交互式 VR 新闻使得人们重新有了信仰的依据。

（3）从社会接受度来看：交互式 VR 新闻的真实性与多方群体相关，除了涉及新闻内容生产者、交互式 VR 新闻制作者，还与不同制度环境下对交互式 VR 新闻的应用政策以及受众的消费能力和媒介习惯相关。前两者可以保证产出的新闻尽可能贴近事实的真相，但除了新闻本身对真实的还原，观众对新闻真实性的感知和接受度也受到其自身能力的影响，这反过来会影响交互式 VR 新闻生产本身。

（4）从应用的角度来看：交互式 VR 新闻类似于新闻游戏，是传统新闻的一种有价值的延伸，可作为传统新闻的一种补充。但因其局限性，交互式 VR 新闻不能代替传统新闻，制作时也不能脱离其作为新闻的基本内涵，仍需尽可能符合新闻的真实性、客观性等原则。实际上，关于新闻真实性的担忧不止体现在交互式 VR 新闻这种范式中，同时也会存在于传统新闻中。可以说，这个问题从过去到现在都一直存在。因此，本章认为，关于交互式 VR 新闻真实性的问题，可以借鉴传统新闻，制定一套权威的、通用的交互式 VR 新闻标准行业规范。

4.7　总结与展望

随着计算机软硬件技术的不断发展，VR 技术得到了长足的进步，被广泛应用在仿真、游戏、工业设计、教育和医疗等多个不同的领域并取得了很大的成功。近年来，学术界和工业界一些研究人员尝试将 VR 技术与新闻传播领域相结合并提出了沉浸式新闻的概念。但是，目前主流的沉浸式新闻应用和产品忽略了交互功能，这与虚拟现实"交互性"的本质特征是矛盾的。基于此，本章开展了一个实证研究，讨论了传统视频新闻、无交互的 VR 新闻和交互式 VR 新闻这三种不同的新闻传播范式在用户体验和传播效果两方面的区别。基于我们的实验结果和用户访谈，我们给出了 VR 新闻的设计开发指导。

未来的工作，可以从三方面开展：一是拓展交互式 VR 新闻的应用场景，以便将我们的研究结论进一步泛化；二是扩大受试人群，进行更大规模的效果测试；三是在信息接触和认知等短期效果研究的基础上，进一步从态度改变和行为预期等方面做更加深入的中长期的效果追踪研究。

4.8　参考文献

Ahn, S. J., Bostick, J., Ogle, E., Nowak, K. L., McGillicuddy, K. T., &Bailenson, J. N. (2016). Experiencing nature: Embodying animals in immersive virtual environments increases inclusion of nature in self and involvement with nature. *Journal of Computer-Mediated Communication*, 21 (6), 399 –419.

Bösch, M., Gensch, S., &Rath-Wiggins, L. (2018). Immersive Journalism: How Virtual Reality Impacts Investigative Storytelling. *Digital investigative journalism: Data, visual analytics and innovative methodologies in international reporting*, 103 –111.

De la Peña, N., Weil, P., Llobera, J., Spanlang, B., Friedman, D., Sanchez-Vives, M. V., &Slater, M. (2010). Immersive journalism: Immersive virtual reality for the first-person experience of news. *Presence*, 19 (4),

291 – 301.

Hardee, G. M. , &McMahan, R. P. (2017). FIJI: a framework for the immersion-journalism intersection. *Frontiers in ICT*, 4, 21.

Hardee, G. M. (2016). Immersive journalism in VR: Four theoretical domains for researching a narrative design framework. In *Virtual, Augmented and Mixed Reality: 8th International Conference, VAMR* 2016, *Held as Part of HCI International* 2016, *Toronto, Canada, July* 17 – 22, 2016. *Proceedings* 8 (pp. 679 – 690). Springer International Publishing.

Jennett, C. , Cox, A. L. , Cairns, P. , Dhoparee, S. , Epps, A. , Tijs, T. , &Walton, A. (2008). Measuring and defining the experience of immersion in games. *International journal of human-computer studies*, 66 (9), 641 – 661.

Kourmousi, N. , Amanaki, E. , Tzavara, C. , Merakou, K. , Barbouni, A. , &Koutras, V. (2017). The Toronto empathy questionnaire: reliability and validity in a nationwide sample of Greek teachers. *Social Sciences*, 6 (2), 62.

McGloin, R. , Farrar, K. M , &Fishlock, J. (2015). Triple whammy! Violent games and violent controllers: Investigating the use of realistic gun controllers on perceptions of realism, immersion, and outcome aggression. *Journal of communication*, 65 (2), 280 – 299.

Meyer, P. (1988). Defining and measuring credibility of newspapers: Developing an index. *Journalism quarterly*, 65 (3), 567 – 574.

Riva, G. , Mantovani, F. , Capideville, C. S. , Preziosa, A. , Morganti, F. , Villani, D. , …&Alcañiz, M. (2007). Affective interactions using virtual reality: the link between presence and emotions. *Cyberpsychology &behavior*, 10 (1), 45 – 56.

Shin, D. , &Biocca, F. (2018). Exploring immersive experience in journalism. *New media &society*, 20 (8), 2800 – 2823.

Soler-Adillon, J. , &Sora, C. (2018). Immersive journalism and virtual reality. *Interaction in digital news media: From principles to practice*, 55 – 83.

Sundar, S. S. , Kang, J. , &Oprean, D. (2017). Being there in the midst of the story: How immersive journalism affects our perceptions and cognitions. *Cyberpsychology, behavior, and social networking*, 20 (11), 672 – 682.

Sutherland, E. A. (2015). *Staged empathy: empathy and visual perception in virtual reality systems* (Doctoral dissertation, Massachusetts Institute of Technology).

Teng, C. I. (2010). Customization, immersion satisfaction, and online gamer loyalty. *Computers in Human Behavior*, 26 (6), 1547 – 1554.

Thompson, E. R. (2007). Development and validation of an internationally reliable short-form of the positive and negative affect schedule (PANAS). *Journal of cross-cultural psychology*, 38 (2), 227 – 242.

Wu, H. Y. , Cai, T. , Luo, D. , Liu, Y. X. , Zhang, Z. A (2021). Immersive virtual reality news: A study of user experience and media effect. *International Journal of Human-Computer Studies*. 147 (102576). 1 – 11.

第 5 章　从技术沉浸到意识沉浸

5.1　引言

VR 新闻作为沉浸式新闻中拥有交互性、高技术沉浸程度的一类新闻，被期冀能伴随新科技的应用带来新闻用户体验和沉浸式传播的极大改善，推进新闻业新的变革。在此背景下，关注用户在新的传播叙事当中的体验模式至关重要。技术赋予的高"感官技术沉浸"不一定意味着带来同等高峰程度的"认知意识沉浸"，要真正发挥 VR 新闻的沉浸式传播优势，必须要重视用户体验，了解从初级的技术沉浸到更深层次的认知意识沉浸的流转过程。具体而言，本章将围绕以下问题进行讨论：

（1）用户如何感知和理解 VR 新闻报道的技术沉浸特征？

（2）对技术沉浸的感知和理解会对用户在 VR 新闻中的认知和情感体验产生什么影响？

（3）用户的认知和情感体验进而如何影响他们关于 VR 新闻的态度和行为？

为此，我们以用户体验的视角切入，基于由期望确认理论发展而来的信息系统持续使用模型，融合 VR 新闻特有的关键因素，提出了一个整合认知、情感、态度、行为的 VR 新闻用户体验模型，探索人们在 VR 新闻中从技术沉浸到认知意识沉浸在到对态度行为影响的过程。基于此，我们还提出了一些 VR 新闻的设计建议，希望丰富关于 VR 新闻沉浸式传播的讨论与研究，为未来的新闻实践提供一些参考方向。

5.2　VR 新闻的沉浸式传播及相关研究

5.2.1　VR 新闻的沉浸式传播

沉浸式传播是 VR 新闻研究的重要议题之一。杭云与苏宝华（2007）提出，虚拟现实得益于其崭新的传播交流技术与特有的界面设计，具备感知系统沉浸与行为系统沉浸，正逐渐形成一种新的传播交流方式，即沉浸式传播。孔少华（2019）对"沉浸式传播"提出了自己的理解与定义：通过特定传播技术，使得用户达到沉浸状态的传播模式。需要注意的是，"沉浸"一词可对应英文两个不同语境的术语，分别是 Immersion 和 Flow experience。Immersion 源于对 VR 技术问题的研究，聚焦于打造"身临其境"的虚拟环境，而 Flow experience 源于心理学学者对创作过程中认知状态的研究，侧重用户在体验过程中的主观感受体会。

Ambrosio 和 Fidalgo（2019）在总结梳理前人的理论基础之上，提出了"沉浸式新闻传播模型"（如图 5.1 所示）。这一模型参考了香农 - 韦弗模式的功能环节，包括信息源编码、发射器编码、信道传输、信息接收者解码的环节。在香农 - 韦弗模式的基础上，信息接收者所获的信息不再是现实世界，而是依靠 VR 技术再现的虚拟环境。此外，在信息反馈方面，既有面向发送者的，也有面向信息本身的，而这个环节的反馈是受一系列信息接收者内在因素（如个性、知识、社会环境）影响的。Ambrosio 等人（2019）还提出 VR 新闻更适用于按照信息量逐层递增次序来组织的"斜金字塔"的模型，不应该再由记者判断新闻内容的重要性，而应该由用户根据自身需求来探索与了解内容。

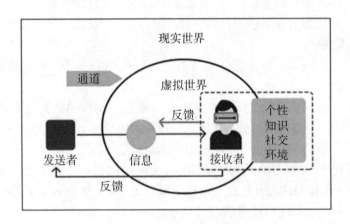

图 5.1 沉浸式新闻传播模型

随着虚拟现实技术在新闻业的应用，新闻的概念与内涵也在缓慢更新，人们对新闻的需求方式和消费行为也随之改变。正如常江（2017）指出的 VR 新闻的出发点与核心诉求与以往新闻不同，已经转变为"体验价值"。

由此可见，在 VR 新闻的沉浸式传播研究中，VR 技术自身构建图景能力与用户个体内在认知体验感受都值得关注，研究感知与行为系统的技术沉浸仅仅是初级阶段，我们也要关注更深一层次的意识沉浸。

5.2.2 VR 新闻的沉浸与临场研究

在虚拟现实技术领域，Shin 和 Biocca（2018）在实验中发现沉浸与用户的主动性和技术的客观性都有着密切联系，虚拟现实故事的沉浸性属性创造了视觉、听觉等多通道感官的全新体验，提升了故事的真实性和吸引力，并通过用户认知感知过程对虚拟现实中的故事进行再加工，因此提出沉浸是由用户对体验质量的感知、与服务的交互以及使用户能够感知和交互的环境因素组成的。我们赞同沉浸应是包含客观与主观的更广泛的概念，具体则可区分为客观技术层面的感官沉浸和用户主观认知层面的意识沉浸。当前相关实证研究基本证实了相比于传统新闻，具备更高技术沉浸因素的沉浸式新闻能带来更意识沉浸式的体验（Shin & Biocca，2018；Damme & Marez，2019；Tse et al.，2017）。

根据 Slater 和 Sanchez-Vives（2016）的研究，临场是一种与沉浸密切相关的主观状态。简单来说，VR 描绘的环境提供了一种"在那里"的"幻觉"，尽管事实上人们可以肯定自己并不存在于那。虚拟现实能提供一种虚幻的位置感和现实感的体验，这是它从根本上区别于所有其他媒介的原因。当前关于沉浸式新闻的实证研究中基本会考量临场因素，并证实沉浸式新闻相比于传统新闻的临场优势（Shin & Biocca，2018；Damme & Marez，2019；Sundar et al.，2017）。

目前来说，临场主要受到技术沉浸程度、新闻内容、叙事元素（如体验视角、交互）因素影响。一项荟萃分析综合几十年实证研究，对技术沉浸式特征进行了分类，发现提高用户追踪水平、使用立体视觉效果和扩大视觉显示的视野对于增强临场远比改进大多数特征有效。BAÑOS 等人（2004）的实验结果发现技术沉浸和情感内容对临场都有影响，而技术沉浸对非情绪的环境影响要更大。Sundar 等人（2017）也有相似的发现：故事媒介能在多大程度上诱导临场取决于故事的情感强度：当故事具有强烈的情感和丰富的叙述时，它们可能会压倒技术因素，起到诱导临场的作用，因为这些故事可以为个体的中介体验提供意义；反之，技术因素可能在决定故事的临场中起着更大的作用。Slater 等人（2018）的实验则从角色体验方式作为自变量着手，证实作为事件主角或者其他角色体验沉浸式新闻后的临场要远高于透明人的体验方式，并提出如果 VR 新闻的设置中能允许用户在场景中作为角色的一段时间的化身体验，这应该是能够被用于最大化被试临场与参与感的机会。Steed 等人（2018）也有类似的发现，通过对比不同的响应系数与具身程度，证实对用户的响应，如角色在用户看到自己后偶尔回头看看用户，通过凝视确认用户的存在，对于临场有显著的积极影响，而赋予用户随自身运动一致运动的虚拟身体也能在一定程度上促进临场。

临场被认为是虚拟现实技术的核心审美，也是媒介中讲故事的主要动力（Hardee, 2016）。虚拟现实通过构建虚拟环境还原事件，将用户与现实世界隔离开来，用户浏览时感觉自己真的到达了现场，认为自己就是虚拟世界的一部分，进而在情绪和认知上作出反应（Waterworth & Riva, 2014）。可见，在 VR 新闻的沉浸式传播中，临场对用户的情绪和认知反应都有着重要影响（Sundar et al. , 2017；Brandt, 1976），因此我们需要格外关注临场这一关键因素。

5.2.3　VR 新闻的共情与情感研究

在意识沉浸方面，共情是沉浸式新闻的重要因素，尤其在虚拟现实中，用户可以在还原的空间中靠近事件中的人物，真实体验现场，这是触发共情的好方法（Peña et al. , 2010）。除了多数学者认可沉浸式新闻的共情优势，也有少数学者对沉浸式新闻是否能增强共情提出了质疑。如 Sánchez Laws（2020）认为共情在现代意义上应被解读为对他人情感的一种反应，包括关心、认同和理解他人。以这个角度进行评估，仅有一些沉浸式新闻项目正在接近一种增强共情的形式。Hassan（2020）对"数字化"进行解构，认为其作为一种异化的领域，数字媒体无法在其中复制模拟通信过程时不产生空白、空洞和"信息缺失"，因此虚拟现实提供的只是一个交互体验的苍白替代形式，而共情要来源于这种真正的交互体验，因此共情是无法从单纯的数字化中产生的。

目前存在一些关于沉浸式新闻和传统新闻在共情方面的对比研究，但实验结果不一致。Sundar 等人（2017）实验证明沉浸式新闻的共情表现优于有图片的文本新闻，Shin 等人（2018）也发现高沉浸倾向的 VR 比低沉浸倾向的电视更有利于共情。而 Tse 等人（2017）的实验结果表明头戴式 VR 显示器增加了临场，但不一定导致更多的共情。Steinfeld（2020）的实验对比其他传统形式，发现沉浸式体验在性骚扰话题上并没有让用户产生更多的同理心或对角色的认同，这说明单纯使用虚拟现实本身是不足以直接满足增强共情这一需求，而需要我们付出更多努力，例如提供更多关于人物和事件发生地点的背景信息。在第四章中，我们也通过实验发现传统新闻在共情的平均表现上稍优于 VR 新闻，这可能是由于现有建模能力的限制，无法从人物表情、场景模型等多方面完全再现通过镜头拍摄的新闻视频，导致受试者无法完全进入现场，进而无法引起强烈的共情。不过交互因素的加入却改善了 VR 新闻的共情表现，这是因为用户以重要角色的第一视角进行积极的交互，获得存在感和责任感，并对新闻内容与进展产生期待，进而在情感上与之相关。正如 Chen 等人（2017）的沉浸式新闻用户研究显示，当角色看着镜头，并与用户分享情绪时，用户能感受到一种交互，因此产生了更强的共情。

VR 新闻中的情感研究结果与共情相似。作为大众传播研究中的关键变量之一，态度被描述为三个独立的组成部分，分别是认知元素、情感和行为意图。在《传播学教程》（郭庆光，2011）中，情感强度属于新闻传播效果模型的心理态度层面的重要一环。除了满意度，情绪是影响用户如何处理信息和事件的重要因素。在沉浸式新闻中，被试无论是以故事角色的身份还是自己的身份，都可以接触到前所未有的伴随新闻而来的景象和声音，以及可能的情感感受。尤其是虚拟现实的内容，它们本质上是主观的：几乎所有的内容都被设计成包含某种情感冲击。Riva 等人（2007）的实验证实了虚拟现实作为情感媒介的有效性，与"焦虑"或者"放松"的虚拟环境的交互会激发体验者相应的情感。周勇等人（2018）也有相似的发现：相比文字新闻，用户在虚拟现实新闻中的情感感知更强，而 360° 新闻与文字新闻的情感感知没有显著的差异。然而，Damme 等人（2019）对比不同的技术设备，发现高沉浸的技术设备能导致更高的临场和享受，但对远距离新闻角色产生的痛苦没有显著影响，而由于其他条件下的情感维度分值都很高，因此他们提出一种可能的原因是，无论使用何种设备，这个故事都能成功地打动用户。此外，进一步的定性汇报表明，虽然分数没有显著差异，但触发的情感可能是有差别的。我们也在本书第四章所介绍的实验中发现，有无交互的 VR 新闻由于 CG 建模无法达到实景拍摄的真实性，在紧张、恐惧等情绪上的表现并未优于 2D 视频新闻。值得注意的是，交互式 VR 新闻在感兴趣的情绪上要显著优于无交互的 VR 新闻和视频新闻，这源于交互元素赋予用户自主选择节点探索的优势，进而激发用户兴趣，产生新的叙事视角。

由此看来，在 VR 新闻能否引发用户更强的情感，并对新闻内容产生同理心，起到重建观众对时事情感参与的重要作用这一问题上还存在争议。

5.2.4　VR 新闻的新闻认知研究

新闻是一种记录社会与传播信息的文体，因此在沉浸式传播中也需要考察 VR 新闻的信息认知。在认知层面，人们认可大众传播对认知的影响，认为认知在很大程度上反映了人类的心理过程，如注意力、知识、记忆和感知。大众传播研究中也将认知因素纳入"态度"的重要考量范围，而认知因素就包含了具体的记忆和了解（Perry，2001）。

当前一些实验有相似的发现：沉浸式新闻信息认知的表现在整体上并未优于传统新闻。有些实验对认知的类型进行了拆解，发现不同的认知类型结果存在一些差异。如周勇等人（2018）的实验发现与文字新闻报道相比，沉浸式新闻会整体减弱用户对新闻内容的认知，但在具体表现上，虽然沉浸式新闻的用户会忽略时间之类的细节，但更容易把握主旨一类的整体性内容。Dumlu 和 Demir（2020）发现用户关于沉浸式体验中的空间认知能有更好的记忆，而这一类认知往往是较难记忆的。同时他们提出在虚拟场景中，用户能更好地感知中上层的距离，而涉及较低水平的距离时，容易感知出错而失去客观性。因此，如果需要让使用者观察较低水平距离的事物，最好能创造更好的距离感知和更多的垂直运动。我们则将虚拟现实新闻具体分为交互式与非交互式，与具有同等新闻内容的视频新闻比较，发现交互式 VR 新闻与视频新闻的新闻认知准确度都显著优于非交互式 VR 新闻，而交互式 VR 新闻与视频新闻没有显著差异。通过定性访谈，我们可以挖掘出背后的原因：与传统新闻的第三人称视角相比，非交互的 VR 新闻虽然提供了第一视角，但并没有改变新闻信息的单向传播模式，因此使用者易被虚拟现实的新形式所吸引，从而分散对新闻主要信息的注意力。但是在交互式 VR 新闻中，通过在重要内容上设置可交互的信息，使用者根据自己的兴趣选择交互的顺序，并在交互时能够聚焦注意力到信息上，可使认知得到很好的改善，这也启示我们交互在叙事当中的重要作用。

可以看出，VR 新闻依赖于还原新闻场景的空间叙事方式，有悖用户观看图文、视频新闻的传统习惯，可能会因用户被其他场景事物吸引分散注意力或缺乏引导等错过重要信息而影响了新闻认知。但是这种叙事方式也具备其特有的优势，如在展示空间认知信息上更为生动立体，能给用户留下深刻的印象。因此，未来应积极探索如何在发挥空间叙事优势情况下增强对用户引导，进而增强用户的新闻认知。

5.2.5　VR 新闻的新闻分享意图研究

在沉浸式新闻的传播效果研究中，有些学者关注用户体验沉浸式新闻后的相关态度或采取的行为，如新闻分享意图、事后对相关信息进行搜索的行为。Sundar 等人（2017）实验中沉浸式新闻的被试分享意图要显著优于文本新闻，这是源于认知启发的临场感、交互感与现实感的三个要素在媒介与故事分享意图间起到的中介作用。Bujić 等人（2020）的实验也有相似结果，沉浸式新闻引发用户关于人权态度的积极改变效果要显著优于文本新闻，并且这种变化的影响与用户对内容的参与度呈正相关，且受到部分临场感的影响。Steed 等人（2018）发现体验 VR 新闻实验后访问相关网站浏览信息的用户转化率达到 25%，BBC 观众部主任 Nick 先生评论提到驱使用户在观看电视节目后主动到网站搜索信息是非常困难的，因此 VR 新闻达到的这种转化率是相当高的，这可能暗示了虚拟现实对用户产生的重大影响。该研究建议让 VR 新闻中的角色对用户的行为做出反应以及让用户拥有虚拟身体，这可能有利于产生位置错觉和真实性，使得被试潜在认为这些人都是真实的人，认为自己置身其中，因此最好了解更多关于正在发生的事情，而采取后续行动。根据情绪管理理论（Mood management theory），周勇等人（2018）假设用户面对具有消极情绪的沉浸式新闻，会因为借由媒介改善自己情绪的期待，而回避消极内容，因此可能对了解与分享新闻持有消极态度，但结果显示用户即使在沉浸式新闻报道中受到负面情绪影响，也不会主动抽离出来，而是倾向继续阅读或分享，这说明情绪管理理论在沉浸式传播中的适用性值得商榷。

　　然而，也有研究认为高沉浸度的设备对用户的主观参与没有显著影响。例如，Jeong 等人（2020）通过实验证实虚拟现实能够通过临场和随后的享受等中介因素对新闻态度产生正面影响，虽然这种正面影响只在与经验相关的新闻题材中出现。可见，目前学界对于 VR 技术增强新闻分享意图上整体保持较积极的态度，尽管其存在一定的局限性。

　　综上，作为 VR 新闻研究的重要议题之一，VR 新闻的沉浸式传播研究已有一些与用户体验和新闻传播相关的成果，但目前关于沉浸式新闻的用户体验与新闻传播效果的实证研究较少，且主要集中在 360°实景视频新闻与其他传统新闻类型的对比研究。已有的实证研究显示，除了沉浸与临场之外，VR 新闻的沉浸式传播研究在共情、情感、新闻认知与新闻分享意图上仍存在较大分歧。这意味着，技术赋予的高"感官沉浸"不一定带来同等程度的"意识沉浸"，需要研究者关注从技术沉浸到意识沉浸的流转过程，探讨在何种情境下，高的技术沉浸能实现高意识沉浸的流转，以真正发挥 VR 新闻的优势。为此，本章我们基于期望确认理论提出 VR 新闻的体验过程模型（刘颖欣，2021），以探索用户在体验 VR 新闻的技术沉浸过程中产生的认知意识沉浸，再到行为意图的流转过程。

5.3 VR 新闻用户体验理论模型

5.3.1 期望确认理论与信息系统持续使用模型

期望确认理论（Expectation-confirmation theory，ECT）（Oliver，1980）被广泛用于预测消费者再次购买或使用产品或服务的意愿。该理论描述了用户再次购买或使用意愿的形成过程（如图 5.2 所示）：首先，消费者将决定购买前的期望与购买后根据体验形成的感知绩效进行对比，二者比较产生的差异形成了期望确认。然后，消费者基于期望确认程度的高低形成相应水平的满意度。最后，消费者满意度直接影响再购买或使用意愿。其中，期望与确认的关系为负相关影响，当消费者的期望过高，而感知绩效未能达到或超过期望，则确认的程度低，产生期望不一致想法，间接降低消费者的满意度。

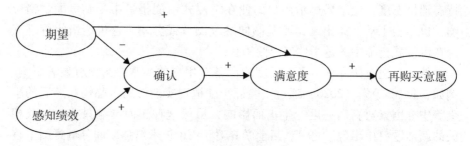

图 5.2　期望确认理论

期望确认理论能较好解释传统商业领域的消费者满意度与购买后行为。因此，研究学者们尝试对理论进行了扩展，将其应用于信息系统领域，将持续使用意愿与对产品或服务的再购买意愿进行类比。其中，Bhattacherjee（2001）结合了期望确认理论与技术接受模型中感知有用性的关键变量，提出了期望确认理论 – 信息系统持续使用模型（Expectation-confirmation model of information system continuance，ECM-ISC）（如图 5.3 所示），以反映用户对系统特定属性的期望对满意度和持续使用意向的影响。该模型描述了用户的持续使用意愿受他们对信息系统的满意度和对使用信息系统后的感知有用性影响，但用户满意度的影响相对更强。而用户的满意度首先取决于对先前使用的期望的确认，其次是感知的有用性。这表明实现用户自身的期望比信息系统的工具性在形成持续性使用的情感和意愿方面更为显著。此外，确认对使用系统后的感知有用性也有正面影响，表明用户对信息系统工具的感知可以根据其确认程度进行调整。

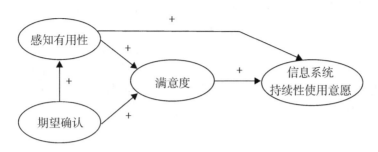

图 5.3 信息系统持续使用模型

Bhattacherjee（2001）认为，ECT 模型在信息系统领域方面存在一些不足，并在提出的 ECM-ISC 模型中对此进行了修正：①ECT 包含了消费前和消费后的变量。但是因为对确认水平和满意度的测量已经可以涵盖事前的期望和感知绩效对消费者持续使用意愿的影响，因此 ECM-ISC 模型仅仅关注使用后的变量。②ECT 模型只包含消费者消费前的期望，忽略了其购买后期望的变化及变化对持续使用意愿的影响。消费者消费前后的两种期望在本质上是不同的，消费前的期望主要源于媒体传播的信息或者他人评价，而消费后的期望来自消费者个人的体验。相比于消费前的期望，消费后的期望包含了用户受自身体验的影响而引发的潜在认知变化，真实性更强，在作为消费者信息系统持续使用意愿的影响因素上更为准确。③尽管期望是一个涵盖广泛范围的概念，但是由于感知有用性符合 ECT 对期望的定义，且作为信息系统使用的感知因素，被广泛证实是唯一一个在各个时间段都影响用户使用意愿的，因此 ECM-ISC 模型选择了感知有用性代表使用后的期望。

ECM-ISC 模型提出后，被应用于门户网站、网络服务、高清电视、AR游戏、虚拟环境等多个信息系统领域的持续性使用研究（Shin & Biocca，2018；Liao，Chen & Yen，2007；Koo，Park & Lim，2011），并被大量实证研究多次验证预测个人对信息系统持续使用的有效性，因此得到了学界的认可，是当前持续使用研究中应用最为广泛的模型。孟祥莉和袁勤俭（2018）对期望确认理论在 IS 领域应用的相关文献进行了搜集与梳理，发现这些研究以确认后阶段为主，存在对确认前阶段关注较少的问题，并提出了未来的研究方向建议，包括根据不同信息系统产品的特征，将期望细分为不同维度，以构建多层次的期望确认过程。

目前，在 VR 新闻领域仅有非常少数的实证研究探讨用户完整的体验过程，为用户满意度，促进未来 VR 新闻生产和消费提供建议。Shin 和 Biocca（2018）基于 ECM-ISC 模型（如图 5.4），提出了关于沉浸式新闻用户体验的过程模型，并通过大范围的问卷调查进行路径分析的验证。研究结果表明，沉浸和临场确认了用户的期望，接着触发了用户体验方面的具身与共情，用户体验因素与确认共同影响了用户的满意度，进而影响持续使用意图。因此，他们提出在虚拟现实环境中，用户的满意度是基于他们的感知价值，而用户的确认来自质量因素，即沉浸和临场。

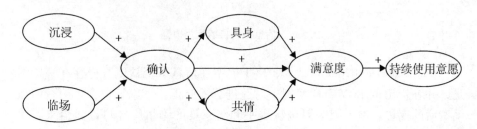

图 5.4　沉浸式新闻用户体验模型

Shin 和 Biocca（2018）的模型纳入了 VR 新闻中临场、具身、共情等关键因素，但我们认为该模型仍存在一些不足：一是具身应是虚拟身体所有权的体现，与位置错觉和合理性共同导致临场，而不应该与共情成为确认后的体验；二是技术沉浸会导致临场（BAÑOS et al.，2004），因此技术沉浸与临场不应为共同导致确认的并列关系；三是模型仅考察了共情与具身对满意度的影响，忽视了 VR 新闻作为信息系统本身的感知有用性以及虚拟现实技术还原场景给观众带来全新体验对于满意度的影响。为此，本章以期望确认理论 - 信息系统持续使用模型为基础，对 Shin（2018）的模型进行适当扩展，提出一个新的 VR 新闻用户体验模型，并通过问卷法进行验证。

5.3.2　VR 新闻用户体验模型与研究假设

基于对前人文献的理解与思考，本章提出 VR 新闻用户体验模型及研究假设，如图 5.5 所示。

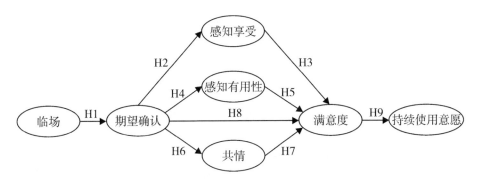

图 5.5　VR 新闻用户体验模型与研究假设

（1）临场。

临场指的是一种身临其境的感觉，被认为是 VR 技术的核心审美，也是媒介中讲故事的主要动力（Hardee，2016）。临场在 VR 中的概念通常包括用户对虚拟环境模型采取行动的能力，并获得感知或生理的交互反馈。人们在虚拟现实媒介中，会用整个身体对仿佛真实一般的场景作出反应，将他们所感知的视为真实（Slater，2009），进而产生情绪和认知反应。临场作为 VR 新闻的重要因素，被证实对用户情感和认知体验有着重要影响（Shin & Biocca，2018；Damme & Marez，2019；Sundar，2017）。因此，本章提出第一个研究假设：

H1：在体验 VR 新闻时，临场对用户的期望确认有显著的正向影响。

（2）感知享受。

享受被认为是使用媒体的主要原因之一，其源于一种"心流"体验，而这种体验是在媒体信息内容与个人理解信息的能力之间取得平衡的过程中实现的（Sherry，2004）。享受的概念主要是在娱乐媒体领域中进行研究，被定义为人们在使用媒体时是否处于愉悦的体验状态，这种状态可以通过对媒体的各种反应来表达（Vorderer，Klimmt & Ritterfeld，2004）。Meijer（2013）的受众研究表明新闻不应该只是具备重要性和有用性，因为用户也期望享受新闻，使其更具有价值。而 VR 新闻所提供的沉浸式体验是其他新闻格式无法比拟的，VR 新闻中的用户会对虚拟场景的元素感到好奇，并进行探索，这促使体验更具趣味和愉悦感，从而促进享受（Kidd & Hayden，2015；Serrano et al.，2017；Wu et al.，2021）。同时，具备更高技术沉浸水平所带来更高的临场，能使用户感到兴奋，也有助于感知享受的提高。

此外，感知享受在解释用户对信息系统的接受程度上具有重要作用（Hsiao & Yang，2011；Shamy & Hassanein，2017），其中包括用户在虚拟现实中的感知享受能有效解释对于新兴技术的态度与使用意图（Lee，Kim &

Choi，2019；Manis & Choi，D，2019）。因此，本章提出第二个和第三个研究假设：

H2：在体验 VR 新闻时，用户的感知享受会受到期望确认程度的显著正向影响。

H3：在体验 VR 新闻时，用户的感知享受对满意度有显著正向影响。

（3）感知有用性。

感知有用性是指用户在使用特定的信息系统后，认为其能够提高工作或学习等方面的绩效的一种主观判断。新闻作为一种记录社会现状与传播信息内容的文体，本质上是"为人们提供了解世界所需的信息"（Kovach &Rosenstiel，2007）。而 Nielsen 和 Sheets（2021）通过焦点小组研究方法确认受众期望在 VR 新闻中的六种满足，其中之一便是行动层面的信息与控制，由此可见用户对 VR 新闻呈现传达信息的感知有用性在沉浸式传播中甚是关键。VR 新闻通过最大程度实现内容和真实场景的匹配，以视听等可视化手段呈现，使得用户易于理解和吸纳，因而可能产生强大的传播效果（常江，2017）。

ECM-ISC 模型提出感知有用性会受到用户使用后感知效用与使用前预期相符合的程度影响，并且对信息系统的满意度有正向影响（Bhattacherjee，2001）。相关的 VR 实证研究也证实沉浸式叙事体验会给用户的认知带来影响（Sundar，2017；Dumlu & Demir，2020；Makowski et al.，2017）。因此，本章提出第四个和第五个研究假设：

H4：在体验 VR 新闻时，用户的感知有用性会受到期望确认程度的显著正向影响。

H5：在体验 VR 新闻时，用户的感知有用性对满意度有显著正向影响。

（4）共情。

"共情"与感知他人的情绪有关，它不是一种情绪，而是社会和情绪能力的一个部分。Davis（2018）对共情的新旧概念进行了区分，认为旧的"共情"是观察者被动地感受他人情绪的能力，而新的"共情"是观察者更积极"进入"另一个人内心的尝试。而在沉浸式新闻中，共情是核心要素，也是用户希望能满足的重要需求（Nielsen & Sheets，2021；de Bruin et al.，2022），因为 VR 新闻允许用户以第一人称视角体验新闻事件，超越以往简单的"看"，更好地进入事件的空间，与新闻人物实现"当面"交流，更容易产生代入感，实现与新闻人物的共情。已有一些相关实证研究发现，用户的情感参与会随着技术沉浸特征或身临其境的程度提高而增强（Sundar et al.，2017；Moghimi et al.，2016；Higuera-Trujillo, Maldonado & Millán，

2017)，如 Riva 等人（2007）证实虚拟现实作为情感媒介的有效性，与"焦虑"或者"放松"的虚拟环境的交互会激发体验者相应的情感。周勇等人（2018）也有相似的发现：相比文字新闻，受众在虚拟现实新闻中的情感感知更强，而情感感知能促进共情，包括关心、认同和理解他人。因此，本章提出第六个和第七个研究假设：

H6：在体验 VR 新闻时，用户的共情会受到期望确认程度的显著正向影响。

H7：在体验 VR 新闻时，用户的共情对满意度有显著正向影响。

（5）确认、满意度与持续使用意愿

根据 ECM-ISC 模型，满意度受到用户对于信息系统期望确认程度的影响，进而正向影响到用户的持续使用意愿（Bhattacherjee，2001）。相关研究中也多次证实如门户网站、VR 系统等多种信息系统期望确认与满意度、满意度与持续使用意愿的正向因果关系（Shin et al, 2018；Liao et al.，2007；Koo et al.，2011）。而 VR 新闻属于一种特殊的虚拟现实信息系统，是提供用户固定信息流处理的人机一体化系统，其确认、满意度与持续使用意愿的关系应当符合模型的描述。因此，本章提出第八个和第九个研究假设：

H8：在体验 VR 新闻时，用户的期望确认程度对满意度有显著的正向影响。

H9：用户体验 VR 新闻的满意度对未来持续使用意愿有显著的正向影响。

5.4 VR 新闻用户体验设计研究

5.4.1 研究方法

本章采用了以实验法和问卷调查为主、访谈为辅的实证研究方法。考虑到当前能接触 VR 新闻的国内用户较少，无法进行大规模的问卷调查，因此本章结合实验和问卷调查，邀请被试在实验室体验两个不同内容的 VR 新闻后，填写用户体验量表问卷与接受访谈。

随后，本章将采用结构方程模型方法，对整体的问卷数据进行分析，检验和修正 VR 新闻用户体验模型，考察用户在体验不同的 VR 新闻报道的技术沉浸中转为意识认知沉浸，再到行为意图的过程。

此外，本章结合访谈结果，对 VR 新闻用户体验模型进行讨论，并进一步提出相关设计建议。

5.4.2　研究材料

由于 VR 新闻较高的制作成本和构建图景的优势，VR 新闻选取的题材应展现常人难以接近或体验的场景、关乎更普遍人性意义的人生体验，具有较高的社会价值和人文价值。为验证提出的 VR 新闻用户体验模型是否能适用不同的新闻内容，本章选取了 VR 新闻的两类常见题材，分别是反映社会问题的具有负面情绪的灾难类事件《四川凉山森林火灾》与前瞻性的具有积极情绪的自然科技类事件《Buzz Aldrin：Cycling Pathways to Mars》。

《四川凉山森林火灾》以 2019 年 4 月四川凉山森林火灾事件为新闻主题，是我们根据第二章所提出的 VR 新闻的叙事框架和生产流程所开发的 VR 新闻产品，讲述了一段森林火灾救援的故事。在该新闻中，用户化身为一名现场的消防员，徒步前往位于原始森林深处的火灾地。灭火过程中，突然发生爆燃现象，消防员紧急奔跑避险，最终造成了人员失联和牺牲。

《Buzz Aldrin：Cycling Pathways to Mars》的主人公巴兹·奥尔德林博士是一名美国宇航员，曾经在 1969 年执行阿波罗 11 号任务的登月舱，也是最早踏上月球的人之一。他希望自己能为火星永久人类定居做出贡献，因此在新闻中讲述了一个关于火星的计划，并表达了探索太空的美好憧憬和希望。

选择该两项研究材料的原因有如下两点：第一，当前沉浸式新闻在初期发展阶段，在研究的材料选择上没有明确的标准。本章梳理了近几年沉浸式新闻相关的定量实证研究，发现多数研究主要选取一个关于战争灾难类题材的沉浸式新闻作为研究素材，部分研究选取涵盖积极消极情绪的两类题材作为研究素材。而目前已有的 VR 新闻作品中最常见、应用最广泛的两类题材分别是战争灾难类与自然科技类，因此本章从两个题材中分别选择有代表性的素材作为研究材料，以验证模型在当前 VR 新闻不同内容的适用性。第二，代表战争灾难类题材的《四川凉山森林火灾》和代表自然科技类的《Buzz Aldrin：Cycling Pathways to Mars》两则材料既涵盖了消极和积极情绪，也涵盖了中英两种不同的语言，可更大程度上泛化研究的结论。

5.4.3　测量问卷和访谈大纲

本次研究的测量问卷参考了以往的权威量表，并结合 VR 设备的自身特点和新闻的传播信息属性进行适当修改，以对本章提出的 VR 新闻用户体验模型和研究假设进行定量实证分析。本章对问卷进行了前测，并将修改完善后的问卷用于正式研究中。

最终问卷包括两部分：第一部分为个人基本信息，包括性别、年龄、专业、年级与是否有 VR 相关经历。第二部分为变量题项，主要针对模型中的临场、期望确认、感知享受、感知有用性、共情、满意度和持续使用意愿七个变量设立的 25 个题项。

此外，本章希望通过访谈的方法，更好地理解用户体验 VR 新闻的过程，并提出相关的设计指南。访谈大纲如下：

● 用户使用 VR 技术体验新闻的整体感受，与平常浏览新闻的方式（如视频、图文）相比存在的差异。

● 新闻叙事中的视角选择（如事件被试和旁观者）对用户体验 VR 新闻的影响及原因。

● 交互的方式和程度对用户体验 VR 新闻的影响及原因。

● VR 新闻给用户留下印象深刻的地方及原因。

● 用户体验 VR 新闻过程遇到的问题和可以改进的地方。

● 如果未来 VR 新闻发展到更成熟的阶段，用户期望体验的新闻题材、内容及呈现方式。

5.4.4 研究样本与实验过程

为平衡结构方程模型分析所需的样本量和实验执行难度，我们预计招募 100 位大学生作为被试，收集 200 份问卷数据。为尽量减少被试本身因素对数据结果的影响，被试需要满足此前没有观看研究材料相关报道的经历的条件。

在被告知基本流程和佩戴 HTC 的 VR 头盔的安全说明后，被试需要在实验室环境体验两段耗时 5 ~ 6 分钟的 VR 新闻，并在各自体验完一个 VR 新闻后填写对应的用户体验量表问卷。体验 VR 新闻的顺序进行了平衡的拉丁方设计，以尽量避免处理顺序对数据结果的影响。在填写完两份问卷后，被试接受约 10 分钟的访谈。整个流程约 40 分钟，被试完成后可获得 10 元报酬。

5.5 VR 新闻用户体验研究结果

5.5.1 描述性统计分析

我们共招募 100 位大学生被试，收集 200 份有效的问卷数据。其中，被试有 42 位为男性，58 位为女性。被试年龄段涵盖 18 岁到 25 岁，专业涵盖法学、文学、理学、工学、农学等，共有本科生 48 位，研究生 52 位。此外，有 VR 相关经历（如 VR 游戏等）的被试 77 人，没有 VR 相关经历的被试 23 人。

5.5.2 信度与效度分析

我们使用 SPSS 23.0 软件对问卷有效数据进行了信度检验和效度检验。可靠性分析结果显示各个维度的 Cronbach's α 系数均高于 0.7，表明具备内部一致性。因子分析结果显示整体数据的 Bartlett 球形度检验近似卡方为 3839.435，显著性（Sig）为 0.000，同时各变量间具备较强的相关性，因此数据适合进行因子分析表 5.1。

表 5.1 测量维度的信度与效度

维度	题项个数	Cronbach's α 系数	KMO 值	卡方值	df	p 值
临场	4	0.790	0.768	2300.300	6	0.000
期望确认	3	0.867	0.735	2890.546	3	0.000
感知享受	3	0.885	0.747	3250.186	3	0.000
感知有用性	4	0.821	0.785	3170.892	6	0.000
共情	4	0.895	0.836	4790.548	6	0.000
满意度	3	0.880	0.723	3360.753	3	0.000
持续使用意愿	4	0.882	0.793	4660.571	6	0.000

5.5.3 结构方程模型分析

（1）验证性因子分析。

我们通过 AMOS 21.0 软件对提出的 VR 新闻用户体验模型的测量模型进行验证性因子分析。在模型的基本适配度检验方面，模型没有出现负的误差变异量和很大的标准误差，所有因素负荷量介于 0.635 至 0.926 之间，说明达到检验标准。

根据分析结果，剔除变量中载荷量小于 0.6 的题项，原 25 个观测量中的 23 个被保留下来，修正后的各项测量指标及标准化载荷量等检验结果见表 5.2。在假设模型内在质量的检验方面，所估计的参数均达到显著水平，大多数项目的信度高于 0.50，全部潜变量的平均方差抽取量大于 0.50，全部潜变量的组合信度大于 0.60，且所有标准化残差的绝对值小于 2.58，说明模型的内在质量整体尚理想。

表 5.2　标准化载荷量等检验结果

潜变量与测量指标		非标准化参数估计值	t 值	因素负荷量	信度系数	测量误差	组合信度	平均方差抽取量
（E）共情	E1	0.738	13.156***	0.774	0.599	0.401	0.8974	0.6871
	E2	0.922	16.538***	0.887	0.786	0.214		
	E3	1.000	—	0.879	0.772	0.228		
	E4	0.787	13.193***	0.768	0.590	0.410		
（S）满意度	S1	0.883	17.986***	0.885	0.784	0.216	0.8862	0.7226
	S2	1.000	—	0.881	0.776	0.224		
	S3	0.812	14.102***	0.780	0.608	0.392		
（CI）持续使用意愿	CI1	0.972	18.791***	0.883	0.780	0.220	0.8830	0.6571
	CI2	1.000	—	0.926	0.858	0.142		
	CI3	0.703	11.803***	0.697	0.485	0.515		
	CI4	0.828	12.093***	0.711	0.506	0.494		
P（临场）	P1	0.707	9.801***	0.701	0.492	0.508	0.7562	0.5105
	P2	0.895	8.782***	0.635	0.403	0.597		
	P3	1.000	—	0.798	0.636	0.364		
C（确认）	C1	1.000	—	0.877	0.769	0.231	0.8679	0.6869
	C2	0.925	14.489***	0.814	0.663	0.337		
	C3	0.816	13.719***	0.793	0.629	0.371		
PE（感知享受）	PE1	1.000	—	0.872	0.760	0.240	0.8841	0.7177
	PE2	0.942	15.264***	0.841	0.707	0.293		
	PE3	0.900	14.857***	0.828	0.686	0.314		
（PU）感知有用性	PU1	1.000	—	0.805	0.648	0.352	0.8516	0.6568
	PU2	0.839	12.244***	0.826	0.682	0.318		
	PU3	0.768	11.717***	0.800	0.640	0.360		

***$p < 0.001$，**$p < 0.01$，*$p < 0.05$。

我们采用 1 次释放 1 个参数的方法，对模型进行多次估计与修正，最终 CFA 模型检验结果如表 5.3 所示。模型的卡方为 468.868，自由度为 208，自由比为 2.254，RMSEA 小于 0.08，CFI 大于 0.09。总体来看，模型适配度良好。

表5.3 CFA 模型适配度检验结果

统计检验量	适配标准或临界值	CFA 模型	拟合效果
CMIN	—	468.868	–
df	—	208	–
绝对适配度指数			
RMSEA	<0.08 良好，<0.05 优良	0.079	良好
GFI	>0.90	0.832	良好
增值适配度指数			
NFI	>0.90	0.875	良好
IFI	>0.90	0.926	较佳
TLI（NNFI）	>0.90	0.909	较佳
CFI	>0.90	0.925	较佳
简约适配度指数			
PGFI	>0.50	0.627	较佳
PNFI	>0.50	0.719	较佳
PCFI	>0.50	0.761	较佳
CMIN/df	<2.00	2.254	良好
AIC	理论模型<独立模型 理论模型<饱和模型	604.868>552.000 604.868<3790.842	良好
CAIC		897.153<1738.336 897.153<3889.703	较佳

此外，各变量平均方差抽取量的平方根基本大于相应的相关系数，这说明模型的区分效度良好（表5.4）。

表 5.4　区分效度检验结果

	临场	期望确认	感知享受	感知有用性	共情	满意度	持续使用意愿
临场	0.657						
期望确认	0.789 ***	0.687					
感知享受	0.812 ***	0.864 ***	0.718				
感知有用性	0.747 ***	0.682 ***	0.668 ***	0.657			
共情	0.590 ***	0.486 ***	0.547 ***	0.570 ***	0.687		
满意度	0.797 ***	0.930 ***	0.941 ***	0.770 ***	0.578 ***	0.723	
持续使用意愿	0.631 ***	0.525 ***	0.552 ***	0.734 ***	0.472 ***	0.591 ***	0.657

$*** p < 0.001$，$** p < 0.01$，$* p < 0.05$。

（2）结构方程模型分析。

我们采用最大似然法对 VR 新闻用户体验模型进行结构方程模型分析，并采用 1 次释放 1 个参数的方法，对模型进行多次估计与修正。最终，模型检验适配度结果见表 5.5，标准化路径图如图 5.6 所示。结构方程模型的卡方为 542.832，自由度为 219，自由比为 2.479，RMSEA 为 0.086，GFI 为 0.806，IFI 和 CFI 均大于 0.9，PGFI、PNFI 和 PCFI 均大于 0.5，说明模型整体适配度一般但尚可接受。

表 5.5　结构方程模型适配度检验结果

统计检验量	适配标准或临界值	结构方程模型	拟合效果
CMIN	－	542.832	－
df	－	219	－
绝对适配度指数			
RMSEA	< 0.08 良好，< 0.05 优良	0.086	中等
GFI	> 0.90	0.806	良好
增值适配度指数			
NFI	> 0.90	0.855	良好
IFI	> 0.90	0.908	较佳
TLI（NNFI）	> 0.90	0.893	良好

续表 5.5

统计检验量	适配标准或临界值	结构方程模型	拟合效果
CFI	>0.90	0.907	较佳
简约适配度指数			
PGFI	>0.50	0.639	较佳
PNFI	>0.50	0.740	较佳
PCFI	>0.50	0.785	较佳
CMIN/df	<2.00	2.479	良好
AIC	理论模型 < 独立模型 理论模型 < 饱和模型	656.832 > 552.000 656.832 < 3790.842	良好
CAIC		901.836 < 1738.336 901.836 < 3889.703	较佳

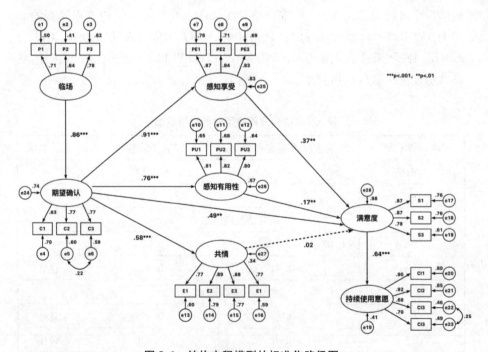

图 5.6　结构方程模型的标准化路径图

结构方程模型检验结果如表 5.6 所示。由检验结果可知，假设 H1、H2、H3、H4、H5、H6、H7、H9 的 C. R. 的绝对值均大于 1.96，且 p 值均达到显著水平，表明原假设得到支持；假设 H8 的 C. R. 的绝对值小于 1.96，且 p 值大于 0.05，没有达到显著水平，表明原假设没有得到支持。

表 5.6　结构方程模型检验结果（C. R. > 1.96，$p < 0.05$）

研究假设	标准化估计值	C. R. (t-value)	P	检验结果
H1. 期望确认←临场	0.859	9.521	***	支持
H2. 感知享受←期望确认	0.913	12.826	***	支持
H3. 满意度←感知享受	0.368	2.712	**	支持
H4. 感知有用性←期望确认	0.755	9.219	***	支持
H5. 满意度←感知有用性	0.174	2.606	**	支持
H6. 共情←期望确认	0.583	7.666	***	支持
H7. 满意度←共情	0.016	0.370	0.712	不支持
H8. 满意度←期望确认	0.493	2.952	**	支持
H9. 持续使用意愿←满意度	0.638	9.314	***	支持

$*** p < 0.001$，$** p < 0.01$，$* p < 0.05$

5.5.4　访谈结果分析

（1）使用 VR 技术体验新闻的整体感受。

相比平常浏览新闻的方式（如视频、图文），被试认为使用虚拟现实技术体验新闻主要有以下差异：42% 被试提到 VR 新闻是更沉浸式的体验，因为它能带来感官与视听的刺激，提供了 360° 视角的场景信息，会更具立体感、更全方位、更生动，给人留下深刻的印象，增强对新闻内容的理解；39% 被试提到 VR 新闻是更具临场感的体验，因为他们感觉自己身临其境，有种置身现场的感觉，会有真实感；26% 的被试认为在 VR 新闻中更具参与感和代入感，因为它提供了第一人称视角，认为自己与新闻所处的世界是同一个世界，因此这个世界当中的事件与自己有着较密切的关联；22% 被试提到 VR 新闻让自己更"共情"，因为这种身临其境，能让自己更贴近事件主人公，更能感同身受，对新闻产生一种同理心；18% 的被试提到 VR 新闻有一种交互感，因为它提供了探索环境、与物体交互等的操作，可以复刻新闻人物当时做的事情，更全身心投入到事件当中；11% 的被试提到 VR 新闻是更有趣的体验，所以他们对于新闻的感兴趣程度更高，也更愿意认真地了解新闻。

（2）新闻叙事视角选择对于体验 VR 新闻的影响

对于新闻叙事中的视角选择，即事件被试或旁观者的形式，被试有着不同倾向。

47% 的被试倾向代入到事件的某个角色中，主要原因是代入角色更能发挥 VR 相比于其他媒介的优势，获得更高的沉浸感、临场感和参与感，会让被试自己觉得是新闻世界的人，处于发生的新闻事件之中，更深刻地了解事件的起因经过，以及更深层次地感受主人公的情感。

17% 的被试倾向旁观者的视角，因为他们认为代入角色，可能会有一定情感倾向，或者产生过度的情绪，与新闻的客观性有冲突。

36% 的被试认为两种视角各有优劣，应根据新闻内容和性质进行选择。一部分研究者从主观和客观角度切入，认为代入角色的方式会更关注自己扮演角色所要完成的事情，关注这一角色在新闻故事的发展走向，更直观感受新闻人物的情感，从而产生自己主观的情绪与体会；而以旁观者的视角观看 VR 新闻，能与新闻事件保持一定距离，在关注新闻故事的同时也会观察周围场景信息，更客观全面地了解新闻整体讯息。因此新闻生产者可以根据传播的目的选择视角，如希望能激发用户同理心与情绪的新闻可侧重事件被试视角，希望用户能以更全面客观了解新闻全貌的新闻可侧重旁观者视角。另外一部分研究者从用户对于新闻内容的熟悉程度角度切入，认为如果新闻的事件信息或角色离自己生活较遥远，代入角色可能因无法熟悉自己所要完成的事情而无法真正代入，反而对沉浸、参与和信息获得有负面影响。因此，新闻生产者在选择视角时也需要考虑用户对于新闻内容的熟悉程度。

此外，10% 的被试提出新闻叙事视角选择对于体验 VR 新闻的影响不大，他们在体验中更多受到技术沉浸的影响。如果技术沉浸足够高，新闻叙事视角的不同并不会影响临场、共情等体验感受。

（3）交互元素对于体验 VR 新闻的影响

91% 的被试表示希望 VR 新闻中加入交互元素，原因有如下几个：28% 的被试提出交互会更有实体的感觉，增强临场感和真实感，更有利于增强情感；23% 的被试认为交互是有趣的，能提供更多的乐趣和体验感，激发对新闻的兴趣；17% 的被试提出可以通过交互进一步探索新闻事件的其他信息和细节内容，同时因为是自己主动探索，能够更专注于信息，留下更深的印象；13% 的被试认为交互是 VR 的特有属性，不应该被剥离，没有交互的

VR 新闻本质上跟视频没有差异；10% 的被试认为自己的操作能得到及时合理的反馈，这提供了在虚拟世界的操控感，让自己感受到自由意志。

9% 的被试对 VR 新闻的交互元素持中立态度：5% 的被试认为虚拟现实环境本身提供的视听刺激，已经提供了较深刻的感官交互的感受，在此基础上的交互元素只是锦上添花，可有可无，因此应该更多投入在新闻质量而非交互元素上；4% 的被试认为交互不适用于所有新闻，因为其具备的趣味性可能会消解部分新闻的严肃性和专业性。

（4）所体验的 VR 新闻给用户留下深刻印象的地方。

《四川凉山森林火灾》给被试留下深刻印象的地方主要有三处：第一处是 61% 的被试提到的爆燃发生时作为消防员逃生的场景。因为跑动时他们能看到前方明显崎岖陡峭的山路，回头看到快速燃烧的熊熊烈火和浓烈的烟雾，周围能听到火逐渐靠近的声音，为此产生了紧迫感和畏惧情绪。在逃生的后期，他们还听到了队员惨叫声音，回头看到了队员在烈火中被烧，但他们却无法拯救他们的难过与内疚。第二处是 34% 的被试提到结尾回到烧焦现场的场景。因为在这个场景中，他们通过交互遍历了爆燃的起因、经过和结果，了解到大部分消防员在此次意外中丧生，还看到了这些消防员生前发的朋友圈。而场景中有着队友坐在木桩上掩面难过的情景，以及悲伤的音乐，让他们更加感受到失去队友的难过。而第三处是 24% 的被试提到的作为消防员身份进行灭火的交互操作，因为可以参与其中，增强自身的代入感。

而被试对《Buzz Aldrin：Cycling Pathways to Mars》印象深刻的地方差异较大，但多数是围绕场景的视觉震撼展开：46% 的被试都对新闻的技术沉浸和视听成熟度表达了高度赞扬，认为自己似乎真的处于宇宙中；28% 的被试提到庞大的 cycler 航天器从自己身边穿过时，能清晰看到航天器的每个结构细节，非常震撼；20% 的被试喜欢星系之间可视化的呈现，能清楚模拟星球之间的环绕，并且让自己产生置身在星系之中的感受；14% 的被试提到了在月球或者火星的场景，自己可以 360° 全方位探索星球上的世界；还有少数被试分别提到了充满科技感的转场效果、脚下设定提示活动范围的圆盘、始终面对着自己交流的解说员、不断切换的叙事视角、刻画的很好的光线细节、要利用月球当地资源前往火星的就地取材策略的新闻内容等。

（5）用户对于所体验的 VR 新闻提出的建议。

对于两个不同的 VR 新闻，被试提出了一些共性的问题和相关建议：

在场景切换方面，两个部分的衔接会有短暂的黑屏事件，会影响体验的观感。因此被试希望能尽可能压缩黑屏时间，改善体验。在活动范围方面，被试希望能在场景里进行更大范围的探索，而不是仅仅局限于一个很小的范围。

在情节内容方面，部分新闻内容浅尝辄止，场景情节之间的跨度有时较大。因此被试希望新闻内容能更丰富一些，如《四川凉山森林火灾》目前都是森林的场景，较为单一，可以增设一些其他场景，并且在爆燃逃生和返回火场的过程中增加情节，使得场景转换之间更加自然；《Buzz Aldrin：Cycling Pathways to Mars》可以介绍更多航天器或在月球上建基地的过程。同时，部分被试提出希望能结合多个视角，更全面了解新闻内容，如《四川凉山森林火灾》可以侧重在微观消防员视角基础上增加宏观视角，俯视了解森林的整体火情与伤亡情况。

在处理全方位和引导的关系方面上，一些被试认为《Buzz Aldrin：Cycling Pathways to Mars》的部分场景仅在100多度的角度范围内展现了可观察探索的视觉要素，没有完全发挥 VR 的优势；而《四川凉山森林火灾》在一些引导上略有不足，如灭火时没有提示方式有时难以找到着火处，逃生时有时专注于眼前逃生而没有回头了解新闻想要呈现的爆燃情况和队友丧生场面。此外，少数被试还提到希望新闻能提供一些预告或提示，比如点击某个图标或物体时大致会出现什么类型信息，场景切换时能大概知道会前往下一处的地方是哪。

在交互要素方面，有些交互的程度较低或交互的方式会让人有些跳脱出虚拟现实的世界。如《四川凉山森林火灾》部分交互可以选择更融入虚拟世界的方式呈现，并进行可视化设计，如不要采取点击圆形出现信息弹窗展现文字的方式，而是通过角色或场景中的实体物体展开信息，并通过更多视频、语音、画面的方式呈现信息。而在《Buzz Aldrin：Cycling Pathways to Mars》中，被试希望能通过问答形式主动了解火星计划的更多信息，可以代入宇航员角色对机舱进行简单操作或在火星和月球上工作，甚至主动切换自己观看星系的视角，并通过触摸点击某个星球了解详细信息。

在角色交流方面，被试表示希望能跟当中的角色有更多自然的交流沟通。如《四川凉山森林火灾》可以增设前期与消防员队友交流的日常，代入自己的角色，后期可以与生还的队友交流了解事情发展后续，并互相安慰。而被试希望《Buzz Aldrin：Cycling Pathways to Mars》的解说员可以以带领自己边走边看的方式叙说火星计划，而不要一直站在那里，同时希望能给自己一些主动观察周围环境的时间，因为被试无法同时兼顾听解说与观察周围，会产生一定心理压力，甚至出现分心的情况。

此外，少数被试提到了 VR 头盔本身带来的体验问题，包括设备笨重不轻便、戴久了会所产生眩晕感、低头可看到现实地板导致有脱离虚拟环境的感觉。

（6）用户期望未来体验的 VR 新闻题材。

被试们表示 VR 新闻题材适用于平常接触不到的、无法到达现场的内容，主要有以下几类：

第一类是偏向科普类、自然类的新闻，如航天登月、海底世界探险、到南极北极等自然景观，甚至是生物体内的微观世界。因为像这种场景，在 VR 新闻里还原后的视听感受所带来的震撼是无法仅仅通过平面视频或图文能提供的。

第二类是偏向激发人们同理心的还原灾难、社会性事件的新闻。如火灾、地震、洪水这种灾难性事件，使用 VR 去体验，更能体会当时情况的紧急严重性，了解灾难避险的重要性；而如边境冲突、战争、追缉毒贩等事件，可以让我们体会这些事件中不同角色（如难民、警察）的感受。

但有些被试表示由于这两类新闻带来的消极情绪过于浓厚，他们会尽量去避免体验这两类新闻，而更倾向有更积极正面情绪的新闻，如一些盛典、节庆活动，或者到各地体验风俗民情。

最后，还有少数被试提供了其他关于 VR 新闻题材的想法，如重现球赛现场的体育类新闻、表现兴衰变化的历史性事件、具体直观的数据可视化内容。

5.6　VR 新闻用户体验模型

模型中识别出的重要路径表明了用户在体验 VR 新闻中的认知确认过程。用户使用自己的认知框架来评估 VR 新闻，希望验证临场这一因素是否在 VR 新闻中存在（H1），一旦确认了临场的质量，他们就会感到享受（H2）、新闻信息的有用性（H4）以及对新闻人物产生共情（H6）。其中，感知享受（H3）、感知有用性（H5）、期望确认程度（H8）会影响到他们对 VR 新闻的满意度，最终影响到未来的持续使用意愿（H9）。

总而言之，虚拟现实与新闻业结合带来了巨大的潜力，其核心价值在于建立一种临场，能够让用户更好地享受、理解新闻故事，并且对故事所讲述的人和生活产生共鸣。

5.6.1　作为用户对 VR 新闻主要期望的临场

模型的路径分析证实了临场作为 VR 新闻核心要素的重要作用，是 VR

媒介讲故事的主要动力（Brautović，John，&Potrebica，2017）。在 VR 新闻中，临场对于期望确认有相当显著的正向影响作用（$p < 0.001$），且路径系数达到 0.86，解释强度高。被试在访谈中多次提到 VR 提供了"身临其境"的感受，并且希望在未来题材中能感受到更多平常生活无法到达的现场，由此可见临场是用户对 VR 新闻的主要期望。这种身临其境不仅仅是存在于虚拟环境的位置错觉，还包括认为这个空间真正发生可信行动的合理性意识，更重要的是用户的身体能够在这个空间中行动，从而能以一种代入体验的方式理解新闻。

此外，部分被试提到 VR 新闻的技术制作水平对自己体验有较大影响，如果制作的场景精良，可以增强体验时的代入感，这一定程度上佐证了过往研究提到的技术沉浸对临场感有影响的结论（Brooks et al.，2021）。因此，在未来制作 VR 新闻时，可从包含性、广泛性、环绕性、生动性四方面提高技术沉浸程度，以更好还原现场，增强真实性，让用户能产生更强的身临其境的感受，具体可包括扩大 VR 头盔视野的范围、提高模态模拟的分辨率和清晰度、引入摄影测量和视频测量等先进技术、增强场景和人物模型的精细程度。

5.6.2　作为用户意识沉浸的感知享受、感知有用性与共情

模型的路径分析证实了用户确认期望后进入意识沉浸，诱发感知享受、感知有用性与共情。三条变量间的路径都有相当显著的积极影响作用（$p < 0.001$），且路径系数分别达到 0.91、0.76、0.58，有着较强的解释力。

在感知享受方面，两类新闻感知享受的平均值均达到 5.87 以上，说明用户在不同内容的 VR 新闻中都获得一定程度的享受。这可能是因为用户初次使用 VR 技术体验新闻，对于新技术有一种新鲜感和好奇心，同时 VR 新闻具备不同于传统媒介的身临其境优势，创造了让人印象深刻的视听场景，如被试在访谈中纷纷感叹探索火星 VR 新闻的精致星系场景让自己获得宛如置身宇宙的享受。

在感知有用性方面，被试对不同内容的 VR 新闻的感知有用性均达到 6.20 以上，说明被试普遍认为通过 VR 技术呈现新闻对于他们获取信息是有用的。正如被试在访谈中所说，VR 新闻提供了全景式的场景信息，结合视听等多通道感官，以可视化形式更立体、全方位、生动地叙述传达信息，因此，他们认为虚拟现实技术在新闻领域的应用能帮助他们增进对新闻事件的了解，丰富新闻的体验，这对于他们的新闻认知是有效的。此外，一些交互元素的引入，能够让他们主动去探索更多的细节，留下深刻的印象。

在共情方面，研究证实在 VR 新闻中，用户通过第一人称视角体验，会更好地进入新闻事件，认为虚拟空间还原的世界是与自己有关联的，进而产生存在感和代入感，并通过与人物的交流达到共情。但是这种共情并非完全由技术沉浸和临场所决定的，而是会受到故事内容丰满程度和情感强度的影响。在本章中，被试表示虽然探索火星 VR 新闻拥有更高技术沉浸，提供更强的临场感，但自己更容易对凉山火灾 VR 新闻产生共情。在描述令人深刻印象的地方时，多数被试会提及火灾事件中逃生无法救出队员的无助和最后知道队员牺牲的难过，却较少人提及宇航员对于探索火星的憧憬和备受鼓舞的情绪。一方面，这可能源于凉山火灾新闻表达的是一种悲伤情绪，且强度要远高于探索火星新闻的积极情绪；另一方面，凉山火灾描述的是国内的新闻，而探索火星是国外的计划，用户因为新闻接近性而更容易对离自己接近的事件产生共鸣。此外，被试在访谈中希望能了解更丰富的新闻内容，以更好感知新闻人物的情绪，比如，探索火星的新闻中可以描述执行过程中的困难和克服困难的努力，使用户在得知探索火星取得阶段性胜利后更能与宇航员一样产生兴奋激动的情绪。

5.6.3 期望确认、感知享受与感知有用性共同促进的满意度

模型的路径分析证实了期望确认、感知享受和感知有用性对满意度有显著的积极影响（$p < 0.01$）。三条路径的系数分别为 0.49、0.37 和 0.17，有着一定的解释力。这说明用户的满意度首先取决于对先前使用的期望的确认，其次是感知享受，最后是感知有用性。这表明实现用户自身的期望比 VR 新闻带来的视听享受与信息有用性在形成持续性使用的情感和意愿方面更为显著，这与信息系统持续使用模型变量之间的路径关系有着一定相似性，证实了用户体验过程中使用自身主观认知框架的重要作用。另外，感知享受比感知有用性在满意度上更具解释力，这可能源于用户在图文、视频等传统媒介浏览新闻时已能获得一定程度的有效信息，因此更希望在 VR 新闻中获得有别于传统媒介的享受，获得主动探索场景的趣味愉悦体验。

此外，模型的路径分析证实了满意度对 VR 新闻的持续使用意愿的显著积极影响（$p < 0.001$），路径系数为 0.64，具有较强的解释力，这再一次验证了信息系统持续使用模型中两者的正相关关系，也提示了 VR 新闻生产制作者要重视满足用户的期望、增强用户的感知享受与感知有用性，以共同促进满意度，使得用户未来愿意再次使用 VR 新闻。然而，被试在不同新闻中的持续使用意愿平均值整体高于满意度，结合访谈结果，这可能源于 VR

新闻目前处于发展初期，尽管用户对 VR 新闻的满意度并没有很高，但依旧对 VR 新闻的发展抱有较大期望，愿意在未来继续尝试体验 VR 新闻。

值得注意的是，共情在本章研究中对于满意度没有显著的正向影响（$p = .712 > 0.05$），这可能是以下两个原因导致的：第一，新闻生产者与新闻消费者对于 VR 新闻的期望和评估标准不同。新闻生产者希望借助 VR 新闻解决信息时代用户情感逐渐淡漠的问题，重建用户对新闻的情感参与。但是用户在体验 VR 新闻过程时，虽然能因 VR 新闻临场产生共情，但不会将共情这一维度作为自己衡量对 VR 新闻满意度的重要指标，而是更侧重其能满足自己的临场期望，并从中获得传统媒介无法提供的享受与更可视化、生动立体的信息。第二，部分用户在访谈中表达不希望在 VR 新闻中体会新闻角色过度浓厚的消极情绪，进而给自己的情绪带来负面影响。这说明部分用户面对具有负面情绪的 VR 新闻，会通过媒介改善自己情绪的期望，而回避消极内容，因此对 VR 新闻的满意度和持续使用意愿产生消极的影响。本章尝试对这一推翻研究假设的结果做出一定程度的解释，但是在未来研究中还需要进一步验证和探索。

5.7　VR 新闻的设计建议

根据访谈结果与过往文献研究，本章提出如下一些 VR 新闻的设计建议，期望能为未来的 VR 新闻生产者提供一些参考方向。

第一，在选取新闻题材时，由于 VR 新闻制作成本高昂，建议提前调研与验证用户的需求。目前常见的类型主要是激发人们同理心的还原灾难、社会性事件的新闻，以及提供非比寻常的视听享受的科普类、自然类新闻。除了选取常见的题材，也可以在充分调研用户需求的情况下开拓新闻题材的更多可能性，例如，给人积极正面情感的还原社会现场的内容，如盛典、节庆活动和运动竞技比赛等。

第二，确定新闻题材后，根据制作者的传播目的和新闻的性质内容，选择合适的新闻叙事视角。如果新闻制作者倾向构建用户在新闻事件的情感参与，体会角色的心情，而且新闻角色的操作与用户的日常生活较贴近，可以考虑让用户代入到事件的某个角色，采取事件被试的形式体验。如确认被试的叙事视角，可增设一些与角色相关的交互操作或情节体验，以塑造氛围，让用户潜移默化代入角色，更好达到共情的效果。如果新闻制作者倾向让用户与新闻事件和角色保持一定距离，更客观全面地了解新闻整体信息，且用户对新闻讲述的内容不是非常熟悉，可考虑让用户以旁观者的形式体验，并辅之旁白等进行讲解。此外也可考虑结合两种新闻叙事视角，丰富用户的体验，但建议视角选取上有主次之分，不要切换过多，以免导致用户的视角混乱。不管是哪一种叙事视角，都应展示角色的具体身份和可辨认的动作与面部表情，并且提供翔实的背景信息，让用户清楚了解自己与对方在事件中所处的角色和作用。

第三，根据选定的新闻叙事视角，遵循新闻伦理规范原则，制定符合现实的明确清晰的新闻事件脉络，确保每一个事件时间节点通过可视化等方式展现真实丰富的信息，每个时间节点的流转自然流畅不突兀。在每个时间节点的信息展现上，可以充分发挥虚拟现实生动还原场景的优势，将信息通过虚拟环境中的场景实体、人物动作、音频等方式具体化呈现。如果新闻信息较多，可以将主线的信息设置为用户必须体验的节点，而主线外的信息可作为可选项，用户可根据自身的兴趣与需求通过交互方式进行探索。此外，要处理空间叙事中全方位视角和重点引导的关系，既提供用户观察和探索虚拟环境的自由，也注重通过音效、高亮、交互等模式引导用户将注意力聚焦在新闻的重点内容上，以更有效地传达信息。如有条件，建议先针对小部分受众群体进行可用性测试，对发现的问题及时解决，进行迭代设计，不断优化用户体验。

第四，增加合理、适当的交互，有助于优化用户的体验和信息的表达。目前的交互主要可分为与环境的交互、与物的交互和与人的交互：与环境的交互包括切换场景、在场景中转换位置和视角；与物的交互包括触摸、操作场景中的实体，查看关于实体的相关信息；与人的交互包括和事件角色的交流问答。在设计交互元素时，要综合新闻内容和虚拟场景选择合适的呈现形式，如《四川凉山森林火灾》设计了用户灭火的操作，有助于更好地代入消防员的角色。交互的操作要尽可能简单自然，符合用户在现实世界的心智模型，以避免交互不便、产生脱离虚拟世界想法的情况。此外，可提供关于交互的一些提示信息，让用户预知交互后可能产生的反馈，避免交互后与自己认知不一致的混乱。

最后，如果条件允许，要尽可能提高技术沉浸程度，包括增强虚拟环境和人物角色的拟真度、缩短场景转换黑屏的时间、扩大探索的活动范围。另外，考虑到现有 VR 头盔设备本身引发的用户生理性眩晕问题，要避免过长的体验时长导致久戴的不适，尽量减少快速运动、模糊、黑茫茫等的画面镜头，以避免部分用户产生眩晕、深海恐惧症等不适情况，以及指引用户正确佩戴头盔，以保证较高的舒适度和较优的体验感。

5.8　总结与展望

5.8.1　研究结论

作为 VR 新闻沉浸式传播中用户体验方面的探索性研究，本章以期望确认理论为框架，根据过往文献研究，在信息系统持续使用模型基础上提出了关于 VR 新闻的用户体验模型，并通过实验法和问卷调查为主的实证研究方法，对模型进行验证与修正。结果显示模型的多数路径具有显著性且具有较强解释力，多数研究假设得到支持。本章证实了临场感作为用户对 VR 新闻主要期望的核心要素作用，发现了感知享受、感知有用性与共情作为用户意识沉浸的重要部分，并及肯定了期望确认、感知享受与感知有用性对满意度的共同促进作用，进而使用户在未来愿意继续体验 VR 新闻。

值得注意的是，VR 一直被期冀能构建用户对新闻的情感参与，但共情在本研究中对于满意度没有显著影响。我们推测原因可能是新闻生产者与新闻消费者对于 VR 新闻的期望和评估标准不同，用户在体验 VR 新闻过程时，虽然能因 VR 新闻临场产生共情，但不会将共情这一维度作为自己衡量对 VR 新闻满意度的重要指标。此外，部分用户在访谈中提到不希望在 VR 新闻中产生浓厚的消极情绪，这种对负面情感的逃避想法在一定程度上解释了共情对满意度没有显著影响的结果。

最后，本章根据访谈分析总结了关于 VR 新闻的设计指南，包括选取新闻题材、确定新闻叙事视角、制定新闻事件脉络与具体呈现方案、设计交互元素、提高技术沉浸程度方面的建议。

总的来说，本章在 VR 新闻的理论与实践两方面做出了一定贡献，丰富了关于 VR 新闻的讨论和沉浸式传播的研究，扩展了实证研究方法在沉浸式传播中的应用边界，为 VR 新闻的未来发展提供了一些参考方向。

5.8.2　局限与展望

本章存在一些研究局限，我们针对性地提出了未来努力的方向。

首先，本章提出的理论模型仅考察了 VR 新闻中的部分关键因素，即临场对期望确认的影响，期望确认继而引发用户在 VR 新闻中的感知享受、感知有用性与共情以及感知享受、感知有用性与确认对满意度产生影响，再进而影响到持续使用意愿。未来的研究可以对理论模型进行完善修正，例如，增加技术沉浸、具身、新闻叙事方式、新闻内容质量等因素，考察其对临场产生的影响。

其次，本章的数据结果显示临场可以引发共情，但共情对 VR 新闻的满意度没有显著影响，这与当前关于共情的研究趋势和结论有一定冲突，在未来还需进一步去验证这一因素在 VR 新闻体验中的影响。我们推测产生这一现象是由于用户因 VR 新闻临场产生共情，但对负面情绪的逃避想法导致无法产生对新闻产品本身的正向满意。在未来研究中，可对此问题进行探索，进而提出专业的设计策略，使其既能引起用户的共情，同时也能引导用户对产品形成正向满意的态度。

再次，VR 新闻目前发展尚在初期，并未广泛传播，已有的 VR 新闻产品实践和接触 VR 新闻的受众比较有限，因此本章实验收集的样本量和新闻素材也有一定局限，且样本为大学生人群，没有考察其他人口特征（如年龄）人群可能在体验模型中起的调节作用。随着 VR 新闻的发展，未来的研究可选取更多元的 VR 新闻产品，纳入更大样本量、更多元特征的样本，确保人口统计变量的合理分布，以此探索用户在体验不同 VR 新闻内容时的一些共同性特征和特殊性差异，有助于 VR 体验过程模型的验证与修正。

最后，本章的测量以体验结束后的自我报告问卷为主，未来的研究可以加入眼动仪等设备测量用户的实时生理指标，弥补自我报告的主观判断不足，更精细地了解用户在体验 VR 新闻内容过程中每个阶段关注的要素及可能出现的问题，以此进一步探索 VR 新闻的制作设计指南，助推 VR 新闻的业界实践。

5.9　参考文献

常江.（2017）. 蒙太奇、可视化与虚拟现实：新闻生产的视觉逻辑变迁. 新闻大学（01），55 – 61 + 148.

郭庆光.（2011）. 传播学教程. 中国人民大学出版社.

杭云 & 苏宝华.（2007）. 虚拟现实与沉浸式传播的形成. 现代传播（中国传媒大学学报）（06），21 – 24.

孔少华.（2019）. 从 Immersion 到 Flow experience："沉浸式传播"的再认识. 首都师范大学学报（社会科学版）（04），74 – 83.

刘颖欣.（2021）. VR 新闻的沉浸式传播：从技术沉浸到用户的意识沉浸 [D]. 广州：中山大学.

孟祥莉 & 袁勤俭.（2018）. 期望确认理论在 IS 领域的应用与展望. 现代情报（09），169 – 177.

周勇，倪乐融 & 李潇潇.（2018）."沉浸式新闻"传播效果的实证研究——基于信息认知、情感感知与态度意向的实验. 现代传播（中国传媒大学学报）（05），31–36.

Baños, R. M., Botella, C., Alcañiz, M., Liaño, V., Guerrero, B., &Rey, B. (2004). Immersion and emotion: their impact on the sense of presence. *Cyberpsychology &behavior*, 7 (6), 734–741.

Bhattacherjee, A. (2001). Understanding information systems continuance: An expectation-confirmation model. *MIS quarterly*, 351–370.

Brandt, R. B. (1976). The psychology of benevolence and its implications for philosophy. *The Journal of Philosophy*, 73 (14), 429–453.

Bujić, M., Salminen, M., Macey, J., &Hamari, J. (2020). "Empathy machine": how virtual reality affects human rights attitudes. *Internet Research*, 30 (5), 1407–1425.

Chen, T. Y., Liu, H. C., &Hsu, C. Y. (2017, November). Film language analysis in society news-A case study of The New York Times. In 2017 *Pacific Neighborhood Consortium Annual Conference and Joint Meetings (PNC)* (pp. 63–68). IEEE.

Cummings, J. J., &Bailenson, J. N. (2016). How immersive is enough? A meta-analysis of the effect of immersive technology on user presence. *Media psychology*, 19 (2), 272–309.

Davis, M. H. (2018). *Empathy: A social psychological approach*. Routledge.

de Bruin, K., de Haan, Y., Kruikemeier, S., Lecheler, S., &Goutier, N. (2022). A first-person promise? A content-analysis of immersive journalistic productions. *Journalism*, 23 (2), 479–498.

Dumlu, B. N., &Demir, Y. (2020). Analyzing the User Experience of Virtual Reality Storytelling with Visual and Aural Stimuli. In *Design, User Experience, and Usability. Design for Contemporary Interactive Environments: 9th International Conference, DUXU 2020, Held as Part of the 22nd HCI International Conference, HCII 2020, Copenhagen, Denmark, July* 19–24, 2020, *Proceedings, Part II 22* (pp. 409–425). Springer International Publishing.

El Shamy, N., &Hassanein, K. (2017). A meta-analysis of enjoyment effect on technology acceptance: the moderating role of technology conventionality.

Hardee, G. M. (2016). Immersive journalism in VR: Four theoretical domains for researching a narrative design framework. In *Virtual, Augmented and*

Mixed Reality: 8th *International Conference*, *VAMR* 2016, *Held as Part of HCI International* 2016, *Toronto*, *Canada*, *July* 17 – 22, 2016. *Proceedings* 8 (pp. 679 –690). Springer International Publishing.

Hassan, R. (2020). Digitality, virtual reality and the 'empathy machine'. *Digital journalism*, 8 (2), 195 –212.

Higuera-Trujillo, J. L., Maldonado, J. L. T., &Millán, C. L. (2017). Psychological and physiological human responses to simulated and real environments: A comparison between Photographs, 360 Panoramas, and Virtual Reality. *Applied ergonomics*, 65, 398 –409.

Hsiao, C. H., &Yang, C. (2011). The intellectual development of the technology acceptance model: A co-citation analysis. *International Journal of Information Management*, 31 (2), 128 –136.

Jeong, S. H., Kim, S., Yum, J. Y., &Hwang, Y. (2020). Effects of virtual reality news on knowledge gain and news attitudes. *International Journal of Mobile Communications*, 18 (3), 300 –313.

Kidd, C., &Hayden, B. Y. (2015). The psychology and neuroscience of curiosity. *Neuron*, 88 (3), 449 –460.

Koo, C., Wati, Y., Park, K., &Lim, M. K. (2011). Website quality, expectation, confirmation, and end user satisfaction: the knowledge-intensive website of the Korean National Cancer Information Center. *Journal of medical Internet research*, 13 (4), e1574.

Kovach, B., &Rosenstiel, T. (2007). What newspeople should know and the public should expect. *The Elements of Journalism*.

Lee, J., Kim, J., &Choi, J. Y. (2019). The adoption of virtual reality devices: The technology acceptance model integrating enjoyment, social interaction, and strength of the social ties. *Telematics and Informatics*, 39, 37 –48.

Liao, C., Chen, J. L., &Yen, D. C. (2007). Theory of planning behavior (TPB) and customer satisfaction in the continued use of e-service: An integrated model. *Computers in human behavior*, 23 (6), 2804 –2822.

Makowski, D., Sperduti, M., Nicolas, S., &Piolino, P. (2017). "Being there" and remembering it: Presence improves memory encoding. *Consciousness and cognition*, 53, 194 –202.

Manis, K. T., &Choi, D. (2019). The virtual reality hardware acceptance model (VR-HAM): Extending and individuating the technology acceptance model

(TAM) for virtual reality hardware. *Journal of Business Research*, 100, 503 – 513.

Meijer, I. C. (2013). Valuable journalism: A search for quality from the vantage point of the user. *Journalism*, 14 (6), 754 – 770.

Moghimi, M. , Stone, R. , Rotshtein, P. , &Cooke, N. (2016). Influencing human affective responses to dynamic virtual environments. *Presence*, 25 (2), 81 – 107.

Nielsen, S. L. , &Sheets, P. (2021). Virtual hype meets reality: Users' perception of immersive journalism. *Journalism*, 22 (10), 2637 – 2653.

Oliver, R. L. (1980). A cognitive model of the antecedents and consequences of satisfaction decisions. *Journal of marketing research*, 17 (4), 460 – 469.

Paino Ambrosio, A. , &Rodríguez Fidalgo, M. I. (2021). Proposal for a new communicative model in immersive journalism. *Journalism*, 22 (10), 2600 – 2617.

Perry, D. K. (2001). *Theory and research in mass communication: Contexts and consequences*. Routledge.

Riva, G. , Mantovani, F. , Capideville, C. S. , Preziosa, A. , Morganti, F. , Villani, D. , …&Alcañiz, M. (2007). Affective interactions using virtual reality: the link between presence and emotions. *Cyberpsychology &behavior*, 10 (1), 45 – 56.

Serrano, A. , Sitzmann, V. , Ruiz-Borau, J. , Wetzstein, G. , Gutierrez, D. , &Masia, B. (2017). Movie editing and cognitive event segmentation in virtual reality video. *ACM Transactions on Graphics (TOG)*, 36 (4), 1 – 12.

Sherry, J. L. (2004). Flow and media enjoyment. *Communication theory*, 14 (4), 328 – 347.

Shin, D. , &Biocca, F. (2018). Exploring immersive experience in journalism. *New media &society*, 20 (8), 2800 – 2823.

Slater, M. , &Sanchez-Vives, M. V. (2016). Enhancing our lives with immersive virtual reality. *Frontiers in Robotics and AI*, 3, 74.

Slater, M. , Navarro, X. , Valenzuela, J. , Oliva, R. , Beacco, A. , Thorn, J. , &Watson, Z. (2018). Virtually being lenin enhances presence and engagement in a scene from the russian revolution. *Frontiers in Robotics and AI*, 5, 91.

Slater, M. (2009). Place illusion and plausibility can lead to realistic behaviour in immersive virtual environments. *Philosophical Transactions of the Royal Society B: Biological Sciences*, 364 (1535), 3549–3557.

Steed, A., Pan, Y., Watson, Z., &Slater, M. (2018). "We wait" – the impact of character responsiveness and self embodiment on presence and interest in an immersive news experience. *Frontiers in Robotics and AI*, 5, 112.

Steinfeld, N. (2020). To be there when it happened: Immersive journalism, empathy, and opinion on sexual harassment. *Journalism practice*, 14 (2), 240–258.

Sundar, S. S., Kang, J., &Oprean, D. (2017). Being there in the midst of the story: How immersive journalism affects our perceptions and cognitions. *Cyberpsychology, behavior, and social networking*, 20 (11), 672–682.

Sánchez Laws, A. L. (2020). Can immersive journalism enhance empathy?. *Digital journalism*, 8 (2), 213–228.

Tse, A., Jennett, C., Moore, J., Watson, Z., Rigby, J., &Cox, A. L. (2017, May). Was I there? Impact of platform and headphones on 360 video immersion. In *Proceedings of the 2017 CHI conference extended abstracts on human factors in computing systems* (pp. 2967–2974).

Van Damme, K., All, A., De Marez, L., &Van Leuven, S. (2019). 360 video journalism: Experimental study on the effect of immersion on news experience and distant suffering. *Journalism studies*, 20 (14), 2053–2076.

Vorderer, P., Klimmt, C., &Ritterfeld, U. (2004). Enjoyment: At the heart of media entertainment. *Communication theory*, 14 (4), 388–408.

Waterworth, J., &Riva, G. (2014). *Feeling present in the physical world and in computer-mediated environments*. Springer.

Wu, H., Cai, T., Luo, D., Liu, Y., &Zhang, Z. (2021). Immersive virtual reality news: A study of user experience and media effects. *International Journal of Human-Computer Studies*, 147, 102576.

第 6 章　多感官反馈与沉浸式传播

6.1　引言

人所有心理上的感觉都源于身体不同感官的感知，当虚拟现实技术复制并传输人类的多种感官，就能够形成亲身传播的在场效应，让用户在"跨时空的交流中获得沉浸性体验"（杭云 & 苏宝华，2007）。目前已有的人机交互系统大多依赖于视觉和听觉的系统输出作为对人体的刺激，然而这些视听觉信息增加用户体验和场景记忆的效果是有上限的。相比之下，增加更多感官的体验也许是更加经济有效的选择。

此外，人类拥有一个非常复杂的感知系统，通过多感官反馈来刺激人体的体验感、情绪甚至记忆，符合人们日常生活的经验。但多种感官同时存在、相互作用时产生的效果仍待确定。近年来，许多研究者将多感官反馈添加到 VR 系统中，探究其能否让系统有更好的表现，得到了较多积极的实证证据。但是，目前这个领域相关研究仍以反馈设备开发、单案例研究为主。在不同领域的多感官 VR 系统设计中，缺少统一的反馈设计规范，需要通过更多的单案例实证研究的积累，为未来通用型设计框架的提出探索更多的研究领域。

基于此，本章整合了过往有关 VR 新闻、多感官反馈、信息系统持续使用、沉浸式传播等相关研究，从中提取了多感官 VR 新闻的评估指标，在沉浸式传播效果评估模型的基础上提出了多感官 VR 新闻传播效果评估模型。我们还搭建了一套包含视觉、听觉、触觉和嗅觉反馈的多感官 VR 新闻系统，并通过问卷辅以访谈的方式进行效果的分析和验证。最后，我们给出了设计多感官 VR 新闻的流程规范。希望本章为未来的多感官 VR 新闻产品设计与实践提供参考。

6.2 相关研究

6.2.1 VR 系统中多感官反馈技术研究现状

人机交互（Human-computer interaction）系统中，人体与数字化环境的交互性主要体现在人体对系统的输入、系统对人体的反馈两个方面（鲁晓波，2007）。系统通过人体的感觉器官通道输出反馈，其中包括视觉（Sight）、听觉（Sound）、触觉（Haptic）、味觉（Taste）、嗅觉（Scent）等。作为人机交互系统的一种，虚拟现实系统通过计算机生成数字化环境，通过提供与虚拟环境中发生的动作对应的连贯感知反馈，引导用户产生一种身临其境的心理感觉和用户体验，包括在场感（Presence）、沉浸（Immersion）和参与感（Engagement）（Kim，Rhiu & Yun，2020），并同时达到 VR 系统功能角度的各种目的。

人的神经系统从不同的感官通道收集信息，并将它们组合成对世界的连贯感知，这是人体通过多感官体验（Multisensory experience）感知周边环境的方式。人体从过往对周边环境和物体的认知过程中获得经验，并总结为感知的一致性，即单一的感知对应为具体怎样的感官刺激组合。即使视觉感知在大多数情况下起主导作用，在 VR 场景中，通过增加视觉信息来增加用户体验和场景记忆的效果是有限的，也就是说，简单增加视觉细节和质量，并不能改变我们仍然可以看出现实世界和虚拟现实之间差异的事实，相比之下，增加更多感官的体验是更加经济有效的选择（Dinh，Walke，Hodges，Song & Kobayashi，1999）。

目前已有的人机交互系统大多依赖于视觉和听觉的系统输出作为对人体的刺激，然而人类拥有一个非常复杂的感知系统，多种感官同时存在、相互作用时产生的效果是不确定的，系统对于视听觉的依赖反而可能是一种限制。有文献表明，多感官体验在虚拟现实系统中产生的影响是值得研究的。Obrist 等人（2017）综述了一些人机交互领域已有的触觉、嗅觉和味觉相关的多感官实验研究，认为交互系统中增加多感官通道的利用可以增加系统交互性。而 Brooks 等人（2021）将触觉聚焦到温度反馈，对人机交互系统中与温度、嗅觉和味觉反馈相关的研究进行了综述，发现在过去的 20 年间，相关研究以论文的形式发表在 ACM 和 IEEE 上，数量总体上呈现上升趋势，有很高的应用和研究价值。

在多感官的相关研究中，视听觉常被当作基准，涉及 VR 系统的多感官研究中，头盔显示器提供的画面和音效反馈是加入触觉、嗅觉和味觉反馈的基础，多感官是配合虚拟场景提供的。因此，需要就相关研究中涉及触觉、嗅觉和味觉反馈的研究领域、配置方法、研究方法等进行综述。但是，由于味觉反馈过于超前，目前的设备尚无法有效模拟味觉，因此相关的研究仍较少，且新闻场景中涉及嗅觉体验的较少。因此，接下来将对嗅觉和触觉相关的研究进行系统性综述，重点介绍相关研究的发展历程、研究现状、研究方法、研究领域、结论与挑战。

（1）嗅觉。

从 20 世纪 90 年代开始，商场、电影院、剧院、游乐场等实体空间就开始探索包含气味的多感官体验（Spence，2021）。气味是生活体验的一个关键组成部分，除此之外，相比于视觉和听觉反馈，气味能够唤起人体情绪化的自然记忆（Herz & Schooler，2002），且气味与虚拟现实结合之后具有用于治疗心理疾病的潜力（Herz，2021）。因此，在虚拟现实系统的搭建中，气味在提升用户体验、增加用户对 VR 内容的记忆等方面，可以发挥重要的作用。总体来说，在气味的生成、传递方式层面，并没有研究得到在虚拟现实环境中引入嗅觉反馈的标准框架指导。Spence 等（2021）对 VR 中引入嗅觉感官的研究进行了综述，发现嗅觉可能对人的在场感、沉浸感、场景记忆造成影响，涉及的主要影响因素是气味与场景的一致性、气味的愉悦程度、气味的强度。

目前学界有关嗅觉的研究中，生成气味的方式主要分为数字化和非数字化嗅觉模拟两种，两种方式主要的区别在于气味来源是物体本身，还是人工化学合成。数字化嗅觉模拟是指用化学合成的方式模拟真实世界中的气味，这方面的研究往往涉及模拟设备的开发，但由于气味以分子的形式扩散，难以控制，因此相关研究目前围绕气味模拟、检测和扩散等面临着很多挑战（Kerruish，2019）。气味生成之后，传递给人体的方式也有很多种类型，在虚拟现实领域，Kerruish（2019）开发了 Season Traveler 这款 VR 游戏，并增加了风、温度和气味这几种感官反馈，其中使用空气泵向用户提供对应四季的四种气味。类似地，de Groot 等（2020）使用计算机控制四种气体向用户散播。Yanagida（2012）综述了向用户传递气味的六种方式，并表示几种方式各有利弊，需要根据具体的研究来进行选择，并表示根据目标应用选择合适的技术很重要。气体分子有从高浓度区域扩散到低浓度区域的性质，自然扩散（或气味对流）的方法是利用这种性质，使气味通过基于自然对流的缓慢气流传送给人体感知。

（2）触觉。

触觉使人类能够确定物体的形状和表面特性等，尽管触摸是操作对象和日常生活的重要组成部分，但遗憾的是，用户很少有机会在与计算机系统交互时使用他们的触觉感官。也因此，触觉较早受到了人机交互领域学者们的关注，与触觉相关的人机交互研究在数十年间不断发展。20 世纪 90 年代，Hunter 等（1998）在用户进行 VR 系统体验时，让其操作与场景对应的真实物体，以获得物体质感和重力的感知。Kyung 等（2006）提出了"温度界面"的概念，设计了一种能够提供受力和温度反馈的鼠标操作系统。在较近的研究中，Lopes 等（2018）将肌电刺激用于混合现实场景中，为用户增加操作对应的受力反馈。目前学界并没有形成有关于触觉反馈的标准设计规范，在虚拟现实领域，已有研究中涉及的触觉反馈主要包括震动、风、压力、温度、湿度（Soucy，Ranasinghe，Rossow，James & Peiris，2021）和被动触觉（Viciana-Abad，Lecuona & Poyade，2010）等，研究者们往往根据实验需要选择适合的触觉反馈用于系统中。因此，本章根据研究问题重点对温度和风、被动触觉相关的研究进行综述。

与温度反馈相关的一些研究偏向于基础研究和设备开发，Singhal 等（2018）通过实验发现，相比于指尖，人体对施加于手腕的温度的变化更加敏感。Roshan 等（2019）开发了应用于手腕的可穿戴温度调节设备，选取了用户步行和分心两个场景，对比了温度和震动反馈对于空间感知能力的影响。Nicholas 等（2021）同样开发了一套可穿戴温度调节装置，用户在实验中将其佩戴在手腕上，研究人员测试了用户在虚拟现实环境中的空间热感知能力。虚拟现实领域在系统中加入温度反馈的研究，主要包括接触式和非接触式两种不同的反馈形式，温度反馈大多为热或冷，由于非接触式温度反馈往往使用热风或冷风来达到，因此有关温度反馈的研究往往与风密切相关（Helfenstein-Didier，Dhouib，Favre，Pascal & Baert，2021；Ranasinghe，Jain，Karwita，Tolley & Do，2017）。Hülsmann 等（2021）使用风扇制造风反馈，使用红外灯制造热反馈，将两种反馈整合到 VR 系统中，增加了用户的在场感。Nimesha 等（2017）将贴片固定在用户脖子后方，为用户在体验场景时提供温度反馈，并在 VR 头盔上集成风扇。Monteiro 等（2020）在消防员培训的火灾场景中，对比了有关温度的视觉反馈和温度反馈的表现，其中温度反馈通过在手柄上集成加热模块实现，视觉反馈则是在场景中增加了可以调出的温度显示条。总体来看，虚拟现实中与温度反馈相关的研究，往往需要向实验中加入为用户提供温度变化感知的设备，与之相关的基础研究是近几年来的新兴领域，其中涉及多感官相互影响效应的研究相对较少，目前没有研究得到温度反馈相关成熟的设计规范和准则。

被动触觉是指仅通过物理对象的形状、纹理或其他固有属性向用户提供的反馈，与其他触觉反馈相比，被动触觉反馈通常不由计算机控制，提供被动触觉的对象可以是刚性的，也可以是可变形的（Lindeman，Sibert，&Hahn，1999）。换言之，被动触觉指，找到与虚拟场景中物体对应的真实物体，将其整合到虚拟现实系统中，给用户提供重力、质感、力反馈等触觉体验。上文提到的 Hunter 等（1998）的研究中，让用户操作与场景对应的真实物体，所获得的触觉反馈就可以称为被动反馈。目前与被动触觉相关的研究结果大多与用户的在场感、任务完成效率等（Viciana-Abad et al.，2010）。Galán 等（2021）将被动触觉用在了购物意愿相关的研究中。在实验中，被试在 VR 场景中看到商品的模型，同时在真实世界中可以触摸与 VR 中一致的商品实物。当人在虚拟现实环境中行走时，如何为其提供更真实的感觉受到很多研究的关注。其中，Nordahl 等（2012）设计了一种系统，能够在被试行走时根据被试脚部受力情况进行声音反馈，但是实验结果并不显著。根据被动触觉的概念，Nagao 等（2018）设计了一种在 VR 环境中模拟楼梯的新技术，由用户脚下的小凸起提供的被动触觉对应虚拟场景中楼梯的边缘，搭建出了实验空间并进行了用户研究。被动触觉在提供触觉反馈上是一种较为经济的选择，因为往往不需要复杂的设备开发，但是同时也因为需要找到与场景匹配的真实物体，而不具备可推广性，目前的研究证明其适用于单案例研究。

6.2.2　VR 系统中多感官交互体验面临的挑战

在虚拟现实领域的相关研究中，早在 1996 年，研究者就发现仅依赖视听觉的 VR 系统在感知模拟方面的不足，并设计了一套包含触觉反馈输出的 VR 系统（Burdea，Richard，& Coiffet，1996）。Melo 等人于 2020 年对多感官 VR 在不同领域相关的研究进行了综述，这些研究在视听觉之外，使用了触觉、嗅觉和味觉刺激，其中使用触觉反馈的研究最多（Melo et al.，2020）。可以看出虚拟现实领域的多感官交互具有研究热度和价值。

然而，受基础认知机理研究与技术发展等的限制，虚拟现实系统引入多感官交互目前面仍是一个较为新兴的领域，面临着许多的困难和问题。首先是多感官交互相关设备技术尚不成熟，因此目前与多感官交互相关的研究中，不同的研究会根据自己的研究问题和实验需求，提出不同的感官反馈方案，以及选择不同的感官反馈仿真度。比如在嗅觉数字化模拟方面，目前的仿真设备通常较为昂贵且不够成熟，虽然到目前为止，各种人机交互相关的学术会议（例如，CHI 和 SIGGRAPH）上已经展示了许多不同的气味传输数字化解决方案，但它们还没有进入大众市场（Spence，2021）。不同于开发或者使用数字化模拟触觉、嗅觉和味觉，非数字化的感官模拟在虚拟现实系统设计中也有其价值（Harley et al.，2018）。

其次，Obrist 等（2017）认为，目前缺少对于人体处理多感官信息的机理方面的了解，这导致研究人员无法理解多感官在影响人类认知时是如何相互影响的。以嗅觉为例，Bierling 等（2021）发现，人体的嗅觉感知不仅是处理和分析气味分子，而是视觉、听觉、触觉的多感官整合的一部分，同时也受到和来自环境的社会信息影响，不仅如此，个体对感官输入的解释受到记忆、经验、个体感受和人际关系特征等的严重影响。反映在虚拟现实领域，多感官研究大都偏向于实证研究，探讨增加系统效果的多感官形式，少量研究探索虚拟场景中多感官之间的相互作用效果，但实验涉及的场景有限，还是偏向于个案研究。

由于以上两个方面的限制，尽管相关的基础研究和反馈技术开发在不断发展，虚拟现实系统的多感官研究多为质化研究或单案例的实证研究，仍没有一套确定的设计框架供研究人员使用。不但如此，在研究领域和效果方面，Melo 等（2020）通过综述发现，在涉及教育、医疗、食品等不同研究领域，采用了表现、感知、体验等不同的指标，获得的结果不完全为正向（积极结果占比 84.8%），这和研究中具体的 VR 场景与任务有关，也和实验选取的测量指标有关。更重要的是，人的感知能力是有限的，在虚拟场景中增加多感官有增加用户感知负担、降低用户表现的风险，尤其是提供和系统场景不一致的反馈时，一些研究增加了多感官之后测量发现系统表现变差（Melo et al.，2020）。因此，在 VR 新闻领域进行实证研究，探究多感官如何影响系统的效果，继而形成相应的设计框架是值得探索的。

6.2.3　VR 系统中多感官反馈应用领域

在研究领域方面，Melo 等（2020）的综述发现，除了许多有关于多感官设备开发的研究外，VR 多感官体验的研究涉及了包括医学、教育、旅游、市场营销等在内的不同领域。针对前文综述的触觉（温度与风、被动触觉）和嗅觉两个方面，相关研究涉及的领域大多集中在景观体验、故事叙述这两个方面。

在景观体验类场景中，Kerruish（2019）将嗅觉和风增加到 VR 中的四个季节性景观体验中，开发了 Season Traveler 系统，被试除了能看到春夏秋冬四季不同的视觉画面，系统还内置了简单的躲避碎石任务，增加系统交互性，在多感官方面，增加了温度、风和嗅觉反馈。Han 等（2018）的研究聚焦于触觉反馈，他们开发了 Haptic Around 系统，将温度和风集成到沙漠、雪山等 VR 景观体验中，模拟真实的气候状况，并进行了相关的用户研究。类似地，Ranasinghe 等（2017）在沙漠和雪山这两种景观体验中增加了热反馈和风，作者在展望中提到有必要在场景中加入可交互性的操作设计，因为 VR 场景的在场感很大程度上来自人体与虚拟场景的交互，并且作者认为在使用量表进行测量之外，可以加入被试的生理指标作为测量指标。

Spence 等（2021）在对于 VR 领域嗅觉反馈的综述中认为，引入嗅觉感知用于 VR 游戏中的故事讲述很有前景。在业界的确有许多的游戏公司在开发增加多感官的游戏设备，但是由于目前设备的成本较高，相关的基础研究发展水平不高，并没有收到较好的商业化效果。Monteiro 等（2020）的研究中使用了火灾 VR 场景，场景中被试会看到火灾现场，以及不同的逃生门和可交互的开关，这个场景本身是可以用于消防培训的，在实验中，研究人员在手柄上集成加热模块，为用户提供火灾场景对应的热反馈。将多感官用于故事讲述领域以期受众有更好的认知理解效果，是符合我们日常生活常识的，比如在化学或者物理课堂中，比起单纯观看老师的介绍，学生亲自动手进行实验，过程中学习和理解知识的效果往往会更好。Melo 等（2020）在综述中认为增加多感官线索符合人的认知模型，因此有增加人的概念学习的效果。也有文献将上述的研究归纳到教育领域，但实际上教育功能在很多场景中是通过故事讲述的形式完成的。鉴于对于研究领域的划分不存在明确的标准，本章在这里使用了更宽泛的分类方法，统一将上述研究归纳为故事讲述类。

6.2.4　VR 系统中多感官反馈可用性评估

在测量指标方面，目前 VR 多感官领域的研究主要关注交互体验和系统表现两个方面，其中与用户体验相关的指标涉及在场感（Ranasinghe et al.，2017；Monteiro et al.，2020）、系统可用性、用户满意度（Monteiro et al.，2020）等，与系统表现相关的指标则主要包括引起用户记忆、诱发情绪（Herz & Schooler，2002）、影响学习效果（Monteiro et al.，2020）等。

与多感官相关的 VR 研究中，有许多都测量了与用户体验相关的指标。Monteiro 等（2020）的研究测量了 VR 系统中加入温度反馈之后，用户评估的在场感、系统可用性和用户满意度，发现温度反馈的加入让系统表现更优。Kerruish（2019）测量了不同感官反馈情况下用户的享乐（Enjoyment）、真实感（Realism）、质量（Quality）、沉浸感（Immersion）。Viciana-Abad 等（2010）同样也发现，增加被动触觉反馈增加了用户在场感。Ranasinghe 等

（2017）在系统中加入了热和风反馈，使用问卷测量了在场感的四个指标，结果表明在 VR 系统中加入这两种触觉反馈可以提高用户在场感，并且风反馈的效果要优于热反馈，作者认为这是因为实验中热反馈的贴片附加在被试的脖颈后侧，比起迎面而来的风，对于被试体验造成的影响相对不够强烈。整体来看，多感官反馈对 VR 系统在用户体验上的表现有正面的作用，但反馈与场景的一致性问题值得探讨。

在多感官尤其是嗅觉对于情绪和记忆的影响方面，Herz 和 Rachel（2002）通过实验发现，比起视觉线索，嗅觉线索对被试与童年记忆相关的指标影响更大，其中包括记忆的生动性、情绪性等，实验中通过主观问卷和访谈的形式测量变量。随后，两位研究者在 2021 年最新发表的文章中（Herz，2021），针对气味对于情绪和记忆的影响效果，综述了将嗅觉引入 VR 系统用于治疗创伤性应激反应综合征（PTSD）的研究，认为嗅觉 VR 系统用于心理治疗很好的潜力，进一步论证了嗅觉对于情绪性记忆的影响能力。人体感受的气味记忆中，很大一部分都来自生活中大自然的体验。"香中别有韵，清极不知寒。朔风如解意，容易莫摧残。"是中国古代文人墨客的感情表达，可见气味与情绪性记忆天然就是密不可分的。也有一些学者研究温度和风对于用户在 VR 场景中的情绪反应和环境感知的影响（Ranasinghe et al.，2017）。

与研究多感官对记忆的影响类似，Monteiro 等（2020）的研究关注被试的任务表现（学习效果）这个变量，在消防培训的火灾 VR 场景中加入了温度反馈（通过在手柄上集成加热模块），测量了被试完成任务的时间、准确率，发现温度反馈对于该指标的影响不显著。但他们认为，加入温度反馈的培训可能导致在真实火灾场景中更好的表现。Viciana-Abad 等（2010）的研究中发现，在 VR 场景中增加被动触觉反馈，可以提升用户的任务表现。在他们的实验中，使用任务错误数和操作时间来反映任务表现。类似地，de Groot（2020）等的研究中，设计了一个 VR 清洁任务场景，系统中增加了嗅觉和被动触觉反馈，被试被要求擦掉一块未漂白的天然亚麻布上的污渍，实验人员记录了被试擦拭动作的时间、动作幅度等客观指标，并进行了数据处理，表征任务意愿和表现，发现与清洁任务相关的洗衣（粉）气味显著增加了用户的任务表现，而令人愉悦的气味则和空气均没有产生显著影响。

6.2.5　相关研究小结

本章的研究对象是与虚拟环境交互性、沉浸感更强的 VR 新闻，它提供了一种体验与理解新闻的新方式。随着 VR 新闻的应用实践，逐渐形成用户身份多样化、交互程度逐渐提高、场景角色逼真写实化的趋势。VR 技术与新闻的融合提供了技术创新和用户体验创新的双重新视角，并且对新闻工作者及新闻传播研究提出新要求，需要进行跨学科的研究以进一步推动 VR 新闻的持续发展。作为 VR 新闻研究的重要议题之一，VR 新闻的用户体验和新闻传播效果分析已经有了一些相关成果，但目前这方面的实证研究较少，且主要集中在 360°实景视频新闻与其他传统新闻类型的对比。已有的实证研究显示，除了沉浸与临场之外，VR 新闻的沉浸式传播研究在共情、情感、新闻认知与新闻分享意上仍存在较大分歧。VR 新闻目前面临新闻生产方式、新闻叙事框架和新闻伦理规范三大挑战，有些学者也通过研究对这些挑战提出了一些可能的解答。而不管是哪一类挑战，都要求研究者更多地关注用户的积极作用，进行实证研究进行更多的实践和论证。

近年来，多反馈相关的研究具有较高的热度。在 VR 领域，多感官反馈是指，在常用的视听觉反馈之外，研究者们将触觉、嗅觉和味觉反馈加入 VR 系统中，并将这种多感官 VR 系统应用在不同的研究领域中。除了普适性的反馈设备开发之外，根据研究中讨论的 VR 场景来划分，目前相关研究主要集中在医学、教育、旅游、市场营销等领域。在相关的研究中，大多数研究发现系统加入多感官反馈中的一种或多种之后，在系统中加入温度反馈、风、被动触觉反馈、嗅觉反馈之后，许多系统在增加用户体验上有正面的影响效果，其中包括在场感、用户满意度、沉浸感等。值得注意的是，也有一些研究发现，多感官反馈影响了 VR 系统中被试的情绪和记忆，任务表现和学习效果。以上影响效果产生的具体神经机理十分丰富，虽然在学术界没有明确的答案，但是多感官反馈产生以上效果是符合我们的生活常识的。人的神经系统从不同的感官通道收集信息，并将他们组成对世界的连贯感知，人体自然地就会通过多感官体验感知周边的环境，沉浸其中，产生情绪变化，获得经验和记忆。同时，尽管视觉感知在大多数情况下起主导作用，但在 VR 场景中，通过增加视觉信息来增加用户体验和场景记忆是的效果是有限的，相比之下，增加更多感官的体验也许是更加经济有效的选择。

在以上分析的基础上，本章搭建一套包含触觉和嗅觉反馈的多感官 VR 新闻系统（王医琦，2022），尝试通过这样的方式增加 VR 新闻在用户体验和传播效果等方面的表现。同时，正如前文提到，目前在多感官 VR 领域缺少具体的设计框架，需要通过更多的单案例实证研究的积累，为未来通用型设计框架的提出探索更多的研究领域。因此，本章也将拓展 VR 多感官反馈研究的领域，同时在 VR 新闻设计方面探索多感官反馈的可能性。

6.3　多感官 VR 新闻系统传播效果评估模型

本节提出了多感官 VR 新闻系统传播效果的评估模型，并从已有研究、相关理论中选取了合适的研究变量。针对每一个研究变量，本节进行了具体的介绍，并提出了相应的研究假设。

6.3.1　理论基础与评估模型

期望确认理论（Expectation-confirmation theory，ECT）认为，消费者能够对比购买产品或服务之前，对于其抱有的期望，与使用产品或服务之后感知到的绩效进行对比，来判定自己对其的满意程度，从而确定自己是否会出现重复购买意愿。该理论将消费者对于产品的前期期望和使用后的感知绩效分开，二者相比较产生的差异形成了模型中的期望确认。接着，消费者根据自身确认的程度，对于系统进行满意度的打分，并相应形成自己的再购买意愿。值得注意的是，模型中期望和确认的水平呈负相关，也就是说当期望越高，对于系统的期望确认程度越低，即期望确认变得困难，间接降低了再购买意愿。

期望确认理论 1980 年被 Oliver（1980）发表在 *Journal of Marketing Research* 上，并在此之后被广泛应用于解释传统商业、市场领域中消费者的购买与重复购买行为。21 世纪以来，随着科技的不断发展，各类信息系统成为人们日常消费的一部分，传统的 ECT 模型不再适用于电子游戏、计算机应用等新型产品和服务相关的研究。由此，学者们将该理论进行了拓展，将其运用到信息系统领域，并提出了持续使用意愿这个概念来补充再购买意愿在描述信息系统上的不足。

2001 年，Bhattacherjee 将经典的 ECM 理论进行了拓展，并将之运用于信息系统领域，提出信息系统持续使用理论模型（Expectation-confirmation model of information system continuance，ECM-ISC）。他做出的重要改变是，将技术接受模型（Technology acceptance model，TAM）中感知有用性这个变量加入 ECM 中，同时将系统描述的结果导向持续使用意愿，用来说明用户对信息系统持续应用下去的意愿程度。ECM-ISC 模型中，用户最终的持续使用意愿首先取决于期望确认得到的满足，其次是使用信息系统中的感知有用性。除此之外，模型中期望确认和感知有用性呈正相关，也就是说当期望得到确认，系统使用者会认为这个系统对自己更加有用。

Bhattacherjee（2001）对 ECT 模型的拓展中，有以下几点值得注意：①仅关注使用系统后的变量测试。ECT 中测量的变量包含消费前的期望和消费后的满意度、再购买意愿，但实际上事后的期望确认程度已经可以反映出事前的期望。②引入了感知有用性来取代期望。ECT 中测量的期望是代表消费者使用前抱有的期望，这是受到他人评估或者媒体信息影响形成的，但实际上消费者真正使用系统之后的期望是由自己的实际感受决定的，也就是实际的感知有用性。Bhattacherjee 的信息系统持续使用理论提出之后，被应用于各种新的信息系统相关研究中，包括往网站、应用程序、游戏等多个领域，因其在描述个人的持续使用意愿上的有效性而备受认可，被逐渐探索用于更多的领域。

由于 VR 系统为使用者提供了与以往不同的消费感受和体验，传统的模型难以适应虚拟现实相关的研究，我们很难仅用感知有用性来描述一个 VR 系统。因此，Shin 和 Biocca（2018）基于修正的期望确认理论，提出了沉浸式新闻的体验模型，在原有模型的基础上引入了沉浸、临场来引发期望确认，并在此后引入了用户体验方面的具身、共情两个变量，用户体验因素与期望确认共同影响了用户满意度，从而导向了系统的持续使用意愿。值得注意的是，这个模型中的"持续使用意愿"较容易引发误解，本节在这里进行一点说明：VR 新闻实际上是一种新的新闻形式，受众使用 VR 新闻系统的目的首先是更好地获取、理解新闻内容，所以持续使用意愿在此处代表继续使用 VR 这种形式来收看新闻。

根据以上对于信息系统持续使用理论模型研究发展历程的综述，在 Shin 等（2018）的沉浸式新闻用户体验研究模型基础上，针对本章中对于多感官 VR 新闻的研究，结合前文文献综述中总结出的多感官与虚拟现实新闻领域的重点研究变量，总结出本章的研究变量为：①临场；②共情；③感知享受；④可信度；⑤持续使用意愿；⑥新闻分享意图。

周勇等（2018）在针对沉浸式传播的研究中，建立了传播效果的具体评估模型，如图 6.1 所示，将沉浸式传播系统的传播效果分为了三个层面：①认知层面，具体包含对新闻内容认知的准确度，在研究中结合具体材料内容，考察被测者对新闻叙事的六要素，即谁（Who）、何时（When）、何地（Where）、何事（What）、为何（Why）、过程如何（How）这六类客观信息的掌握；②心理态度层面，具体包含对新闻产生的情感强度（在研究中测量情绪的类型和强度）、信任度、喜好度；③行动层面，具体包含继续阅读与分享这些消息的倾向。周勇等主要考察传播效果的前两个层面，即认知和心理态度层面，通过记忆测查问卷测量认知层面的传播效果，通过情绪量表和态度评测量表测量心理态度层面的传播效果，并依据实验结果对受众行动层面可能产生的影响进行一定的探讨（图6.1）。

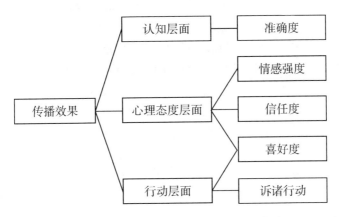

图6.1　周勇（2018）的传播效果评价模型

6.3.2　多感官 VR 新闻传播效果评估模型与研究假设

结合本章的研究问题，我们在周勇等人的传播效果模型的基础上做了一些修改，主要有以下几方面考虑：

第一，引入了临场和共情作为多感官 VR 新闻传播效果评估模型中的评估指标。周勇等的模型对于受众心理态度层面的测量，没有关注系统对用户造成的直观心理体验，也就是临场感，而根据 Shin 等（2018）的模型，沉浸是造成受众的行为意向的重要原因。

第二，将情感强度转换为共情这一指标。多感官 VR 技术可以影响用户情绪，同时，受众对于新闻的共情程度对于沉浸式新闻系统的评估十分重要（Shin & Biocca，2018）。在周勇等的研究中，测量情感的类型和强度发现沉浸式新闻可以带来中高强度的情绪，这对于评估受众对于新闻内容的情感共鸣是不够的。沉浸式技术让用户参与到新闻事件中，本身是希望其能对新闻事件产生同理心，而不是简单的情绪反应。因此，本章的模型借鉴了 Peña 等人（2010）的看法，即 VR 新闻的一个重要作用是重新唤起观众对当前事件的情感参与，用共情程度取代了情感强度。

第三，将心理态度层面拆分为"心理体验"和"新闻态度"两个层面。在进行了以上评估指标的增减之后，本章的模型将心理态度进行拆分，细化为技术造成的直观心理体验，包含临场和感知享受；以及后续对于新闻的态度，包含共情和信任程度。

第四，将行动意向层面细化为两个指标，一是技术层面的持续使用意愿，二是新闻传播层面的新闻分享意图。周勇等的研究中对于行动层面的考察，倾向于受众对于沉浸式新闻的继续阅读和分享的意愿，缺少对沉浸式技术的持续使用态度的考察。而在信息系统持续使用相关以及新闻传播效果相关的研究中，对于持续使用意愿、新闻分享意图的测量都有着明确的方法，并且这两个指标量化了受众在行动层面的可能性，对于研究结果有着重要的作用（Shin & Biocca, 2018；牟怡，夏凯 & 许坤，2019）。因此，本章中的评估模型加入了技术层面的持续使用意愿这一指标。

基于以上考虑，本章将上述的研究变量进行了汇总，建立了适合多感官 VR 新闻传播效果的评估模型，如图 6.2 所示，包含以下三个方面：①心理体验层面，包含对新闻产生的临场，以及对技术的感知享受；②新闻态度层面，包括对新闻的共情、信任程度；③行动意向层面，包含持续使用意愿、新闻分享意图。

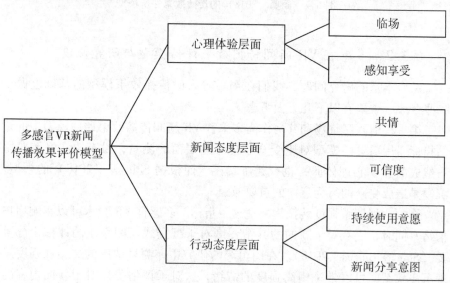

图 6.2 多感官 VR 新闻传播效果评估模型

在研究方法层面，使用量化问卷的方式对其他指标进行测量，并在之后数据分析和讨论的章节，结合访谈进行进一步的解释。

在周勇等提出的传播效果模型中，还有一个重要的测量指标即新闻认知准确度。本章为了更精准地测量用户心理体验、新闻态度以及行动态度等三大类共六个度量指标，使用了组内设计方法（Within-subject design），该方法无法回避用户因新闻内容相同导致的前测和后测效应。因此，本章模型中暂不将其纳入科学假设而进行验证和考量，而是以半结构化访谈和用户参与式观察的形式来探讨多感官 VR 新闻对于这个层面的影响，并在未来工作和展望中对其进行进一步的讨论。

本章的研究变量有 6 个，分别为临场、感知享受、共情、可信度、系统持续使用意愿、新闻分享意图，相关的研究假设有 12 个。为了更好地衔接下一章中数据分析的部分，此处按照不同标准，将研究假设进行分类，有两种分类的方式：

第一，根据图 6.2 中，多感官 VR 新闻传播效果评估模型进行分类：

心理体验层面的假设：H1a、H1b、H2a、H2b。

新闻态度层面的假设：H3a、H3b、H4a、H4b。

行动意向层面的假设：H5a、H5b、H6a、H6b。

第二，根据假设对比的类别进行分类：

a 类假设：相较于基础视听觉反馈的 VR 新闻，增加了嗅觉或触觉感官反馈，能够增加系统指标上的表现，即对比 1 组与 2、3、4 组。

b 类假设：相较于增加单独的嗅觉或触觉刺激，同时包含两种刺激的多感官反馈 VR 新闻系统指标上的表现更好，即对比 4 组与 2、3 组。

下面将针对每个变量以及相关研究内容具体进行介绍：

（1）临场（Presence）。

根据 Slater 等（2016）的研究，临场（Presence）是一种与沉浸类似的主观状态。简单来说，临场感可以描述为一种"在那里"的"幻觉"。之所以称之为幻觉，是因为用户是明确知道自己并不真实存在于虚拟世界中。这种虚幻的位置感和现实的体验感，是 VR 新闻相较于其他所有媒介的优势与特点（Sánchez Laws，2020）。当前，沉浸式传播领域的实证研究还相对较少，但相关研究大多会测量临场，以此确认沉浸式新闻相较于传统新闻的临场优势（Shin & Biocca，2018）。对于 VR 的形式能够造成受众的临场感达到了一定的共识。

有关多感官反馈，人的神经系统从不同的感官通道收集信息，并将他们组成对世界的连贯感知，人体天然地会通过多感官体验感知周边的环境，沉浸其中，产生情绪变化，获得经验、记忆。多感官虚拟现实系统，能提供一种虚幻的位置感和现实感的体验，当前关于沉浸式新闻的实证研究中基本会考量临场因素（Shin & Biocca，2018；Van Damme et al，2019），并证实沉浸式新闻相比于传统新闻的临场优势。而针对本章重点关注的多感官反馈，通过在场景中增加触觉和嗅觉反馈，被多个研究证明能够增加用户的临场感，对用户体验有正面的影响作用（Kerruish，2019；Viciana-Abad et al.，2010；Monteiro et al.，2010）。也就是说，借由多感官反馈的加入，用户在虚拟现实系统中，能够真实地体验到场景中画面对自身造成的感觉，并且越多感官的增加，对于用户"在那里"的感觉越有助益。因此，关于临场本章提出以下研究假设：

H1a：在 VR 新闻系统中增加多感官反馈，能够对用户的临场产生显著正向影响。

H1b：在 VR 新闻系统中同时增加嗅觉和触觉反馈，相较于单独增加嗅觉或触觉反馈，对用户的临场产生显著正向影响作用更强。

（2）感知享受（Perceived enjoyment）。

Sherry 等（2004）认为，在人们使用媒体时候，当认知能力、媒体经验、使用技术的能力与媒体信息内容的要求相匹配时，就会产生心流体验，从而产生愉悦体验，这种愉悦被认为是人们使用媒体的主要原因之一。从这个层面讲，通过进入多感官虚拟现实系统构建的媒体场景，用户可以获得与使用传统媒体更胜一筹的沉浸体验，从而更容易地理解媒体信息内容，产生心流体验、获得愉悦感。不但如此，从用户体验的角度来看，多感官的虚拟现实体验本身，能够带给用户趣味性十足的观感体验，从而享受获得新闻内容的整个过程，在感知上更加享受。杭云（2007）在描述沉浸式传播这个概念时认为，通过视觉、听觉、嗅觉等的形式，多感官虚拟现实系统可以模仿身体的多种感官功能，人际交流不再是传统的形式，使用者在一种身临其境的沉浸式体验中进行信息处理，使用者仿佛生活在自然状态下，因而心理上也就会产生一种放松感和愉悦感（杭云等，2007）。因此，关于感知享受本章提出以下研究假设：

H2a：在 VR 新闻系统中增加多感官反馈，能够对用户的感知享受产生显著正向影响。

H2b：在 VR 新闻系统中同时增加嗅觉和触觉反馈，相较于单独增加嗅觉或触觉反馈，对用户的感知享受产生显著正向影响作用更强。

（3）共情（Empathy）。

目前，VR 新闻在增加受众的共情上依旧存在一些需要继续探讨之处，目前没有明确的结论，且需要更多的努力来让其显示出增加受众共情的作用。

在新闻中，共情多指对于其中人物的情感反应。哥伦比亚大学数字新闻中心提出关于虚拟现实的核心问题，包括其是否能够为现实生活提供类似的共情。在 VR 新闻中，用户以自己的视角，通过化身进入新闻事件中，能够有机会与场景进行交互，甚至与新闻中的人物进行交流、交互，更有可能产生同理心（Peña et al., 2010）。Shin 等（2018）通过研究发现 VR 新闻通过提供更高的沉浸感，增加了受众的共情（相比于传统的电视新闻）。Peña 等人（2010）认为，沉浸式新闻的一个重要作用是重新唤起观众对当前事件的情感参与。Shin 等（2018）则认为，系统通过更加用户的沉浸和临场，可以增加用户的共情程度。即便如此，依旧存在一些研究者认为沉浸式新闻不一定能够增加受众的共情。我们的前期研究成果（Wu et al., 2018）对于本章在这点的讨论上非常有借鉴意义，我们依据非典事件制作了 VR 新闻，据此进行了实证研究，发现传统新闻在共情的表现上稍优，但是交互功能的增加可以改善这一点，即提供给受众与新闻虚拟场景中的人物交互的动作权利，可以让其在情感上更加产生关心等情绪。

与此同时，一些研究证实多感官尤其是嗅觉对于情绪存在影响，两位研究者在 2021 年最新发表的文章中发现，针对气味对于情绪和记忆的影响效果，综述了将嗅觉引入 VR 系统用于治疗创伤性应激反应综合征（PTSD）的研究，认为嗅觉 VR 系统用于心理治疗很好的潜力，进一步论证了嗅觉对于情绪性记忆的影响能力（Herz, 2021）。适用于制作 VR 新闻的新闻事件往往会伴随有强烈的相关气味，如凉山火灾中树木烧焦的味道等。用户在虚拟场景中，因为嗅觉反馈的加入，闻到了场景中人物因为事件发展而嗅到的气味，更能够感受到其中人物的悲喜。因此，关于共情，本章提出以下研究假设：

H3a：在 VR 新闻系统中增加多感官反馈，能够对用户的共情产生显著正向影响。

H3b：在 VR 新闻系统中同时增加嗅觉和触觉反馈，相较于单独增加嗅觉或触觉反馈，对用户的共情产生显著正向影响作用更强。

（4）可信度（Reliability）。

在有关沉浸式媒体传播效果的研究中，可信度表征了受众对于新闻的信任程度，其中既有对新闻内容的信任、也包含了对新闻来源、新闻媒介等的信任。本章参考了周勇等对于沉浸式新闻可信度的测量方式，选取了可信、清晰、客观三个题项测量多感官 VR 新闻的可信度。目前，研究者们对于 VR 技术能否增加新闻可信度存在一些争议。一方面，Nielsen 和 Sheets（2021）通过焦点小组发现受众对沉浸式新闻的信任存在较极端的两派，提出可以通过实验来检验沉浸式新闻对新闻信任的影响。

另一方面，Peña 等人（2010）却持不同意见，他们认为，沉浸式新闻的目的不仅仅是呈现事实，而是体验事实的机会。他们的研究结果表明，具有高临场感的 VR 新闻可信度更高，使用能够引发高沉浸感的 VR 交互设备的受众反馈了新闻故事的更高的可信度。有研究表明，多感官反馈可以增加用户的沉浸感（Kerruish，2019；Viciana-Abad et al.，2010；Monteiro et al.，2010），从而增加虚拟现实场景故事讲述的可信度。Spence 等（2021）通过对于 VR 领域嗅觉反馈的综述认为，引入嗅觉感知用于 VR 游戏中的故事讲述很有前景。因此，关于可信度本章提出以下研究假设：

H4a：在 VR 新闻系统中增加多感官反馈，能够对新闻的可信度产生显著正向影响。

H4b：在 VR 新闻系统中同时增加嗅觉和触觉反馈，相较于单独增加嗅觉或触觉反馈，对新闻的可信度产生显著正向影响作用更强。

（5）持续使用意愿（Continuance intention）。

在信息系统持续使用理论模型中，持续使用意愿是一个非常重要的概念，它可以表征用户在使用或体验了特定信息系统之后，未来继续使用系统、推荐其他人使用系统的意愿程度。虽然这个指标无法反映用户实际继续使用系统的真实情况，却是表征用户继续使用系统的可能性的重要指标。而沉浸式新闻是当今新闻业中备受关注的一种信息系统，因此，使用持续使用意愿来评估多感官 VR 新闻系统是非常重要的。对此，过往一些研究者已有相关的讨论。Shin 等（2018）发现虚拟现实系统通过场景设计、增加交互等让系统更加易于使用，让用户可以更加沉浸、共情、感知享受，从而增加了用户的持续使用意愿。杭云等人（2007）则认为，加入了多感官的虚拟现实系统是一种模仿自然状态的人机界面设计，应该是虚拟现实所追求的终极目标。因此，关于持续使用意愿本章提出以下研究假设：

H5a：在 VR 新闻系统中增加多感官反馈，能够对用户的持续使用意愿产生显著正向影响。

H5b：在 VR 新闻系统中同时增加嗅觉和触觉反馈，相较于单独增加嗅觉或触觉反馈，对用户的持续使用意愿产生显著正向影响作用更强。

（6）新闻分享意图（Sharing intention）。

新闻分享意图被用来表征受众获取新闻事件之后，就新闻事件与他人讨论以及分享给他人的意愿，一定程度上代表了用户体验新闻之后的相关态度或者会采取的行动。本章借鉴了牟怡等（2019）使用的新闻分享意愿量表，重点关注用户在体验新闻之后，就刚才的新闻与他人讨论、将刚才的新闻分享到社交媒体上的意愿。针对沉浸式新闻对于受众新闻分享意图的影响，周勇等人（2018）假设用户面对具有消极情绪的沉浸式新闻（实验中是关于 12 岁的叙利亚难民汉娜逃难生活的报道），会因为借由媒介改善自己情绪的期待，而回避消极内容，因此可能对了解与分享新闻持有消极态度，但结果显示用户即使在沉浸式新闻报道中受到负面情绪影响，也不会主动抽离出来，而是倾向继续阅读或分享。可见让受众对于新闻产生更多沉浸感，参与到新闻事件发展之中，可以使其产生更多的分享意愿。因此，关于新闻分享意图本章提出以下研究假设：

H6a：在 VR 新闻系统中增加多感官反馈，能够对用户的新闻分享意图产生显著正向影响。

H6b：相较于单独增加嗅觉或触觉反馈，在 VR 新闻系统中同时增加嗅觉和触觉反馈，对用户的新闻分享意图产生显著正向影响作用更强。

6.4　研究设计

本节首先对研究方法、数据分析思路进行介绍。之后介绍研究材料的准备，具体包括新闻素材的选择、多感官反馈的提供、实验室环境的搭建。最后就实验流程、测量方法、访谈问题等进行介绍。

6.4.1　研究方法

本章主要是以实验法和问卷调查为主、访谈为辅的实证量化研究。

由于考虑到目前 VR 设备的普及率相对不高，且本章中的多感官研究较为前沿，目前受限于技术发展，有较高的场地和设备要求，我们无法进行大规模的实验和问卷调查。因此我们搭建了用户行为观察实验室，设置了独立的空间便于为用户提供多感官反馈，邀请被试在实验室的环境下体验不同感官配置的 VR 新闻后，分别填写问卷和接受访谈，每名被试将填写 4份量表并参与一次访谈。

随后，我们采用 Friedman 检验和配对样本 Wilcoxon 符号秩检验的方法，对实验后获得的量表结果进行分析、检验和修正实验假设。分析用户在观看 VR 新闻时受到不同感官刺激时，新闻传播效果的变化。

此外，我们还会在客观数据分析之后，结合实验过程中对于被试行为的观察，根据访谈结果，对研究假设验证的情况进行讨论，以及对多感官 VR 新闻进行讨论，分析多感官反馈对于 VR 新闻传播效果的影响如何，并进一步提出未来的系统设计建议。

6.4.2　研究材料

（1）新闻素材。

新闻的选取上，根据我们在第二章提出的 VR 新闻的设计开发指导规范，我们认为由于现阶段媒体机构的精力和开发能力有限，不大可能大批量生产和消费多感官 VR 新闻，因此灾难事件场景、重大历史事件、常人难以再生活中接触到的场景应该被优先考虑作为多感官 VR 新闻的题材。因此，我们参考第二章所提出的 VR 新闻叙事框架和生产流程而自己开发了一部交互式 VR 新闻产品。该新闻讲述了用户作为消防员进行森林火灾救援的事件，用户在得知四川凉山州木里县发生森林火灾之后，需要徒步前往位于森林深处的火灾发生地进行灭火，灭火过程中，遇到爆燃现象需要紧急避险，最终许多人员失联和牺牲，产生了非常大的社会影响。

选择凉山州木里县森林火灾作为本章的新闻素材有以下原因：

（1）当前多感 VR 新闻的研究还在起步阶段，并没有成熟的设计体系，以及明确的新闻素材选取标准。我们在文献综述的过程中，总结出灾难事件场景、重大历史事件、常人难以再生活中接触到的场景应该被优先考虑作为多感官 VR 新闻的题材。而凉山火灾正是真实发生过、产生了重大社会影响、常人难以接触到的新闻事件，适合以此为素材进行研究探索。

（2）受限于目前的技术发展，通过文献综述，本章选取的多感官反馈为嗅觉反馈、触觉反馈。因此，本章中使用的新闻事件需要较为明确、且易于通过实验室环境模拟嗅觉、触觉相关的场景出现。而凉山火灾中，有着明确的灭火产生浓烟继而产生烧焦气味的画面；伴随着在森林深处灭火体验的草地、高温触觉环境。凉山火灾中的部分 VR 场景如图 6.3 所示。

（a）徒步进入火灾地点

（b）操作手柄扑灭火焰

（c）发生爆燃现象

（d）火灾逃生

图 6.3　实验中的部分 VR 场景

（2）多感官反馈提供方式。

在多感官反馈的提供上，我们在前文中确定了使用嗅觉反馈和触觉反馈（包含温度和被动触觉），根据凉山火灾新闻中的具体场景和事件发展，本章主要采用了以下方式提供多感官反馈，布置实验室环境。

在触觉反馈的提供上：①温度反馈。对应新闻中爆燃场景，使用热风机提供热风；对应新闻中消防救灾场景，将加热贴片粘贴在操作手柄上，提供手部的热觉。②被动触觉反馈。要求被试站在地垫和人工草坪上进行对应实验，提供踩在山丘的土壤、草地上的触感。

在嗅觉反馈的提供上：有关于反馈方式的选取，Yanagida（2012）综述了向用户传递气味的六种方式，并表示几种方式各有利弊，需要根据具体的研究来进行选择，其中包括数字化模拟气味、特殊装置向鼻腔直接传递气味、空间扩散气味等。这些方式也是没有一个明确的选择标准和优劣的，需要根据实验条件和研究需要进行选择。本章选择熏香营造环境空间气味的方式的原因：第一，本章研究的重点是确定嗅觉的增加会不会影响 VR 新闻系统的表现，而不是如何将气味数字化、开发设备，因此选用对用户侵入性低的方式更合适；第二，使用专业设备进行模拟有更加精确、可控制的优势，但是相应的成本也更高，更适合用于专注于嗅觉精确测量的实验，比如，研究人体对于不同剂量的气味的认知机理，就更适合使用这种数字化设备。综上所述，对于本章中的研究问题和场景，我们使用艾草味熏香，配合新闻中灭火场景，为被试提供植物烧焦气味。

（3）实验环境与设备。

本章中的实验有较高的场地和设备要求。因此，我们布置了面积约为 15 m² 的密闭空间作为用户行为观察实验室，用来为被试提供可控的实验环境，以及进行实验相关的问卷填写、访谈环节。

本章中的实验场景如图 6.4 所示，图中所示为 10 号被试正在进行实验的场景。

图6.4 实验中的多感官反馈

6.4.3 研究样本与实验流程

正式实验开始之前，我们招募了两位被试进行预实验，测试实验设备能否顺畅运行，实验流程是否合理流畅，实验量表与访谈问题是否易于理解，并邀请被试提出有关与实验的意见，对实验素材、设备、流程、量表等进行了针对性调整用于正式实验。

招募被试的环节，考虑到统计分析所需的样本量和本章的实验执行难度，我们招募了19名大学生作为被试，收集了76份问卷数据以及19份访谈内容。为了尽量减少被试本身因素对数据结果的影响，被试需要满足此前没有十分了解研究材料的相关报道。

在被试开始进行实验之前，我们制作了时长大约两分钟的实验介绍视频供被试观看，视频介绍的重点包括：

（1）多感官虚拟现实技术的研究背景，即在VR设备的体验之上增加嗅觉反馈和触觉反馈的应用前景，科幻影视剧作品中的多感官反馈场景，以及目前正在开发的已有多感官设备，希望被试可以通过这部分的介绍忽略本章中多感官反馈设备的局限，将体验的重点关注在自身的感受上。

（2）实验大致流程，即每位被试需要经历四次小实验，分别体验凉山火灾这个VR新闻与不同的感官反馈，并强调四次实验的顺序是随机的。

（3）VR设备的基础使用教学，即VR新闻播放过程中涉及的手柄使用和被试位置移动等相关操作指南。

（4）实验注意事项，由于本章的实验中提供了温度、嗅觉反馈，可能给被试造成生理上的不适感，因此提前告知被试实验过程中若有不适感可以随时中断并退出实验。

实验过程中，每名被试体验四次不同感官配置的 VR 新闻，具体的配置如图 6.5 所示，实验的顺序进行了平衡的拉丁方设计，以尽量避免感官反馈的顺序对于量表数据结果的影响。

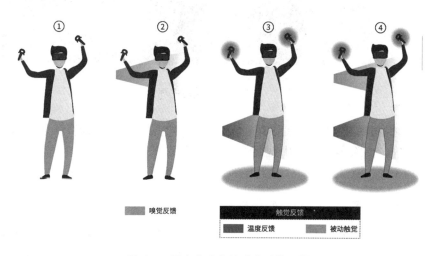

图 6.5 四次实验中的感官反馈配置
（a）为基础视听觉；（b）增加嗅觉反馈；（c）增加触觉反馈；（d）同时增加嗅觉和触觉反馈

对于每个被试而言，整体的实验流程如图 6.6 所示。

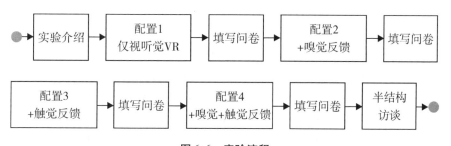

图 6.6 实验流程

在每一位被试结束并填写完量表之后，会接受约 10 分钟的访谈，整个实验流程大约 40 分钟。实验结束之后，每名被试可以获得 10 元报酬。图

6.7 展示了被试填写问卷的实验过程。

图 6.7　实验中被试填写主观量表

同时，我们注意在每名被试的实验结束之后，及时对实验场地进行通风、换气，消除实验过程中残留在实验室中的烧焦气味，让实验室的温度恢复到正常，避免对下一个进行实验的被试产生干扰，污染实验数据。

6.4.4　测量问卷和访谈大纲

本章的测量问卷参考了过往文献中的权威量表，在具体的实验设计中，结合多感官 VR 设备的自身技术特点、新闻的传播特性进行了适当的修改和调整，汇总成为本次研究中被试填写的量表。

本章在预实验中对问卷进行了前测，修改完善问卷用于正式实验研究中。最终被试填写的问卷包括两个部分：①个人信息，包括被试序号、性别、年龄段、专业、是否有 VR 经历、是否有多感官体验；②问卷选项，主要针对临场、共情、感知享受、可信度、持续使用意愿、新闻分享意图 6 个变量设置了 16 个题项。

此外，我们希望通过实验之后的访谈，更好地回溯被试参与实验的感受，包括其对于实验系统印象深刻的地方；通过多感官 VR 新闻获取新闻内容、认知和记忆新闻的效果，以及系统的表现与传统媒介的差异。同时，就实验中被试行为的观察进行探讨，以理解用户体验多感官 VR 新闻的过程，进而提出进一步的设计指南。实验中的访谈采用半结构访谈的形式。

6.5　研究结果与讨论

本章内容将对实验获得的数据进行分析，并根据数据分析的结果、结合访谈获得的内容进行讨论。

6.5.1　量化数据分析

我们使用 SPSS 26.0 软件对于实验中获得的量化数据进行了统计分析，并集中在本节进行汇报。具体包括描述性统计分析、信效度检验、配对样本 Friedman 检验、Wilcoxon 检验。本章的数据分析中，将用 1、2、3、4 四个实验组代表（图 6.5），分别为：①基础视听觉的 VR 新闻；②包含嗅觉反馈的 VR 新闻；③包含触觉反馈的 VR 新闻；④同时包含嗅觉和触觉反馈的 VR 新闻系统。

（1）描述性统计分析。

我们共招募 19 位大学生被试，收集 76 份有效的问卷数据。其中，在性别分布上，有 8 位男性被试、11 位女性被试；在年龄分布上，被试年龄段涵盖 22～26 岁；在专业来源上，涵盖文学、理学、工学、医学等；在是否有 VR 经历上，6 名被试十分熟悉 VR 开发，12 名被试有过 VR 体验经历，1 名被试没有 VR 相关经历；在是否有多感官体验经历上，12 名被试有过 4D 影院中的多感官观影体验，7 名被试没有过多感官体验。

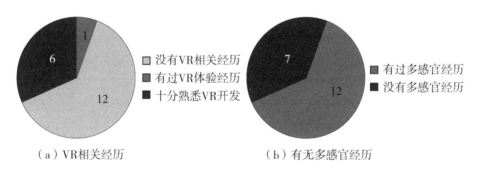

（a）VR相关经历　　　　　　　（b）有无多感官经历

图 6.8　实验被试描述统计学分布的部分信息：

（2）信度与效度分析。

在获得问卷数据之后，我们对问卷的有效数据进行了信度检验和效度检验，检验结果如表 6.1 所示。

信度检验结果显示，所有维度的 Cronbach α 系数均大于 0.8，共情这一变量的量表数据 Cronbach α 系数大于 0.9，说明研究数据信度质量高，表明内部具有一致性。效度检验结果显示，问卷整体的 KMO 值大于 0.8，表示研究项的信息量可以有效地提取出来。我们所采用的问卷具有合适的信效度，可以进行接下来的分析。

表 6.1　测量问卷的信度与效度

变量	题项个数	Cronbach α 系数	KMO 值	问卷 KMO 值
临场	3	0.871	0.713	
感知享受	2	0.875	—	
共情	2	0.952	—	
可信度	3	0.862	0.737	0.862
持续使用意愿	3	0.850	0.716	
新闻分享意图	2	0.817	/	

（3）配对样本 Friedman 检验。

利用 Friedman 检验去研究实验组对于临场、感知享受、共情、可信度、持续使用意愿、新闻分享意图共 6 项的差异性，结果如表 6.2 所示。从表中结果可以看出：1、2、3、4 四组的数据结果对于临场、共情、感知享受、可信度、持续使用意愿、新闻分享意图全部均呈现出显著性（$p < 0.05$），这意味着不同实验组样本对于临场、共情、感知享受、可信度、持续使用意愿、新闻分享意图均有着差异性。可以进行下一步的 Wilcoxon 符号秩检验两两比较。

表 6.2　Friedman 检验结果

指标	实验组（平均值 ± 标准差）				p
	1（$n = 19$）	2（$n = 19$）	3（$n = 19$）	4（$n = 19$）	
临场	4.44 ± 0.97	5.35 ± 0.76	6.02 ± 0.80	6.26 ± 0.92	0.000***
感知享受	5.16 ± 1.00	5.84 ± 1.03	6.00 ± 0.97	6.32 ± 0.82	0.001**
共情	4.84 ± 1.11	5.13 ± 1.15	5.66 ± 1.12	5.87 ± 1.21	0.000***
可信度	5.32 ± 0.78	5.63 ± 1.02	5.91 ± 0.82	6.25 ± 0.56	0.000***
持续使用意愿	5.19 ± 0.94	5.79 ± 1.27	6.21 ± 0.88	6.42 ± 0.69	0.000***
新闻分享意图	5.11 ± 1.33	5.89 ± 1.20	6.11 ± 0.99	6.74 ± 0.45	0.000***

为了更加直观地展示 Friedman 检验的结果，并将量表数据的整体分布情况可视化，图 6.9 是以四个实验组编号顺序 1、2、3、4 为横轴，使用 6 个指标对应量表数据绘制的箱线图。从图中可以看出，随着多感官反馈的加入，多感官 VR 新闻在各个指标上的表现数据集中程度增加，且可以清晰

地看到中位数的增大。

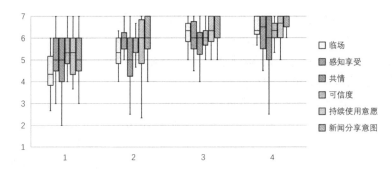

图 6.9 各个指标原始值对应不同实验组的箱线图

（4）配对样本 Wilcoxon 符号秩检验。

使用 Friedman 检验确定了各指标整体上存在显著性差异之后，在这一部分，我们使用配对样本 Wilcoxon 符号秩检验进行事后检验，针对临场、感知享受、共情、可信度、持续使用意愿、新闻分享意图 6 项指标对于 1、2、3、4 四个实验配置组的数据进行两两比较，以验证本章的实验假设。以下将针对各指标的检验结果分别进行分析讨论：

● 临场（Presence）

针对临场这一指标，对于 1、2、3、4 四个实验配置组的数据进行两两比较，以验证实验假设 H1a 和 H1b。其 Wilcoxon 检验的数据结果见表 6.3。

表 6.3 临场（PR）数据的 Wilcoxon 检验结果

名称			平均值 ± 标准差		差值	p
			配对 1	配对 2		
PR - 1	配对	PR - 2	4.44 ± 0.97	5.35 ± 0.76	- 0.91	0.000 ***
		PR - 3		6.02 ± 0.80	- 1.58	0.000 ***
		PR - 4		6.26 ± 0.92	- 1.82	0.000 ***
PR - 4	配对	PR - 2	6.26 ± 0.92	5.35 ± 0.76	0.91	0.001 **
		PR - 3		6.02 ± 0.80	0.25	0.311
PR - 2	配对	PR - 3	5.35 ± 0.76	6.02 ± 0.80	- 0.67	0.004 **

H1a：在 VR 新闻系统中增加多感官反馈，能够对用户的临场产生显著

正向影响。

从表6.3中可以看到，对于临场这个指标，在2、3、4三个实验组中的数据结果是显著高于1组数据的（$p = 0.000$）。也就是说，对比仅有视听觉反馈的VR新闻，添加了嗅觉反馈、触觉反馈、同时添加两种反馈的VR新闻，都能给受众带来更强的临场感，让其在新闻中感受到更多"在那里"的感觉，验证了研究假设H1a。

H1b：相较于单独增加嗅觉或触觉反馈，VR新闻系统中同时增加嗅觉和触觉反馈，对用户的临场产生显著正向影响作用更强。

从表6.3中可以看到，对于临场这个指标，在实验组4中的数据是显著高于2组数据的（$p < 0.001$），也就是说，在仅嗅觉反馈的VR新闻的基础上，加入触觉反馈的VR新闻能够为受众带来更强的临场感，让其在新闻中感受到更多"在那里"的感觉。而实验组4中的数据与3组数据相比，没有呈现出显著差异（$p = 0.311$），仅平均值略高于3组，说明在仅有嗅觉反馈的VR新闻的基础上，加入触觉反馈的VR新闻在临场感上没有造成显著的影响。因此，假设H1b仅对于嗅觉反馈成立，对于触觉反馈不成立。

数据整体分布的箱线图如图6.10所示。

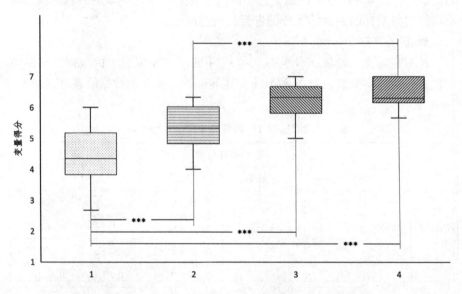

图6.10　临场（PR）数据对应不同实验组的箱线图

● 感知享受（Perceived enjoyment）

针对感知享受这一指标，对于1、2、3、4四个实验配置组的数据进行两两比较，以验证实验假设 H2a 和 H2b。其 Wilcoxon 检验的数据结果见表6.4。

表6.4　感知享受（PE）数据的 Wilcoxon 检验结果

名称			平均值 ± 标准差		差值	p
			配对 1	配对 2		
PE – 1	配对	PE – 2	5.16 ± 1.00	5.84 ± 1.03	– 0.68	0.012*
		PE – 3		6.00 ± 0.97	– 0.84	0.008**
		PE – 4		6.32 ± 0.82	– 1.16	0.002**
PE – 4	配对	PE – 2	6.32 ± 0.82	5.84 ± 1.03	0.47	0.141
		PE – 3		6.00 ± 0.97	0.32	0.003**
PE – 2	配对	PE – 3	5.84 ± 1.03	6.00 ± 0.97	– 0.16	0.787

H2a：在 VR 新闻系统中增加多感官反馈，能够对用户的感知享受产生显著正向影响。

从表6.4中可以看到，对于感知享受这个指标，在2、3、4三个实验组中的数据结果是显著高于1组的（$p < 0.05$）。也就是说，对比仅有视听觉反馈的 VR 新闻，添加了多感官反馈的 VR 新闻，能给受众带来更强的享受感，验证了研究假设 H2a。

H2b：相较于单独增加嗅觉或触觉反馈，在 VR 新闻系统中同时增加嗅觉和触觉反馈，对用户的感知享受产生显著正向影响作用更强。

从表6.4中可以看到，对于感知享受这个指标，在实验组4中的数据是显著高于3组的（$p < 0.05$），也就是说，对比仅添加了触觉反馈的 VR 新闻，同时添加两种反馈的 VR 新闻能够为受众带来更强的感知享受。而实验组4中的数据与2组数据相比，没有呈现出显著差异（$p = 0.141$），仅平均值略高于2组，说明对比仅添加了嗅觉反馈的 VR 新闻，同时添加两种反馈的系统在受众的感知享受上没有呈现出显著差异。因此，假设 H2b 仅对于触觉反馈成立，对于嗅觉反馈不成立。

数据整体分布的箱线图如图6.11所示。

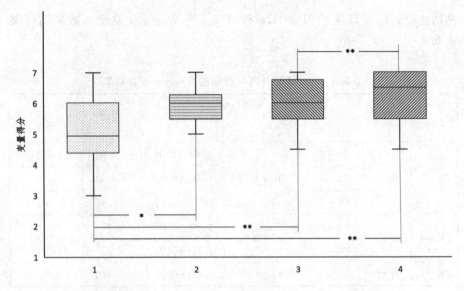

图 6.11　感知享受（PE）数据对应不同实验组的箱线图

● 共情（Empathy）

针对共情这一指标，对于 1、2、3、4 四个实验配置组的数据进行两两比较，以验证实验假设 H3a 和 H3b。其 Wilcoxon 检验的数据结果见表 6.5。

表 6.5　共情（EM）数据的 Wilcoxon 检验结果

名称			平均值 ± 标准差		差值	p
			配对 1	配对 2		
EM－1	配对	EM－2	4.84 ± 1.11	5.13 ± 1.15	－0.29	0.136
		EM－3		5.66 ± 1.12	－0.82	0.006**
		EM－4		5.87 ± 1.21	－1.03	0.001**
EM－4	配对	EM－2	5.87 ± 1.21	5.66 ± 1.12	0.74	0.002**
		EM－3		5.66 ± 1.12	0.21	0.191
EM－2	配对	EM－3	5.13 ± 1.15	5.66 ± 1.12	－0.53	0.048*

H3a：在 VR 新闻系统中增加多感官反馈，能够对用户的共情产生显著正向影响。

从表 6.5 中可以看到，对于共情这个指标，在 3、4 三个实验组中的数据结果是显著高于 1 组数据的（$p < 0.05$），在 2 组中的数据结果与 1 组相比

没有呈现出显著差异（$p = 0.136$），也就是说，对比仅有视听觉反馈的 VR 新闻，添加了触觉反馈、同时添加两种反馈的 VR 新闻，受众更能与新闻内容共情；添加了嗅觉反馈的 VR 新闻则没有呈现出显著差异，部分验证了研究假设 H3a。H3a 仅对于添加了触觉反馈、同时添加两种反馈的 VR 新闻成立。

H3b：相较于单独增加嗅觉或触觉反馈，在 VR 新闻系统中同时增加嗅觉和触觉反馈，对用户的共情产生显著正向影响作用更强。

从表 6.5 中可以看到，对于共情这个指标，在实验组 4 中的数据是显著高于 2 组数据的（$p < 0.05$），也就是说，对比仅添加了触觉反馈的 VR 新闻，同时添加两种反馈的 VR 新闻能够为受众带来更强的感知享受。而实验组 4 中的数据与 3 组相比，没有呈现出显著差异（$p = 0.191$），仅平均值略高于 3 组，说明对比仅添加了触觉反馈的 VR 新闻，同时添加两种反馈的 VR 新闻为受众带来略高的感知享受，没有呈现出显著性。因此，假设 H3b 仅对于嗅觉反馈成立，对于触觉反馈不成立。

数据整体分布的箱线图如图 6.12 所示。

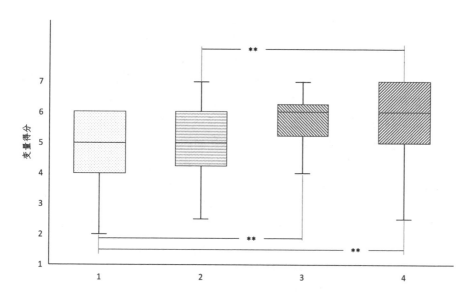

图 6.12　共情（EM）数据对应不同实验组的箱线图

● 可信度（Reliability）

针对可信度这一指标，对于 1、2、3、4 四个实验配置组的数据进行两两比较，以验证实验假设 H4a 和 H4b。其 Wilcoxon 检验的数据结果见

表6.6。

表 6.6　可信度（RE）数据的 Wilcoxon 检验结果

名称			平均值 ± 标准差		差值	p
			配对 1	配对 2		
RE - 1	配对	RE - 2	5.32 ± 0.78	5.63 ± 1.02	- 0.32	0.172
		RE - 3		5.91 ± 0.82	- 0.60	0.006**
		RE - 4		5.87 ± 1.21	- 1.03	0.001**
RE - 4	配对	RE - 2	5.87 ± 1.21	5.63 ± 1.02	0.61	0.002**
		RE - 3		5.91 ± 0.82	0.33	0.005**
RE - 2	配对	RE - 3	5.63 ± 1.02	5.91 ± 0.82	- 0.28	0.267

H4a：在 VR 新闻系统中增加多感官反馈，能够对新闻的可信度产生显著正向影响。

从表 6.6 中可以看到，对于可信度这个指标，在 3、4 两个实验组中的数据结果是显著高于 1 组数据的（$p < 0.05$），在 2 组中的数据结果与 1 组相比没有呈现出显著差异（$p = 0.172$），也就是说，对比仅有视听觉反馈的 VR 新闻，添加了触觉反馈、同时添加两种反馈的 VR 新闻，受众对于新闻内容的信任程度更高，认为新闻更加可信、清晰、客观；仅添加嗅觉反馈的 VR 新闻则没有呈现出显著差异，部分验证了研究假设 H4a。H4a 仅对于添加了触觉反馈、同时添加两种反馈的 VR 新闻成立。

H4b：相较于单独增加嗅觉或触觉反馈，在 VR 新闻系统中同时增加嗅觉和触觉反馈，对新闻的可信度产生显著正向影响作用更强。

从表 6.6 中可以看到，对于可信度这个指标，在实验组 4 中的数据是显著高于 2、3 组数据的（$p < 0.05$），也就是说，对比仅添加嗅觉反馈、仅添加触觉反馈的 VR 新闻，同时添加两种反馈的 VR 新闻能够为受众带来更强的感知享受，验证了研究假设 H4b 成立。

数据整体分布的箱线图如图 6.13 所示。

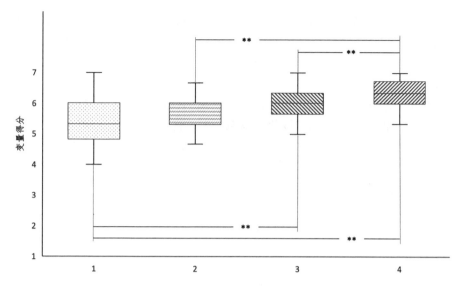

图 6.13　可信度（RE）数据对应不同实验组的箱线图

● 持续使用意愿（Continuance Intention）

针对持续使用意愿这一指标，对于 1、2、3、4 四个实验配置组的数据进行两两比较，以验证实验假设 H5a 和 H5b。Wilcoxon 检验的数据结果见表 6.7。

表 6.7　持续使用意愿（CI）数据的 Wilcoxon 检验结果

名称			平均值 ± 标准差		差值	p
			配对 1	配对 2		
CI － 1	配对	CI － 2	5.19 ± 0.94	5.79 ± 1.27	－ 0.60	0.017[*]
		CI － 3		6.21 ± 0.88	－ 1.02	0.001[**]
		CI － 4		6.42 ± 0.69	－ 1.23	0.000[***]
CI － 4	配对	CI － 2	6.42 ± 0.69	5.79 ± 1.27	0.63	0.021[*]
		CI － 3		6.21 ± 0.88	0.21	0.018[*]
CI － 2	配对	CI － 3	6.21 ± 0.88	5.79 ± 1.27	0.42	0.129

H5a：在 VR 新闻系统中增加多感官反馈，能够对用户的持续使用意愿产生显著正向影响。

从表 6.7 中可以看到，对于持续使用意愿这个指标，在 2、3、4 三个实验组中的数据结果均显著高于 1 组数据（$p < 0.05$），也就是说，对比仅有视听觉反馈的 VR 新闻，添加了嗅觉反馈、触觉反馈、同时添加两种反馈的 VR 新闻，受众对于新闻系统的持续使用意愿更高，验证了研究假设 H5a 成立。

H5b：相较于单独增加嗅觉或触觉反馈，在 VR 新闻系统中同时增加嗅觉和触觉反馈，对用户的持续使用意愿产生显著正向影响作用更强。

从表 6.7 中可以看到，对于持续使用意愿这个指标，在实验组 4 中的数据是显著高于 2、3 组数据的（$p < 0.05$），也就是说，对比仅添加嗅觉反馈、仅添加触觉反馈的 VR 新闻，同时添加两种反馈的 VR 新闻能够为受众带来更强的持续使用意愿，验证了研究假设 H5b 成立。

数据整体分布的箱线图如图 6.14 所示。

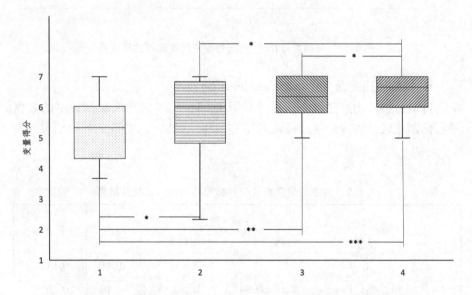

图 6.14　持续使用意愿（CI）数据对应不同实验组的箱线图

● 新闻分享意图（Sharing Intention）

针对新闻分享意图这一指标，对于 1、2、3、4 四个实验配置组的数据进行两两比较，以验证实验假设 H6a 和 H6b。Wilcoxon 检验的数据结果见表 6.8。

表 6.8 新闻分享意图 (SI) 数据的 Wilcoxon 检验结果

名称			平均值 ± 标准差		差值	p
			配对 1	配对 2		
SI – 1	配对	SI – 2	5.11 ± 1.33	5.89 ± 1.20	– 0.79	0.004 **
		SI – 3		6.11 ± 0.99	– 1.00	0.004 **
		SI – 4		6.74 ± 0.45	– 1.63	0.001 **
SI – 4	配对	SI – 2	6.74 ± 0.45	5.89 ± 1.20	0.84	0.011 *
		SI – 3		6.11 ± 0.99	0.63	0.010 *
SI – 2	配对	SI – 3	5.89 ± 1.20	6.11 ± 0.99	– 0.21	0.429

H6a：在 VR 新闻系统中增加多感官反馈，能够对用户的新闻分享意图产生显著正向影响。

从表 6.8 中可以看到，对于新闻分享意图这个指标，在 2、3、4 三个实验组中的数据结果均显著高于 1 组数据（$p < 0.05$），也就是说，对比仅有视听觉反馈的 VR 新闻，添加了嗅觉反馈、触觉反馈、同时添加两种反馈的 VR 新闻，受众对于对新闻的分享意愿更高，更愿意就新闻与他人讨论、将新闻分享到社交媒体上，验证了研究假设 H6a 成立。

H6b：相较于单独增加嗅觉或触觉反馈，在 VR 新闻系统中同时增加嗅觉和触觉反馈，对用户的新闻分享意图产生显著正向影响作用更强。

从表 6.8 中可以看到，对于新闻分享意图这个指标，在实验组 4 中的数据是显著高于 2、3 组数据的（$p < 0.05$），也就是说，对比仅添加嗅觉反馈、仅添加触觉反馈的 VR 新闻，同时添加两种反馈的 VR 新闻能让用户有更高的分享新闻的意愿，验证了研究假设 H6b 成立。

数据整体分布的箱线图如图 6.15 所示。

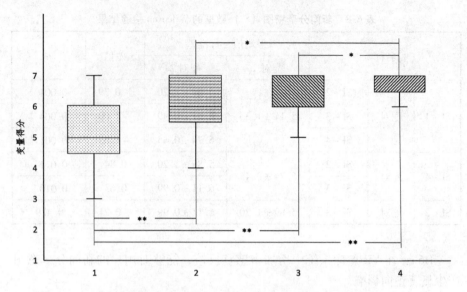

图 6.15　新闻分享意图（SI）数据对应不同实验组的箱线图

● Wilcoxon 检验结果汇总

将以上临场、感知享受、共情、可信度、持续使用意愿、新闻分享意图 6 项指标的 Wilcoxon 检验（考虑到篇幅，此处仅展示 p 值以表明差异性）进行汇总，制成表 6.9。量化数据分析后，根据图 6.2 中多感官 VR 新闻传播效果评估模型进行分类，有关研究假设的验证情况为：

①心理体验层面的假设：H1a、H2a 均成立；H1b、H2b 对触觉反馈和同时添加两种反馈成立。

②新闻态度层面的假设：H3a、H4a 对触觉和同时添加两种反馈成立、对嗅觉反馈不成立，H3b 对嗅觉反馈成立，H4b 均成立。

③行动意向层面的假设：H5a、H5b、H6a、H6b 均成立。

表 6.9　Wilcoxon 检验结果汇总

配对名称			p					
			心理体验层面		新闻态度层面		行动意向层面	
			临场	感知享受	共情	可信度	持续使用意愿	新闻分享意图
1	配对	2	.000**	0.012*	0.136	0.172	0.017*	0.004**
		3	0.000**	0.008**	0.006**	0.006**	0.001**	0.004**
		4	0.000**	0.002**	0.001**	0.001**	0.000**	0.001**

续表 6.9

配对名称			p					
			心理体验层面		新闻态度层面		行动意向层面	
			临场	感知享受	共情	可信度	持续使用意愿	新闻分享意图
4	配对	2	0.001**	0.141	0.002**	0.002**	0.021*	0.011*
		3	0.311	0.003**	0.191	0.005**	0.018*	0.010*

6.5.2 访谈内容分析

在实验最后，每位被试需要进行一段 10 分钟左右的半结构化访谈。访谈的目的有三个：

● 采用质化的方式对被试的新闻认知与记忆进行讨论。

● 佐证和帮助解释量化数据的结果。

● 为多感官 VR 新闻的未来发展提出用户角度的期待。

结合本章的研究问题，以下将就访谈中涉及的主要问题进行了整合，通过经验材料的引用，详细对引用的经验材料进行讨论、分析，对照研究问题，将被试的回答进行归纳和整理。

（1）被试对于多感官 VR 新闻的总体评估与记忆点。

针对实验过程中体验的凉山火灾的多感官 VR 新闻，被试总体上评价较为积极，不少被试表示"觉得好玩""很感兴趣""确实感觉能够参与到新闻中"，对于其趣味性、沉浸感、新闻内容印象深刻等方面的印象深刻。被试 13 在访谈中表示：

"虽然能感受到，受限于当前的研究条件，实验中的多感官设备较为简单，但是实际的实验过程中，戴上 VR 头盔之后，这些设备提供的感官体验超出了我的预期，总体上我认为如果仅有视听觉的基础 VR 新闻是 6 分的话，加入了嗅觉和触觉的 VR 新闻可以打 8.5 分。"

被试的这种积极反馈表明，本章中设计的多感官 VR 新闻整体表现满足了受众的期待，这主要有以下的原因：一方面，在实验介绍的环节，我们通过视频形式，向被试介绍了多感官 VR 系统相关技术的发展现状与未来前景，让被试对于实验中的体验有所预期，同时对于实验中较为简单的感官模拟增加包容，将实验的重点放在个人体验上；另一方面，正如文献综述总结中所写，基于多感官 VR 技术的已有研究，其增加用户体验、增加系统的表现的效果是有迹可循的。

（2）多感官 VR 新闻与传统新闻的区别与优劣。

本章中，大部分被试平时都是通过微信、微博等资讯平台获得新闻资讯，多数观看图文新闻、少数被试也会观看视频新闻。对于这一类被试，她们平时阅读新闻以获得时政、热点为主，多为概览形阅读新闻。谈到实验中体验的多感官 VR 新闻与平时阅读新闻的差异，被试谈到了其优、劣势：

在优势上，许多被试表示"获得了更加丰富、多元的体验""主观上更加愿意去带入角色，有沉浸感、代入感，对新闻的印象更深刻"，表示多感官 VR 新闻"能够触动人心"。

在劣势上，也有被试提到"感觉花费的时间更长""没有平时简单观看图文新闻效率高"，但是她们也补充道，对于"大场面的新闻事件""消防教育类新闻"多感官 VR 新闻具有其优势。

（3）多感官 VR 新闻对于新闻认知与记忆的影响。

大众传播研究中将认知因素纳入"态度"的重要考量范围，而认知因素包含了具体的记忆和了解。新闻是一种记录社会与传播信息的文体，因此在沉浸式传播中也需要考察受众对于新闻的信息认知。我们以往的研究也发现交互式 VR 新闻与视频新闻的新闻认知准确度都显著优于非交互式 VR 新闻。我们认为，与传统新闻的第三人称视角、非交互的 VR 新闻相比，在交互式 VR 新闻中，通过在重要内容上设置可交互的信息，使用者根据自己的兴趣选择交互的顺序，并在交互时能够聚焦注意力到信息上，因此认知得到很好的改善。

而多感官被一些研究证明对于情绪和记忆存在影响。Herz 和 Rachel（2002）通过实验发现，比起视觉线索，嗅觉线索对被试与童年记忆相关的指标影响更大，其中包括记忆的生动性、情绪性等，实验中通过主观问卷和访谈的形式测量变量。随后，在 Hezr 2021 年最新发表的文章中，针对气味对于情绪和记忆的影响效果，综述了将嗅觉引入 VR 系统用于治疗创伤性应激反应综合征（PTSD）的研究，认为嗅觉 VR 系统用于心理治疗很好的潜力，进一步论证了嗅觉对于情绪性记忆的影响能力。也有一些学者研究温度和风对于用户在 VR 场景中的情绪反应和环境感知的影响（Ranasinghe et al.，2017）。

由于本章中研究设计的需要，对于新闻认知与记忆的考察，在实验过程中，我们采用了访谈的方法进行研究，没有获取用户量化的数据，相关的讨论较为宏观。关于这一点，实验过程中，具体的半结构化访谈问题为：
"您认为这种多感官反馈 VR 新闻的形式有利于您增加新闻认知与记忆吗？"
实验过程中，研究人员注意通过电脑屏幕观察被试看到的同步画面，同时
对其行为进行观察，重点关注其对于新闻细节的认知情况。在访谈中，结
合实验过程中对他们行为的观察进行访谈，就新闻细节进行提问，对被试
认为多感官反馈对其认识新闻内容的影响进行提问。

积极影响方面，多数被试表示，随着场景中凉山火灾的情况逐渐严重，
自己从徒步进入火灾现场灭火，到遇到爆燃，由于配合场景的热风、手柄
加热、草坪质感、烧焦味道的加入，自己感觉真的和消防员一起参与到了
新闻事件中，对于新闻事件的印象更深刻。同时，对于森林火灾的严重性、
爆燃这类专业概念有了更加直观、形象化的认知。

值得一提的是，本实验素材中有一处一名消防员被大火吞噬的细节，
这个细节对于被试意识到火灾的严重后果十分重要。被试体验中该细节处
于被试背后的位置，相关视觉线索较少，单纯的视听觉 VR 系统中被试本身
很难注意到这个新闻细节。被试 14 将这个场景配合的热风反馈描述为：

"从背后的吹来的阵阵热浪，引导我向后面看去，发现了原来耳机里的
惨叫声对应的是有消防员牺牲了。虽然我知道这个画面是计算机建模的，
但是配合这耳机里的声音、背后的热浪、嗅到的烧焦味道，让我感到很
震撼。"

因此，在 VR 新闻系统中增加合适的多感官反馈，除了提升量化数据的
表现外，可以吸引用户的注意力，引导受众发现新闻细节，加深新闻认知
和记忆。但正如前文所说，这种反馈必须是"合适的"，即与新闻事件的发
展、新闻场景进行有效的配合。

消极影响方面，被试 11 来自新闻学专业，她表示，人的认知能力是有
限的，过多感官反馈的加入，虽然增加了沉浸感、趣味性，但是不利于自
身快速、准确地记忆场景中的新闻，她如此描述：

"如果我太过于置身于场景之中，我会反而无法太过于跳出来，认知新
闻事件本身，感官被过分占用之后，无法分配认知资源到新闻事件中。"

（4）被试认为多感官 VR 新闻系统的改进方向。

被试提到的改进方向主要分为三个方面：

第一，VR 场景优化上，被试期待有更加精细化的场景建模，减少场景移动的眩晕感以及画面的不真实感；"应该减少图文的出现"；增加时间轴的功能，像手机浏览新闻一样可以回溯事件过程。

第二，多感官反馈与场景的适配程度。一方面，反馈强度需要随场景的变化发生改变，如靠近热源灭火时温度上升，气味加强，远离火源则反之；另一方面，反馈丰富度尽可能增加，如配合场景位移有万向跑步机的使用，山路上的移动可以有"高低起伏、坡度的感觉"等。

第三，感官刺激的强度把控上，被试首先希望刺激不能太强，否则会引起自己的生理不适感；其次，嗅觉、温度等的强度和场景的适配程度增加，可以随场景发生变化。

（5）受众对于多感官虚拟现实系统的未来期待。

对于这个问题，我们希望被试可以忽略技术的限制和短期发展瓶颈，对于多感官虚拟现实系统，大胆提出自己对其未来使用场景的想象，为本章研究对象的未来展望提供来自用户的思路。总体来讲，被试对于多感官虚拟现实系统的未来发展充满期待。部分被试的反馈如下：

在新闻与传播领域，可以用于一些认知需求小、日常生活接触不到、战争等重大新闻事件，如有被试提到的疫情攻坚战等，他们期待多感官 VR 新闻让自己获得更加具象的新闻认知。

在购物消费领域，可以助力远程探店、VR 购物等场景，让这样的新型消费体验更加有趣、真实，如触摸到衣服的材质、嗅到香水的味道等。

在教育领域，适用于线上教学、公益教育等，尤其是需要学生动手实践的实验性质课程。有被试提到，由于疫情的蔓延，许多课程转为线上教学，且这种线上教学逐渐成为未来教育公平的一种趋势，传统的物理、化学实验课可以借助多感官 VR 技术来进行。

在娱乐领域，可以增加虚拟现实游戏、性爱服务、云旅游、线上交友社交等，增加娱乐的体验。这是几乎所有被试都提到的应用场景，可见受众对于多感官 VR 技术在增加个人生活趣味性上抱有很高的期待。

6.5.3 多感官 VR 新闻传播效果分析

在本节的讨论中，我们将研究假设按照对比的类别分为 2 类：a 类假设均为相较于基础视听觉反馈的 VR 新闻，增加了嗅觉或触觉感官反馈，能够增加系统指标上的表现，即对比 1 组与 2、3、4 组；b 类假设均为较于增加单独的嗅觉或触觉刺激，同时添加两种反馈的 VR 新闻系统指标上的表现更好，即对比 4 组与 2、3 组（表 6.10）。

表 6.10　假设验证结果汇总

名称			p					
			临场	感知享受	共情	可信度	持续使用意愿	新闻分享意图
1	配对	2	0.000***	0.012*	0.136	0.172	0.017*	0.004**
		3	0.000***	0.008**	0.006**	0.006**	0.001**	0.004**
		4	0.000***	0.002**	0.001**	0.001**	0.000***	0.001**
a 假设验证结果			H1a 成立	H2a 成立	H3a 部分成立	H4a 部分成立	H5a 成立	H6a 成立
4	配对	2	0.001**	0.141	0.002**	0.002**	0.021*	0.011*
		3	0.311	0.003**	0.191	0.005**	0.018*	0.010*
b 假设验证结果			H1b 部分成立	H2b 部分成立	H3b 部分成立	H4b 成立	H5b 成立	H6b 成立

　　本章立足于沉浸式传播的已有研究，在 VR 新闻领域，在仅有视听觉反馈的 VR 新闻系统中，探索增加多感官反馈的实现可能性，以及增加多感官反馈对 VR 新闻传播效果的影响。希望以此研究的结果为 VR 新闻的未来设计和发展提供一定程度的参考，增加新闻的传播效果。为此，我们搭建了一套多感官 VR 新闻系统——包含嗅觉和触觉反馈，并招募被试，通过组内实验－填写问卷－进行半结构化访谈的方式进行了实证研究。针对问卷的量化数据进行分析，对研究假设进行验证，本节会结合文献综述和访谈结果，对研究假设的验证情况进行分析。针对表 6.10 中这两类假设的验证情况，相关分析主要分为以下两部分。

　　（1）a 类假设的分析。

　　a 类假设包含 H1a、H2a、H3a、H4a、H5a、H6a。如表中所示，假设 H1a、H2a、H5a、H6a 成立；假设 H3a、H4a 中，仅添加嗅觉反馈的系统并没有对比基础 VR 组产生显著差异。

　　假设 H1a、H2a、H5a、H6a 成立，表明对比仅提供视听觉反馈的 VR 新闻系统，嗅觉和触觉反馈的加入均能让受众的临场感、感知享受增加，并增加其对新闻系统的持续使用意愿、对新闻内容的分享意图。我们对这样的作用效果有如下分析：

　　H1a 成立表明临场感显著增加，这种增加符合综述中多个研究的结论，即多感官能够增加 VR 系统中用户的临场感，对用户体验有正面的影响作用（Kerruish，2019；Viciana-Abad et al.，2010；Monteiro et al.，2010）。我们认为，针对 VR 新闻系统，这样的效果是因为，气味、热风、加热手柄、草坪等的反馈让受众感觉置身于火灾现场，参与到了灭火中，能够真实地体验到场景中画面对自身造成的感觉，对于用户"在那里"的感觉有所助益。

H2a 成立表明感知享受显著增加，多感官的虚拟现实体验有别于传统观看能够带给用户趣味性十足的观感体验，从而享受获得新闻内容的整个过程。正如被试在访谈中提到，多感官的加入让他获得新闻的同时"获得了更加丰富、多元的体验"。这也符合杭云等（2007）在描述沉浸式传播这个概念时的推断，即多感官虚拟现实系统可以模仿身体的多种感官功能，使用者仿佛生活在自然状态下，因而心理上也就会产生一种放松感和愉悦感。

H5a 成立表明持续使用意愿显著增加，这代表着用户在使用了多感官 VR 新闻系统之后，未来继续使用系统、推荐其他人使用系统的意愿程度增加。这是符合 Shin 等（2018）的研究结论的，即在增加 VR 新闻系统提供给受众的沉浸、感知享受，增加其持续使用意愿。有被试在访谈中表示，对于自己而言，这是一种新奇的新闻观感，自己想要体验更多不同新闻题材的多感官 VR 新闻。

H6a 成立表明新闻分享意图显著增加，这代表着用户在使用了多感官 VR 新闻系统之后，倾向继续阅读或分享。这是符合周勇等（2018）的研究结论的，用户即使在沉浸式新闻报道中受到负面情绪影响，也不会主动抽离出来，而是倾向于分享给别人或者社交媒体上。本章中的凉山火灾 VR 新闻案例中，多感官参与的新闻体验让受众获得了临场感高、趣味性强、印象深刻的体验，他们想要和别人就这种体验进行讨论。

假设 H3a、H4a 中，比起基础视听觉反馈的 VR 新闻，添加嗅觉反馈的系统并没有在共情、可信度上呈现出显著差异。这主要是由于被试对于烧焦气味个体感受的差异造成的。部分被试在实验过程中表示，突然闻到烧焦的气味，感觉有些刺鼻，将自己从新闻事件中抽离出来，这种不适感让自己产生了与新闻事件无关的情绪；也有一些被试认为实验中的烧焦气味与真实的森林火灾气味不同，所以认为新闻并不可信。以上的个体差异导致了 2 组对比 a 的共情、可信度数据没有呈现出显著差异。这一定程度上符合 de Groot（2020）等的研究发现，即 VR 系统增加的气味类型、与场景的相关性会对被试的体验造成不同影响，因此需要针对 VR 场景选择"合适的"气味。

假设 H3a、H4a 中，添加触觉反馈和同时添加两种反馈的系统在共情、可信度上有显著提高。这表明触觉反馈可以影响受众的情绪、对新闻内容的信任程度。这是由于用户感受到了热浪、草地，仿佛"参与到了事件的发展之中"。被试在触觉反馈上的体验较为一致，没有太过于明显的个人偏好，且触觉反馈与场景的一致性更容易把握。所以能够感受到消防员的情绪变化、痛苦情绪，并认为新闻更加可信、清晰、客观。

（2）b 类假设的分析。

b 类假设包含 H1b、H2b、H3b、H4b、H5b、H6b，如表 6.10 中所示，H1b、H3b 仅对于嗅觉反馈成立，H2b 仅对于触觉反馈成立，H4b、H5b、H6b 成立。

在添加嗅觉反馈的 2 组基础上添加了触觉反馈的 4 组，在临场、共情、可信度、持续使用意愿、新闻分享意图 5 个指标上均有显著上升；在感知享受上并没有呈现出显著差异。这表明，在嗅觉反馈的基础上增加触觉反馈，能有效提升受众在场景中的沉浸感、对人物的同理心，对新闻内容有更强的可信度，从而增加了持续使用意愿和新闻分享意图。感知享受的数据没有显著差异，我们认为是由于部分被试对于嗅觉反馈提供的趣味性已经印象深刻，打分较高，在体验到同时添加两种反馈的系统后，难以在感知享受上感知到明显的差异。

在仅添加触觉反馈的 2 组基础上添加了嗅觉反馈的 4 组，在感知享受、可信度、持续使用意愿、新闻分享意图 4 个指标上均有显著上升；在临场、共情上并没有呈现出显著差异。这表明在触觉反馈的基础上，增加嗅觉反馈，两者的共同作用可以增加受众体验感受的趣味性、让被试认为新闻内容更加可信，从而有更强烈的持续使用意愿、新闻分享意图。在临场、共情没有呈现出显著差异，只是平均值的上升，表明不同被试对于嗅觉反馈的增加有感受上的个体差异，部分被试认为烧焦的气味不够逼真、太过刺鼻等，将感受专注于自己的不适感上，反而降低了她们在场景中的临场感以及对人物的共情。

但是鉴于 H1b、H2b、H3b 的相关数据，整体的平均值有所上升，因此本章认为，未来的研究可以通过增加被试的人数来进行进一步的探索。

6.6　多感官 VR 新闻产品设计建议

本章前述分析已经验证，多感官反馈的加入能够在一定程度上提高 VR 新闻的传播效果。鉴于研究过程中发现，对于在 VR 新闻中加入多感官反馈，十分需要把握其真正能够产生正向影响作用。因此，本节中，希望结合量化数据分析、访谈记录分析，基于我们在第 2 章提出的 VR 新闻设计流程，结合我们在实验过程中的观察，为多感官 VR 新闻的设计提供建议。

　　第 2 章中的设计流程结合了传统新闻生产规范和交互设计方法论，共包含六个阶段：新闻采集、新闻加工、框架设计、视觉内容设计、系统开发、评估测试。我们认为，多感官 VR 新闻的设计应该在这个流程的基础上，在新闻采集上更加注重新闻类型、内容的选择；在新闻加工的过程中把握关键的感官提供节点；在框架设计和视觉内容设计过程中，探索受众参与式设计寻求合适的感官刺激，同时提高感官反馈与场景中事件发展的匹配程度；在系统开发过程中，警惕感官冲击超出受众认知能力范围。

　　具体的多感官 VR 新闻设计建议有以下几点：

　　第一，要注重新闻素材的选取，即选择合适的新闻。受限于目前的技术发展有限，多感官 VR 新闻还是一个非常具有探索性质的新闻形式，目前从设计到实现需要投入非常大的成本；同时，正如访谈中被试所说，这种新闻形式需要被试投入较多精力进行观看，不适合日常快速获取新闻资讯的情况使用。由此，多感官 VR 新闻的新闻素材必须经过精心的选择。在新闻事件的类型上，不但要符合我们所总结出的灾难事件场景、重大历史事件的场景、常人难以接近或体验的场景，还应该避免对于受众认知和记忆内容造成过多的负担；在新闻场景和内容上，应该包含适合多感官反馈的新闻画面，并且这些画面不能是无关紧要的，而是能够推动新闻事件的发展或者与事件的重点息息相关的，以此才能发挥多感官反馈的作用，增加其作用的效果。

　　第二，要在关键节点提供合适的感官反馈，即提供令人印象深刻的反馈。我们发现，被试对于观看新闻过程中多感官反馈印象深刻的地方，大多是短时间的适度反馈，比如突然嗅到烧焦气味的灭火操作过程、爆燃逃生中的热浪。与此相反，对于事件发生全过程都提供反馈的手柄发热和草坪触觉，少有被试提到印象深刻。因此，出于节约开发成本、减少受众认知负担的考虑，可以选取新闻中的关键节点提供合适的感官反馈即可。

　　第三，要在设计流程上进行用户参与式设计的探索，即更加科学的设计流程。所谓适度的、合适的反馈，不能仅由新闻生产者决定，而是应该在开发阶段进行提前的用户测试，以确定能够被大多数受众接受的反馈形式、反馈强度。

　　第四，要提高感官反馈与场景中事件发展的匹配程度，即设计合适的反馈。我们发现，实验中的被试对于多感官反馈强度、形式与场景的匹配程度不足反馈最多：2 名被试提到，负重徒步进入森林深处灭火时，自己并没有感受到负重、实际进行移动的感觉；3 名被试提到，灭火的过程中，希望脚下踩的是凹凸不平的山路，而不是松软的草坪；3 名被试提到，希望烧焦气味强度随着自己和着火点位置的改变而发生变化。因此，未来多感官 VR 新闻的开发需要通过技术提升、设备的专业化等，提高感官反馈与场景中事件发展的匹配程度，让受众有更加身临其境的新闻观感。

第五，要警惕感官冲击超出受众认知能力范围，即寻找适度的反馈。本章中，嗅觉反馈在一些指标上的表现不尽如人意，这是由于受众对于烧焦气味个体感受存在差异，如闻到烧焦的气味，感觉有些刺鼻，反而将被试从新闻事件中抽离出来，让其产生了与新闻事件无关的情绪。同样的，未来多感官 VR 新闻的开发可能会引入冷风、痛觉等反馈，在设计这样的系统时，设计者需要意识到这本身是一种不令人愉悦的感觉，即使这样的反馈是与新闻内容一致的，对受众而言也很可能是不合适的反馈这样反而会破坏受众的体验，继而降低新闻传播的效果。

综合以上几点，本章提出了多感官 VR 新闻系统设计流程，如图 6.16所示。

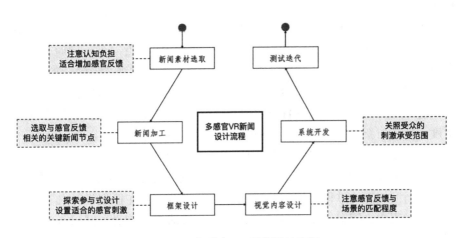

图 6.16　多感官 VR 新闻设计流程

6.7　总结与展望

本章是多感官 VR 新闻领域的探索性研究，本章总结了过往研究，总结了新闻传播中的 VR 新闻、人机交互中的多感官反馈两个领域的研究现状、评估标准、研究挑战，并在此基础上，结合过往的沉浸式新闻评估模型，提出了适用于本章的多感官 VR 评估模型。在此之后，进行了以实验法和问卷调查为主、访谈为辅的实证量化研究。收集了评估多感官 VR 新闻各指标相关的数据，进行了相应的统计学分析；并将访谈结果进行了归纳分析。

本章中，量化数据和访谈内容分析的结果显示，根据图 6.2 所示的多感官 VR 新闻传播效果模型，在不同层面上，多感官反馈的加入提升了 VR 新闻的传播效果。主要有以下方面的作用效果：

在心理体验、新闻态度、行动意向层面，嗅觉或者触觉反馈的增加，可以增加新闻在这三个层面的效果；且在整体上看，两者共同作用的提升效果更好。通过访谈可以观察到，受众由于心理体验上的优化，能够有更加代入个人感情的新闻态度，从而产生了更多的持续了解和分享意愿。但是，多感官反馈在这些层面想要有预期的作用效果，也必须警惕感官冲击超出受众认知能力范围。本章中，嗅觉反馈在一些指标上的表现不尽如人意，这是由于受众对于烧焦气味个体感受存在差异，比如闻到烧焦的气味，感觉有些刺鼻，反而将被试从新闻事件中抽离出来，让其产生了与新闻事件无关的情绪。

多感官反馈增加了受众对于新闻的理解和记忆，让受众感觉真的和消防员一起参与到了新闻事件中，对于新闻事件的印象更深刻。同时，让受众对森林火灾的严重性、爆燃这类专业概念有了更加直观、形象化的认知。令人高兴的是，我们发现，合适的多感官反馈可以引导受众的注意力，从而帮助其发现新闻细节，加深新闻认知和记忆。但需要注意反馈的强度要适度，形式与新闻事件的发展、新闻场景进行有效的配合。

接下来，本章在过往研究提出的 VR 新闻设计流程的基础上，总结了多感官 VR 新闻的设计指南，包括在新闻选取上更加注重新闻类型、内容的选择；在新闻加工的过程中把握关键的感官提供节点；在框架设计和视觉内容设计过程中，探索受众参与式设计寻求合适的感官刺激，同时提高感官反馈与场景中事件发展的匹配程度；在系统开发过程中，警惕感官冲击超出受众认知能力范围。

总的来说，本章在 VR 新闻领域提供了提高其传播效果的思路，丰富了关于 VR 新闻的讨论和沉浸式传播的研究；在多感官反馈相关的研究中，本章也将拓展 VR 系统的多感官反馈研究的领域，提供了新闻传播领域的实证研究案例。整体上，本章为多感官 VR 新闻的未来设计和发展提供一定程度的参考，为未来的新闻实践提供了一些新思路。

本章研究同样存在一些研究局限，以下就局限之处有针对性地提出未来研究的发展方向。

第一，本章中被试数量较少，且样本为大学生人群，虽然在被试专业、性别上尽可能做了平衡，但是本章中没有考察其他人口特征（如年龄、使用多感官系统经验）等对于研究结果可能造成的影响。未来的研究需要扩大受试人群，纳入更大样本量、更多元特征的被试，进行更大规模的效果测试，让研究的结果具有更多的可推广价值。

第二，目前多感官 VR 新闻还处于探索阶段，相关的研究素材非常欠缺。因此，本章中的实验设计受到了一定的制约。未来应该拓展多感官 VR 新闻的应用场景，开发更多优秀的新闻产品，使用模拟效果更佳的多感官设备，并进行相应的实验和测试，验证本章提出的研究结论和设计指南，并进行进一步的传播效果优化和设计规范制定。

第三，本章的测量以体验结束后用户自我报告问卷为主，且为了更精准地度量心理体验、新闻态度和行动态度等三大类共六个指标，我们设计了组内实验，而对于传播效果的另一重要指标认知准确度方面暂未纳入科学假设进行考量，而是使用了访谈加用户参与式观察的方法来探讨多感官 VR 新闻对于这个层面的影响。未来的研究可以专门设计实验度量认知准确度，并且还可以继续考虑引入 VR 眼动仪等测量受众在体验多感官 VR 新闻时的实时生理指标，并与受众自我报告的结果相结合从而进行更加深入的分析和讨论。

总之，希望未来的研究可以在本章的基础上，搭建出更加优质的多感官 VR 新闻系统，为这个新兴领域做出更多的贡献。

6.8　参考文献

杭云 & 苏宝华. （2007）. 虚拟现实与沉浸式传播的形成. 现代传播（中国传媒大学学报）（06），21-24.

鲁晓波. （2007）. 信息设计中的交互设计方法. 科技导报（13），18-21.

牟怡，夏凯，& 许坤. （2019）. 人工智能创作内容的信息加工与态度认知——基于信息双重加工理论的实验研究. 新闻大学，（8），30-43.

王医琦. （2022）. 基于多感官反馈的沉浸式 VR 新闻传播效果研究 [D]. 广州：中山大学.

周勇，倪乐融，& 李潇潇. （2018）. "沉浸式新闻"传播效果的实证研究——基于信息认知，情感感知与态度意向的实验. 现代传播：中国传媒大学学报，（5），31-36.

Bhattacherjee, A. (2001). Understanding information systems continuance: An expectation-confirmation model. *MIS quarterly*, 351 – 370.

Bierling, A. L., Croy, I., Hummel, T., Cuniberti, G., &Croy, A. (2021). Olfactory perception in relation to the physicochemical odor space. *Brain Sciences*, 11 (5), 563.

Brautović, M., John, R., &Potrebica, M. (2017). Immersiveness of news: How Croatian students experienced 360 – video news. In *Augmented Reality, Virtual Reality, and Computer Graphics: 4th International Conference, AVR 2017, Ugento, Italy, June 12 – 15, 2017, Proceedings, Part I* 4 (pp. 263 – 269). Springer International Publishing.

Brooks, J., Lopes, P., Amores, J., Maggioni, E., Matsukura, H., Obrist, M., ...&Ranasinghe, N. (2021, May). Smell, taste, and temperature interfaces. In *Extended Abstracts of the* 2021 *CHI Conference on Human Factors in Computing Systems* (pp. 1 – 6).

Burdea, G., Richard, P., &Coiffet, P. (1996). Multimodal virtual reality: Input - output devices, system integration, and human factors. *International Journal of Human - Computer Interaction*, 8 (1), 5 – 24.

de Groot, J. H., Beetsma, D. J., van Aerts, T. J., le Berre, E., Gallagher, D., Shaw, E., ...&Smeets, M. A. (2020). From sterile labs to rich VR: Immersive multisensory context critical for odors to induce motivated cleaning behavior. *Behavior Research Methods*, 52, 1657 – 1670.

De la Peña, N., Weil, P., Llobera, J., Spanlang, B., Friedman, D., Sanchez-Vives, M. V., &Slater, M. (2010). Immersive journalism: Immersive virtual reality for the first-person experience of news. *Presence*, 19 (4), 291 – 301.

Dinh, H. Q., Walker, N., Hodges, L. F., Song, C., &Kobayashi, A. (1999, March). Evaluating the importance of multi-sensory input on memory and the sense of presence in virtual environments. In *Proceedings IEEE Virtual Reality (Cat. No.* 99*CB*36316) (pp. 222 – 228). IEEE.

Galán, J., Felip, F., García-García, C., &Contero, M. (2021). The influence of haptics when assessing household products presented in different means: a comparative study in real setting, flat display, and virtual reality environments with and without passive haptics. *Journal of Computational Design and Engineering*, 8 (1), 330 – 342.

Han, P. H., Chen, Y. S., Lee, K. C., Wang, H. C., Hsieh, C. E., Hsiao, J. C., ...&Hung, Y. P. (2018, November). Haptic around: multiple tactile sensations for immersive environment and interaction in virtual reality. In *Proceedings of the* 24*th ACM symposium on virtual reality software and technology* (pp. 1 – 10).

Harley, D., Verni, A., Willis, M., Ng, A., Bozzo, L., &Mazalek, A. (2018, March). Sensory vr: Smelling, touching, and eating virtual reality. In *Proceedings of the Twelfth International Conference on Tangible, Embedded, and Embodied Interaction* (pp. 386 – 397).

Helfenstein-Didier, C., Dhouib, A., Favre, F., Pascal, J., &Baert, P. (2021, June). Exploring Crossmodal Interaction of Tactile and Visual Cues on Temperature Perception in Virtual Reality: a Preliminary Study. In *Proceedings of the* 1*st Workshop on Multisensory Experiences-SensoryX'*21. SBC.

Herz, R. S., &Schooler, J. W. (2002). A naturalistic study of autobiographical memories evoked by olfactory and visual cues: Testing the Proustian hypothesis. *American Journal of Psychology*, 115 (1), 21 – 32.

Hoffman, H. G. (1998, March). Physically touching virtual objects using tactile augmentation enhances the realism of virtual environments. In *Proceedings. IEEE* 1998 *Virtual Reality Annual International Symposium* (*Cat. No.* 98*CB36180*) (pp. 59 – 63). IEEE.

Kerruish, E. (2019). Arranging sensations: smell and taste in augmented and virtual reality. *The Senses and Society*, 14 (1), 31 – 45.

Kim, Y. M., Rhiu, I., &Yun, M. H. (2020). A systematic review of a virtual reality system from the perspective of user experience. *International Journal of Human – Computer Interaction*, 36 (10), 893 – 910.

Kitamura, Y., Quigley, A., Isbister, K., &Igarashi, T. (Eds.). (2021). *Extended Abstracts of the* 2021 *CHI Conference on Human Factors in Computing Systems*. ACM.

Kyung, K. U., Kwon, D. S., &Yang, G. H. (2006). A novel interactive mouse system for holistic haptic display in a human-computer interface. *International Journal of Human-Computer Interaction*, 20 (3), 247 – 270.

Lindeman, R. W., Sibert, J. L., &Hahn, J. K. (1999, March). Handheld windows: towards effective 2D interaction in immersive virtual environments. In *Proceedings IEEE Virtual Reality* (*Cat. No.* 99*CB36316*) (pp. 205 – 212).

IEEE.

Lopes, P. , You, S. , Ion, A. , &Baudisch, P. (2018, April). Adding force feedback to mixed reality experiences and games using electrical muscle stimulation. In *Proceedings of the* 2018 *chi conference on human factors in computing systems* (pp. 1 – 13).

Melo, M. , Gonçalves, G. , Monteiro, P. , Coelho, H. , Vasconcelos-Raposo, J. , &Bessa, M. (2020). Do multisensory stimuli benefit the virtual reality experience? A systematic review. *IEEE transactions on visualization and computer graphics*, 28 (2), 1428 – 1442.

Monteiro, P. , Melo, M. , Valente, A. , Vasconcelos-Raposo, J. , &Bessa, M. (2020). Delivering critical stimuli for decision making in VR training: Evaluation study of a firefighter training scenario. *IEEE Transactions on Human-Machine Systems*, 51 (2), 65 – 74.

Nagao, R. , Matsumoto, K. , Narumi, T. , Tanikawa, T. , &Hirose, M. (2018). Ascending and descending in virtual reality: Simple and safe system using passive haptics. *IEEE transactions on visualization and computer graphics*, 24 (4), 1584 – 1593.

Nielsen, S. L. , &Sheets, P. (2021). Virtual hype meets reality: Users' perception of immersive journalism. *Journalism*, 22 (10), 2637 – 2653.

Nordahl, R. , Serafin, S. , Nilsson, N. C. , &Turchet, L. (2012, March). Enhancing realism in virtual environments by simulating the audio-haptic sensation of walking on ground surfaces. In 2012 *IEEE Virtual Reality Workshops* (*VRW*) (pp. 73 – 74). IEEE.

Obrist, M. , Gatti, E. , Maggioni, E. , Vi, C. T. , &Velasco, C. (2017). Multisensory experiences in HCI. *IEEE MultiMedia*, 24 (2), 9 – 13.

Oliver, R. L. (1980). A cognitive model of the antecedents and consequences of satisfaction decisions. *Journal of marketing research*, 17 (4), 460 – 469.

Peiris, R. L. , Feng, Y. L. , Chan, L. , &Minamizawa, K. (2019, May). Thermalbracelet: Exploring thermal haptic feedback around the wrist. In *Proceedings of the* 2019 *CHI Conference on Human Factors in Computing Systems* (pp. 1 – 11).

Ranasinghe, N. , Jain, P. , Karwita, S. , Tolley, D. , &Do, E. Y. L. (2017, May). Ambiotherm: enhancing sense of presence in virtual reality by simulating real-world environmental conditions. In *Proceedings of the* 2017 *CHI conference on human factors in computing systems* (pp. 1731 – 1742).

S. Herz, R. (2021). Olfactory virtual reality: A new frontier in the treatment and prevention of posttraumatic stress disorder. *Brain Sciences*, 11 (8), 1070.

Sherry, J. L. (2004). Flow and media enjoyment. *Communication theory*, 14 (4), 328 – 347.

Shin, D. , &Biocca, F. (2018). Exploring immersive experience in journalism. *New media &society*, 20 (8), 2800 – 2823.

Singhal, A. , &Jones, L. A. (2018). Creating thermal icons – a model-based approach. *ACM Transactions on Applied Perception* (*TAP*), 15 (2), 1 – 22.

Slater, M. , &Sanchez-Vives, M. V. (2016). Enhancing our lives with immersive virtual reality. *Frontiers in Robotics and AI*, 3, 74.

Soucy, N. , Ranasinghe, N. , Rossow, A. , James, M. N. , &Peiris, R. (2021). THED: A wrist-worn thermal display to perceive spatial thermal sensations in virtual reality. In *Proceedings of the Future Technologies Conference* (*FTC*) 2020, *Volume* 2 (pp. 809 – 829). Springer International Publishing.

Spence, C. (2021). Scenting Entertainment: Virtual Reality Storytelling, Theme Park Rides, Gambling, and Video-Gaming. *i-Perception*, 12 (4), 20416695211034538.

Sánchez Laws, A. L. (2020). Can immersive journalism enhance empathy?. *Digital journalism*, 8 (2), 213 – 228.

Van Damme, K. , All, A. , De Marez, L. , &Van Leuven, S. (2019). 360 video journalism: Experimental study on the effect of immersion on news experience and distant suffering. *Journalism studies*, 20 (14), 2053 – 2076.

Viciana-Abad, R. , Lecuona, A. R. , &Poyade, M. (2010). The influence of passive haptic feedback and difference interaction metaphors on presence and task performance. *Presence*, 19 (3), 197 – 212.

Wu, H. , Cai, T. , Luo, D. , Liu, Y. , &Zhang, Z. (2021). Immersive virtual reality news: A study of user experience and media effects. *International Journal of Human-Computer Studies*, 147, 102576.

Yanagida, Y. (2012, October). A survey of olfactory displays: Making and delivering scents. In *SENSORS*, 2012 *IEEE* (pp. 1 – 4). IEEE.

附　录

00　索引：用户体验量表分类维度

0.1　通用整体评估问卷

评估目的：用于完成一系列任务或完整体验结束后，对产品或系统整体感受进行测量。

目前使用较广泛的经典量表如下，量表基本信息具体见附表1.1。

● 系统可用性量表 SUS（System usability scale）

● 后测系统可用性问卷 PSSUQ（Post-study system usability question-naire）

● 计算机系统可用性问卷 CSUQ（Computer system usability question-naire）

● 用户界面满意度问卷 QUIS（Questionnaire for user interaction satis-faction）

● 软件可用性测试问卷 SUMI（Software usability measurement invento-ry）

● 用户体验调查问卷 UEQ（User experience questionnaire）

● 面向用户体验的可用性指标 UMUX（Usability metric for user experi-ence）

0.2　任务评估问卷

评估目的：在完成单个场景任务的同时或之后，对用户对该任务的认知进行测量（难度、期望值等）

目前使用较广泛的经典量表如下，量表基本信息具体见附表1.2。

● NASA 任务负荷指数 NASA-TLX（NASA task load index）

● 场景后问题 ASQ（After-Scenario questionnaire）

● 有用性、满意度、易用性量表 USE（Usefulness, satisfaction, and

ease of use）

- 单项难易度问题 SEQ（Single ease question）
- 主观脑力负荷问题 SMEQ（Subjective mental effort questionnaire）
- 可用性等级评估 UME（Usability magnitude estimation）
- 期望评分 ER（Expectation Ratings）

0.3　网站/移动端可用性评估问卷

评估目的：大部分标准化可用性量表最初在 20 世纪 80 年代中期到后期开发，而在互联网流行后，出现了更有针对性的评估网站感知可用性的问卷

目前使用较广泛的经典量表如下，量表基本信息具体见附表1.3。

- 网站分析与测量问卷 WAMMI（Website analysis and measurement inventory）
- 标准化的用户体验百分等级问卷 SUPR-Q（Standardized universal percentile rank questionnaire）
- 面向移动 APP 的标准化用户体验百分等级问卷 SUPR-Qm（Standardized user experience percentile rank questionnaire for mobile apps）

0.4　单指标评估（商业运营指标）

评估目的：测量产品的单个商业指标，服务于商业运营与商业战略，业界更常用

目前使用较广泛的经典量表如下，量表基本信息具体见附表1.4。

- 净推荐值 NPS（Net promoter score）
- 客户费力度 CES（Customer efforts score）
- 客户满意度 CAST（Customer satisfaction）

附表 1.1　通用整体评估问卷

量表缩写	中文名称	创始机构与初版时间（年）	维度数	考察维度	计分方式	题项数	总体信度	建议最小样本量	被引
SUS	系统可用性量表	美国 DEC 公司（1986）	一	一	5 点里克特	10	0.91	20	14438
QUIS	用户界面满意问卷	马里兰大学（1998）	5	1 总体反应 2 屏幕因素 3 术语和系统反馈 4 学习因素 5 系统功能	10 点语义差异	27	0.94	20	2232
SUMI	软件可用性测试问卷	爱尔兰科克大学（1993）	5	1 效果 2 情感反应 3 帮助系统 4 可控性 5 可学习性	3 点里克特	50	0.92	20	880
PSSUQ	后测系统可用性问卷	IBM（1991）	3	总体满意度 1 系统有用性 2 信息质量 3 界面质量	7 点里克特	19	0.97	24	2997

续附表 1.1

量表缩写	中文名称	创始机构与初版时间（年）	维度数	考察维度	计分方式	题项数	总体信度	建议最小样本量	被引
CSUQ	计算机系统可用性问卷	IBM（1995）	3	总体满意度 1 系统有用性 2 信息质量 3 界面质量	7 点里克特	19	0.89	30	2997
UEQ	用户体验调查问卷	SAP（2008）	6	1 吸引力 2 清晰性 3 效率 4 可靠性 5 刺激度 6 新颖性	7 点语文差异	26	0.8	30	1708
UMUX	面向用户体验的可用性指标	Finstad（2010）	3	1 有效性 2 效率 3 满意度	7 点里克特	4	0.94	30	596

附表 1.2　任务评估问卷

量表缩写	中文名称	创始机构与初版时间（年）	维度数	考察维度	计分方式	题项数	总体信度	建议最小样本量	被引
ASQ	场景后问题	IBM（1993）	1	满意度	7 点语义差异	3	—	30	2997
SEQ	单项难易度问题	Sauro（2009）	1	任务难度	7 点语义差异	1	—	30	434
SMEQ	主观脑力负荷问题	Zijlstra（1985）	1	任务难度	0 – 150	50	—	20	131
ER	期望评分	Dixon（2003）	1	任务难度	5 点/7 点里克特	1	—	30	35
UME	可用性等级评估	McGee（2003）	—	—	自定义	—	—	30	51
USE	有用性、满意度、易用性量表	Lund（2001）	4	1 有效性 2 满意度 3 易用性 4 易学性	7 点里克特	30	—	30	1659

续附表 1.2

量表缩写	中文名称	创始机构与初版时间（年）	维度数	考察维度	计分方式	题项数	总体信度	建议最小样本量	被引
NASA - TLX	NASA 任务负荷指数	Hart（1988）	6	1 心理负载 2 生理负载 3 时间需求 4 任务表现 5 费力程度 6 沮丧程度	7 点里克特	4	0.94	—	14453

附表 1.3　网站 / 移动端可用性评估问卷

量表缩写	中文名称	创始机构与初版时间（年）	维度数	考察维度	计分方式	题项数	总体信度	建议最小样本量	被引
UAMMI	网站分析和测量问卷	爱尔兰科克大学（1990）	5	1 吸引力 2 控制力 3 效率 4 支持力 5 易学性	5 点里克特	20	0.9	30	182
SUPR - Q	标准化的用户体验量等级问卷	Sauro（2012）	5	1 可用性 2 可信度 3 外观 4 忠诚度	5 点里克特	8	0.86	30	175

续附表 1.3

量表缩写	中文名称	创始机构与初版时间（年）	维度数	考察维度	计分方式	题项数	总体信度	建议最小样本量	被引
SUPR – Qm	面向移动APP的标准化用户体验百分等级问卷	Sauro (2017)	1	—	5点里克特	16	0.94	—	32

附表 1.4　单指标评估（商业运营指标）

量表缩写	中文名称	创始机构与初版时间（年）	维度数	考察维度	计分方式	题项数	总体信度	建议最小样本量	被引
NPS	净推荐值	贝恩咨询 (2003)	1	—	11点里克特	1	—	30	—
CES	客户费力度	Dixon (2010)	1	—	7点里克特	1	—	30	—
CSAT	客户满意度	—	1	—	5点里克特	1	—	30	—

参考资料

［1］［Quantifying the User Experience：Practical Statistics for User Research-Jeff Sauro，James R Lewis］（网站链接：https://books. google. com. sg/books? hl = zh − CN&lr = &id = USPfCQAAQBAJ&oi = fnd&pg = PP1&dq = Sauro + Lewis + 2016&ots = Vy1c137pLl&sig = e8ngOKpnvMDMxJDYn35Qb9EKE14#v = onepage& q&f = false）

［2］［Choosing the Right Usability Questionnaire ｜ Cornell］（网站链接： https://arl. human. cornell. edu/linked% 20docs/Choosing% 20the% 20Right% 20Usability% 20Questionnaire. pdf）

01　SUS 系统可用性量表

应用情况	最常用的可用性评估工具之一
测量目的	1. 对系统整体的可用性进行主观测量 2. 可用于产品新旧版本迭代之间对比、同类型竞品之间对比、同一产品不同终端 3. 也可以单独评估单个产品
测量维度	易学性（4/5/10）、可用性（2/3/7/8）、满意度（1/6/9）
量表类型	5 点里克特
题项数目	10
量表信度	0.91
文献被引	14438

1.1　SUS 英文版

		Strongly Disagree			Strongly Agree
1	I think that I would like to use this system frequently	1	2	3	4	5
2	I found the system unnecessarily complex	1	2	3	4	5
3	I thought the system was easy to use	1	2	3	4	5

续上表

		Strongly Disagree				Strongly Agree
4	I think that I would need the support of a technical person to be able to use this system	1	2	3	4	5
5	I found the various functions in this system were well integrated	1	2	3	4	5
6	I thought there was too much inconsistency in this system	1	2	3	4	5
7	I would imagine that most people would learn to use this system very quickly	1	2	3	4	5
8	I found the system very cumbersome to use	1	2	3	4	5
9	I felt very confident using the system	1	2	3	4	5
10	I needed to learn a lot of things before I could get going with this system	1	2	3	4	5

1.2 SUS 中文版

	非常不同意	不同意	中立	同意	非常同意
1. 我愿意经常使用该系统	1	2	3	4	5
2. 我觉得该系统没有必要这么复杂	1	2	3	4	5
3. 我认为该系统很容易使用	1	2	3	4	5
4. 我需要在有经验的人的帮助下才能使用该系统	1	2	3	4	5
5. 我认为该系统中的不同功能得到了很好的整合	1	2	3	4	5
6. 我认为该系统存在很多不一致的地方	1	2	3	4	5
7. 我觉得多数人都可以很快学会使用该系统	1	2	3	4	5

续上表

	非常 不同意	不同意	中立	同意	非常 同意
8. 我发现该系统使用起来非常笨拙	1	2	3	4	5
9. 在使用该系统的过程中，我感觉很自信	1	2	3	4	5
10. 在使用该系统之前，我需要学习很多 东西	1	2	3	4	5

1.3　SUS 计分方式

1/3/5/7/9：将量表得分减去 1。

2/4/6/8/10：用 5 减去量表得分。

将所有题项得分加总后，乘以 2.5，作为最终的可用性得分。

1.4　SUS 评估基准

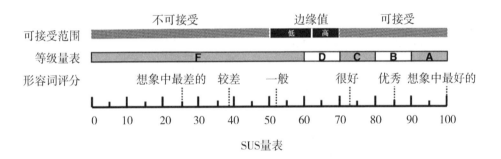

SUS量表

大于 70 分即视为"可接受"；大于 85 分视为优秀。

参考资料

[1] Brooke, J. (1996). SUS-A quick and dirty usability scale. *Usability evaluation in industry*, 189 (194), 4 – 7.

[2] Bangor, A., Kortum, P., &Miller, J. (2009). Determining what individual SUS scores mean：Adding an adjective rating scale. *Journal of usability studies*, 4 (3), 114 – 123.

02 QUIS 用户界面满意问卷

测量目的	对人机界面进行整体性的主观测量。 通常用于在多个对象间对比（总分与每个部分）
测量维度	总体反应（1～6）、屏幕因素（7～10）、术语和系统反馈（11～16）、学习因素（17～22）、系统功能（23～27）
量表类型	10 点语义差异
题项数目	27
量表信度	0.94
文献被引	2332

2.1 QUIS 英文版（Version 5.0）

Overall Reactions to the Software	terrible-wonderful
	difficult-easy
	frustrating-satisfying
	inadequate power-adequate power
	dull-stimulating
	rigid-flexible
Screen	Characters on the computer screen ‖ hard to read-easy to read
	Highlighting on the screen simplifies task ‖ not at all-very much
	Organization of information on screen ‖ confusing-very clear
	Sequence of screens ‖ confusing-very clear
Terminology and System Information	Use of terms throughout system ‖ inconsistent-consistent
	Computer terminology is related to the task you are doing ‖ never-always
	Position of messages on screen ‖ inconsistent-consistent
	Messages on screen which prompt user for input ‖ confusing-clear
	Computer keeps you informed about what it is doing ‖ never-always
	Error messages ‖ unhelpful-helpful

续上表

Learning	Learning to operate the system ‖ difficult-easy
	Exploring new features by trial and error ‖ difficult-easy
	Remembering names and use of commands ‖ difficult-easy
	Tasks can be performed in a straight-forward manner ‖ never-always
	Help messages on the screen ‖ unhelpful-helpful
	Supplemental reference materials ‖ confusing-clear
System Capabilities	System speed ‖ too slow-fast enough
	System reliability ‖ unreliable-reliable
	System tends to be ‖ noisy-quiet
	Correcting your mistakes ‖ difficult-easy
	Experienced and inexperienced users' needs are taken into consideration ‖ never-always

0	1	2	3	4	5	6	7	8	9
左极描述									右极描述

注：QUIS 版本说明

1. 长版本的 QUIS 有 90 个项目（本书刊出时最新版为 7.0，使用需联系马里兰大学购买 license）。

2. 简短版本 QUIS 包括 27 个评价项目（版本 5.0）。本书刊出时所收录即为此版本。

2.2　QUIS 中文版（Version 5.0）

总体反应	很糟的——极好的
	困难的——容易的
	令人受挫的——令人满意的
	功能不足的——功能齐备的
	沉闷的——令人兴奋的
	刻板的——灵活的

续上表

屏幕	阅读屏幕上的文字 ‖ 困难的——容易的
	把任务简单化 ‖ 一点也不——非常多
	信息的组织 ‖ 令人困惑的——非常清晰的
	屏幕序列 ‖ 令人困惑的——非常清晰的
术语/系统信息	系统中术语的使用 ‖ 不一致———一致
	与任务相关的术语 ‖ 从来没有——总是
	屏幕上消息的位置 ‖ 不一致———一致
	输入提示 ‖ 令人困惑的——清晰的
	计算机进程的提示 ‖ 从来没有——总是
	出错提示 ‖ 没有帮助的——有帮助的
学习	系统操作的学习 ‖ 不一致———一致
	通过试错探索新功能的过程 ‖ 困难的——容易的
	命令的使用及其名称的记忆 ‖ 困难的——容易的
	任务操作简洁明了 ‖ 从来没有——总是
	屏幕上的帮助信息 ‖ 没有帮助的——有帮助的
	补充性的参考资料 ‖ 令人困惑的——清晰的
系统能力	系统速度 ‖ 太慢——足够快
	系统可靠性 ‖ 不可靠的——可靠的
	系统更像是 ‖ 有噪声的——安静的
	纠正使用过程中错误 ‖ 困难的——容易的
	为所有水平的用户而设计 ‖ 从来没有——总是

2.3 QUIS 计分方式

将所有分数直接加总，或将每个部分的分数分别加总。

2.4 QUIS 评估基准

通常用于对比。针对单个对象的评分标准暂缺。

参考资料

[1] Chin, J. P., Diehl, V. A., &Norman, K. L. (1988, May). Development of an instrument measuring user satisfaction of the human-computer interface. In *Proceedings of the SIGCHI conference on Human factors in computing systems* (pp. 213 –218).

[2] Harper, B. D., &Norman, K. L. (1993, February). Improving user satisfaction: The questionnaire for user interaction satisfaction version 5.5. In *Proceedings of the 1st Annual Mid-Atlantic Human Factors Conference* (Vol. 224, p. 228). sn.

[3] QUIS™: Questionnaire for User Interaction Satisfaction™ 7.0 (ISR IP) | Institute for Systems Research.

03 SUMI 软件可用性测试清单

测量目的	测量用户对系统的效率、影响、帮助、控制和可学习性的看法。
测量维度	效率（Efficiency）、情绪影响（Affect）、帮助（Helpfulness）、可控性（Control）、可学习性（Learnability）
量表类型	3 点里克特
题项数目	50
量表信度	0.92
文献被引	880

3.1 SUMI 英文版

详见参考资料 2。

3.2 SUMI 中文版

N/A。

3.3 SUMI 计分方式

N/A。

3.4　SUMI 评估基准

N/A。

参考资料

［1］Kirakowski，J.，&Corbett，M.（1993）．SUMI：the Software Usability Measurement Inventory. *British Journal of Educational Technology*，24（3），210－212.

［2］SUMI Questionnaire Homepage（在线 SUMI 问卷官方主页。网站链接：https://sumi.uxp.ie/）.

［3］SUMI EN 4.0（online version）（网站链接：https://sumi.uxp.ie/en/index. php）

04　PSSUQ 后测系统可用性问卷

测量目的	在可用性测试结束后，收集用户对整个系统的整体满意度评价
测量维度	总体满意度得分 The overall satisfaction score（1－19） 系统有用性 System usefulness（1－8） 信息质量 Information quality（9－15） 界面质量 Interface quality（16－18）
量表类型	7 点里克特
题项数目	19
量表信度	0.97
文献被引	2997

4.1　PSSUQ 英文版

4.1.1　PSSUQ 1995 Version 2（19 题）

This questionnaire gives you an opportunity to tell us your reactions to the system you used. Your responses will help us understand what aspects of the system you are particularly concerned about and the aspects that satisfy you. To as great a degree as possible, think about all the tasks that you have done with the system while you answer these questions. Please read each statement and indicate how strongly you agree or disagree with the statement by circling a number on the scale. If a statement does not apply to you, circle N/A. Please write comments to elaborate on your answers. After you have completed this questionnaire, I'll go over your answers with you to make sure I understand all of your responses. Thank you!

1. Overall, I am satisfied with how easy it is to use this system.

2. It was simple to use this system.

3. I could effectively complete the tasks and scenarios using this system.

4. I was able to complete the tasks and scenarios quickly using this system.

5. I was able to efficiently complete the tasks and scenarios using this system.

6. I felt comfortable using this system.

7. It was easy to learn to use this system.

8. I believe I could become productive quickly using this system.

9. The system gave error messages that clearly told me how to fix problems.

10. Whenever I made a mistake using the system, I could recover easily and quickly.

11. The information (such as on-line help, on-screen messages, and other documentation) provided with this system was clear.

12. It was easy to find the information I needed.

13. The information provided for the system was easy to understand.

14. The information was effective in helping me complete the tasks and scenarios.

15. The organization of information on the system screens was clear.

Note. The interface includes those items that you use to interact with the system. For example, some components of the interface are the keyboard, the mouse, and the screens (including their use of graphics and language).

1. The interface of this system was pleasant.

2. I liked using the interface of this system.

3. This system has all the functions and capabilities I expect it to have.

4. Overall, I am satisfied with this system.

1	2	3	4	5	6	7	
strongly agree						strongly disagree	N/A

 问卷采用 7 点里克特量表，注意 1 分为 "strongly agree"，7 分为 "strongly disagree"，需提供 N/A 选项。

4.1.2 PSSUQ 2016 Version 3（16 题）

1. Overall, I am satisfied with how easy it is to use this system.

2. It was simple to use this system.

3. I was able to complete the tasks and scenarios quickly using this system.

4. I felt comfortable using this system.

5. It was easy to learn to use this system.

6. I believe I could become productive quickly using this system.

7. The system gave error messages that clearly told me how to fix problems.

8. Whenever I made a mistake using the system, I could recover easily and quickly.

9. The information (such as online help, on-screen messages, and other documentation) provided with this system was clear.

10. It was easy to find the information I needed.

11. The information was effective in helping me complete the tasks and scenarios.

12. The organization of information on the system screens was clear.

13. The interface of this system was pleasant.

14. I liked using the interface of this system.

15. This system has all the functions and capabilities I expect it to have.

16. Overall, I am satisfied with this system.

4.2 PSSUQ 中文版

N/A。

4.3 PSSUQ 计分方式

4.3.1 PSSUQ Version 2 计分方法
Overall：the average scores of questions 1 to 19.

System Usefulness (SYSUSE)：the average scores of questions 1 to 8

Information Quality (INFOQUAL)：the average scores of questions 9 to 16.

Interface Quality (INTERQUAL)：the average scores of questions 16 to 18.

4.3.2 PSSUQ Version 3 计分方法
Overall：the average scores of questions 1 to 16.

System Usefulness（SYSUSE）：the average scores of questions 1 to 6.

Information Quality（INFOQUAL）：the average scores of questions 7 to 12.

Interface Quality（INTERQUAL）：the average scores of questions 13 to 15.

4.4　PSSUQ 评估基准

Sauro & Lewis（2016）根据来自 21 项研究、210 名被试的数据，梳理了各维度均分，可参考：

系统有用性——2.80。

信息质量——3.02。

界面质量——2.49。

总体评价——2.82。

参考资料

［1］Sauro, J., & Lewis, J. R.（2016）. Chapter 8—Standardized usability questionnaires. In J. Sauro & J. R. Lewis（Eds.）, Quantifying the User Experience（Second Edition）（pp.185 – 248）. Morgan Kaufmann.

［2］Lewis, J. R.（1995）. IBM computer usability satisfaction questionnaires：Psychometric evaluation and instructions for use. *International Journal of Human – Computer Interaction*, 7（1）, 57 – 78.

［3］PSSUQ（Post-Study System Usability Questionnaire）（网站链接：UI-UX Trend-User Interface（UI）and User Experience（UX）Resource）.

05　CSUQ 计算机系统可用性问卷

测量目的	1. 在可用性测试结束后，收集用户对整个系统的整体满意度评价 2. 与 PSSUQ 基本相同，CSUQ 主要用于非实验环境的可用性研究 3. 相比于 PSSUQ，仅修改了部分涉及可用性测试语境的用词
测量维度	总体满意度得分 the Overall Satisfaction Score（1 – 19） 系统有用性 System Usefulness（1 – 8） 信息质量 Information Quality（9 – 15） 界面质量 Interface Quality（16 – 18）
量表类型	7 点里克特
题项数目	19

续上表

量表信度	0.89
文献被引	2997

5.1 CSUQ 英文版

This questionnaire gives you an opportunity to express your satisfaction with the usability of your primary computer system. Your responses will help us understand what aspects of the system you are particularly concerned about and the aspects that satisfy you. To as great a degree as possible, think about all the tasks that you have done with the system while you answer these questions. Please read each statement and indicate how strongly you agree or disagree with the statement by circling a number on the scale. If a statement does not apply to you, circle N/A. Whenever it is appropriate, please write comments to explain your answers. Thank you!

1. Overall, I am satisfied with how easy it is to use this system.

2. It is simple to use this system.

3. I can effectively complete my work using this system.

4. I am able to complete my work quickly using this system.

5. I am able to efficiently complete my work using this system.

6. I feel comfortable using this system.

7. It was easy to learn to use this system.

8. I believe I became productive quickly using this system.

9. The system gives error messages that clearly tell me how to fix problems.

10. Whenever I make a mistake using the system, I recover easily and quickly.

11. The information (such as on-line help, on-screen messages, and other documentation) provided with this system is clear.

12. It is easy to find the information I need.

13. The information provided with the system is easy to understand.

14. The information is effective in helping me complete my work.

15. The organization of information on the system screens is clear.

Note. The interface includes those items that you use to interact with the system. For example, some components of the interface are the keyboard, the mouse, the screens (including their use of graphics and language).

1. The interface of this system is pleasant.

2. I like using the interface of this system.

3. This system has all the functions and capabilities I expect it to have.

4. Overall, I am satisfied with this system.

1	2	3	4	5	6	7	
strongly agree						strongly disagree	N/A

5.2　CSUQ 中文版

N/A。

5.3　CSUQ 计分方式

Overall: the average scores of questions 1 to 19.

System Usefulness (SYSUSE): the average scores of questions 1 to 8.

Information Quality (INFOQUAL): the average scores of questions 9 to 16.

Interface Quality (INTERQUAL): the average scores of questions 16 to 18.

5.4　CSUQ 评估基准

N/A。

参考资料

[1] Sauro, J., &Lewis, J. R. (2016). Chapter 8—Standardized usability questionnaires. In J. Sauro &J. R. Lewis (Eds.), Quantifying the User Experience (Second Edition) (pp. 185 – 248). Morgan Kaufmann.

[2] Lewis, J. R. (1995). IBM computer usability satisfaction questionnaires: Psychometric evaluation and instructions for use. *International Journal of Human-Computer Interaction*, 7 (1), 57 – 78.

[3] Computer System Usability Questionnaire, online version.

06　UEQ 用户体验调查问卷

测量目的	以简单和即时的方式快速测量用户体验的问卷，能较好地覆盖用户体验产品时的整体印象。
测量维度	吸引力（Attractiveness）、易学习性（Perspicuity）、效率（Efficiency）、可靠性（Dependability）、刺激度（Stimulation）、新颖性 Novelty
量表类型	7 点语义差异
题项数目	26
量表信度	0. 65 ～ 0. 89
文献被引	1708

6.1　UEQ 英文版

Please make your evaluation now.

For the assessment of the product, please fill out the following questionnaire. The questionnaire consists of pairs of contrasting attributes that may apply to the product. The circles between the attributes represent gradations between the opposites. You can express your agreement with the attributes by ticking the circle that most closely reflects your impression.

Please decide spontaneously. Don't think too long about your decision to make sure that you convey your original impression.

Sometimes you may not be completely sure about your agreement with a particular attribute or you may find that the attribute does not apply completely to the particular product. Nevertheless, please tick a circle in every line.

It is your personal opinion that counts. Please remember：there is no wrong or right answer！

Please assess the product now by ticking one circle per line.

	1	2	3	4	5	6	7	
annoying								enjoyable
not understandable								understandable

续上表

	1	2	3	4	5	6	7	
creative								dull
easy to learn								difficult to learn
valuable								inferior
boring								exciting
not interesting								interesting
unpredictable								predictable
fast								slow
inventive								conventional
obstructive								supportive
good								bad
complicated								easy
unlikable								pleasing
usual								leading edge
unpleasant								pleasant
secure								not secure
motivating								demotivating
meets expectations								does not meet expectations
inefficient								efficient
clear								confusing
impractical								practical
organized								cluttered
attractive								unattractive
friendly								unfriendly
conservative								innovative

注 * 建议直接在参考文献 2 中下载官方 PDF 使用。另有包含 8 道题的简短版本。

6.2 UEQ 中文版

请告诉我们你的看法。

请填写以下问卷来评价该产品。问卷由 26 对语义相反的形容词组成，每组词分别描述产品的某方面属性。每对反义词之间划分为 7 个评分等级，每个等级由一个圆圈表示。请根据产品与形容词的相符程度评判该产品，在你认为最适合表达你的主观感受的圆圈处打钩。

请尽量凭直觉回答，不必过多考虑。这样才能最有效地告诉我们你的第一印象。

有时你可能对某一项的评价不完全确定，或者觉得两个形容词都不太适合用来描述该产品，即使出现这些情况也请务必选择一个选项。答案并无对错之分。我们关心的是你的个人看法！

现在请你对该产品进行评价。每行只能选择一个圆圈。

	1	2	3	4	5	6	7	
令人不快的								令人愉快的
费解的								易懂的
富创造力的								平淡无奇的
易学的								难学的
有价值的								低劣的
乏味的								带劲的
无趣的								有趣的
无法预测的								可预见的
快的								慢的
独创的								俗套的
妨碍的								支持性的
好的								差的
复杂的								简单的
令人厌恶的								招人喜爱的
传统的								新颖的
不合意的								合意的

续上表

	1	2	3	4	5	6	7	
可靠的								靠不住的
令人兴奋的								令人昏昏欲睡的
符合预期的								不合期望的
低效的								高效的
一目了然的								令人眼花缭乱的
不实用的								实用的
井然有序的								杂乱无章的
吸引人的								无吸引力的
引起好感的								令人反感的
保守的								创新的

注 * 建议直接在参考文献 2 中下载官方 PDF 使用。另有包含 8 道题的简短版本。

6.3　UEQ 计分方式

建议使用官方提供的最新版 Excel 模板录入数据并计算。汇报各维度得分，不计总分。需按照 $-3 \sim +3$ 的尺度进行换算，部分题目需反向记分。

6.4　UEQ 评估基准

建议使用官方提供的 Excel 可评估单个产品或界面的水平。评估基准根据数据库中的数据动态变化，按比例定而不是按绝对的分值。该模板每年更新。

参考资料

[1] Laugwitz, B., Held, T., & Schrepp, M. (2008). Construction and Evaluation of a User Experience Questionnaire. In A. Holzinger (Ed.), HCI and Usability for Education and Work (pp. 63 – 76). Springer Berlin Heidelberg.

[2] User Experience Questionnaire (UEQ) (网站链接：https://www. ueq – online. org/).

07 UMUX 用户体验的可用性指标

测量目的	对应用程序整体的感知可用性进行主观评估，旨在提供与 SUS 量表相近的结果，但更简洁轻量。
测量维度	有效性（Effectiveness）、满意度（Satisfaction）、整体评价（Overall）、效率（Efficiency）
量表类型	7 点里克特
题项数目	30
量表信度	0.94
文献被引	596

7.1 UMUX 英文版

1. ［This system］'s capabilities would not meet my requirements.
2. Using ［this system］ was a frustrating experience.
3. ［This system］ is easy to use.
4. I have to spend a lot of time correcting things with ［this system］.

1	2	3	4	5	6	7
strongly disagree						strongly agree

问卷采用 7 点里克特量表。

7.2 UMUX 中文版

N/A。

7.3 UMUX 计分方式

奇数项目得分换算：量表得分 – 1。
偶数项目得分换算：7 – 量表得分。
UMUX 分数是 4 个题项的总和除以 24，然后再乘以 100。
汇报所有被试的 UMUX 得分的均值。

7.4　UMUX 评估基准

N/A。

参考资料

［1］Finstad，K.（2010）. The Usability Metric for User Experience. *Interacting with Computers*，22（5），323 – 327.

［2］ UMUX（Usability Metric for User Experience）｜ Qualaroo Help &Support Center（网站链接：https：//help. qualaroo. com/hc/en – us/articles/360039072752 – UMUX – Usability – Metric – for – User – Experience – ）.

08　ASQ 场景后问卷

测量目的	用于单个场景体验或单个任务执行完毕后，立即衡量用户对任务难易度的感知水平。通常用于对比多个任务之间的差异。
测量维度	任务难度
量表类型	7 点里克特
题项数目	3
量表信度	. 90 /. 96 /. 93
文献被引	2997

8.1　ASQ 英文版

1. Overall，I am satisfied with the ease of completing the tasks in this scenario.

2. Overall，I am satisfied with the amount of time it took to complete the tasks in this scenario.

3. Overall，I am satisfied with the support information（on-line help，messages，documentation）when completing the tasks.

1		2	3	4	5	6	7	
strongly agree							strongly disagree	N/A

问卷采用 7 点里克特量表，注意 1 分为"strongly agree"，7 分为"strongly disagree"，需提供 N/A 选项。

8.2 ASQ 中文版

N/A。

8.3 ASQ 计分方式

求三个题项得分的算术平均值。

8.4 ASQ 评分标准

N/A。

参考资料

［1］Sauro，J.，& Lewis，J. R.（2016）. Chapter 8—Standardized usability questionnaires. In J. Sauro & J. R. Lewis（Eds.），Quantifying the User Experience（Second Edition）（pp. 185 – 248）. Morgan Kaufmann.

［2］Lewis，J. R.（1995）. IBM computer usability satisfaction questionnaires：Psychometric evaluation and instructions for use. *International Journal of Human-Computer Interaction*，7（1），57 – 78.

09 SEQ 单项难易度问卷

测量目的	单个任务执行完毕后，立即衡量用户对任务难易度的感知水平
测量维度	任务难度
量表类型	7 点里克特
题项数目	1
量表信度	N/A
文献被引	434

9.1 SEQ 英文版

1	2	3	4	5	6	7
very difficult						very easy

本质上是包含一个关于任务难度的问题的里克特量表。

9.2 SEQ 中文版

N/A。

9.3 SEQ 计分方式

单题记分，可以进一步求多个被试的评分均值。

9.4 SEQ 评分标准

N/A。

参考资料

[1] Sauro, J., & Dumas, J. S. (2009). Comparison of three one-question, post-task usability questionnaires. *Proceedings of the SIGCHI Conference on Human Factors in Computing Systems*, 1599 - 1608.

10 SMEQ 主观脑力负荷问题

测量目的	单个任务执行完毕后，立即衡量用户对任务难易度的感知水平
测量维度	任务难度
量表类型	7 点里克特
题项数目	1
量表信度	N/A
文献被引	131

10.1 SMEQ 中文版

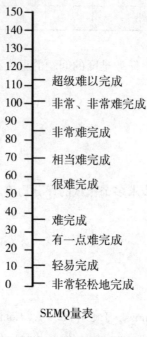

150 —	
140 —	
130 —	
120 —	
110 —	超级难以完成
100 —	非常、非常难完成
90 —	非常难完成
80 —	
70 —	相当难完成
60 —	很难完成
50 —	
40 —	难完成
30 —	有一点难完成
20 —	
10 —	轻易完成
0 —	非常轻松地完成

SEMQ量表

SMEQ 量表

10.2 SMEQ 中文版

N/A。

10.3 SMEQ 计分方式

单题记分。

10.4 SMEQ 评分标准

N/A。

参考资料

[1] Zijlstra, F. R. H., & Van Doorn, L. (1985). *The construction of a scale to measure perceived effort*. University of Technology.

[2] Sauro, J., & Dumas, J. S. (2009). Comparison of three one-ques-

tion, post-task usability questionnaires. *Proceedings of the SIGCHI Conference on Human Factors in Computing Systems*, 1599 – 1608.

11　ER 期望评分

测量目的	单个任务前测量用户对任务难易度的期望，单个任务执行后立即测量用户对任务难易度的主观评价
测量维度	任务难度
量表类型	7 点里克特
题项数目	1
量表信度	N/A
文献被引	35

11.1　ER 英文版

（1）ER 单任务前测。

How easy or difficult do you expect < task > to be able to complete?

1 = very easy

2 = somewhat easy

3 = neutral

4 = somewhat difficult

5 = very difficult

使用 5 点或 7 点里克特量表均可，紧随着一个定性的问题，收集被试具体的期望。

（2）ER 单任务后测。

How easy or difficult was < task > to complete?

1 = very easy

2 = somewhat easy

3 = neutral

4 = somewhat difficult

5 = very difficult

确保与前测使用相同的级数。

11.2 ER 中文版

N/A。

11.3 ER 计分方式

单题记分,前测后测对比。

11.4 ER 评分标准

N/A。

参考资料

[1] Albert, W., &Dixon, E. (2003). Is this what you expected? The use of expectation measures in usability testing.

12 UME 可用性等级评估

测量目的	单个任务执行完毕后,立即衡量用户对任务难易度的感知水平
测量维度	任务难度
量表类型	7 点里克特
题项数目	—
量表信度	N/A
文献被引	51

12.1 UME 英文版

UME 并不是一个具体的量表,而是一套可用性评估基准化流程,包括下列五个步骤:

1. 为被试讲解测试执行方法。Instruct the participant on the method.

2. 执行标准的量级估计任务实践。Administer a standard practice magnitude estimation task.

3. 客观地定义可用性。Objectively define usability.

4. 客观定义目标(界面、任务、试用、产品等)。Objectively define the target (interface, task, trial, product, etc).

5. 在每个目标结束后收集可用性量级估计数据。Collect usability magnitude estimates after each target.

量表内容需自定义。

12.2　UME 中文版

N/A。

12.3　UME 计分方式

N/A。

12.4　UME 评分标准

N/A。

参考资料

［1］McGee，M.（2003）. Usability Magnitude Estimation. *Proceedings of the Human Factors and Ergonomics Society Annual Meeting*，47（4），691 – 695.

［2］Sauro，J.，&Dumas，J. S.（2009）. Comparison of three one-question，post-task usability questionnaires. *Proceedings of the SIGCHI Conference on Human Factors in Computing Systems*，1599 – 1608.

13　USE 有用性、满意度、易用性量表

测量目的	单个任务执行完毕后，立即衡量用户对任务难易度的感知水平
测量维度	有用性（Usefulness）、易用性（Ease of use）、易学性（Ease of learning）、满意度（Satisfaction）
量表类型	7 点里克特
题项数目	30
量表信度	暂缺
文献被引	1659

13.1　USE 英文版

● **Usefulness**

- It helps me be more effective.
- It helps me be more productive.
- It is useful.
- It gives me more control over the activities in my life.
- It makes the things I want to accomplish easier to get done.
- It saves me time when I use it.
- It meets my needs.
- It does everything I would expect it to do.

● Ease of Use

- It is easy to use.
- It is simple to use.
- It is user friendly.
- It requires the fewest steps possible to accomplish what I want to do with it.
- It is flexible.
- Using it is effortless.
- I can use it without written instructions.
- I don't notice any inconsistencies as I use it.
- Both occasional and regular users would like it.
- I can recover from mistakes quickly and easily.
- I can use it successfully every time.

● Ease of Learning

- I learned to use it quickly.
- I easily remember how to use it.
- It is easy to learn to use it.
- I quickly became skillful with it.

● Satisfaction

- I am satisfied with it.
- I would recommend it to a friend.
- It is fun to use.
- It works the way I want it to work
- It is wonderful.
- I feel I need to have it.
- It is pleasant to use.

续上表

1	2	3	4	5	6	7
strongly disagree						strongly agree

问卷采用 7 点里克特量表，注意斜体题项对因子的影响相对较小。

13.2　USE 中文版

N/A。

13.3　USE 计分方式

N/A。

13.4　USE 评分标准

N/A。

参考资料

［1］Lund，A.（2001）. Measuring Usability with the USE Questionnaire. *Usability and User Experience Newsletter of the STC Usability SIG*，8.

［2］USE Questionnaire：Usefulness，Satisfaction，and Ease of use ｜ on-line version（网站链接：https://garyperlman. com/quest/quest. cgi? form ＝ USE）.

14　NASA-TLX NASA 任务负荷指数

测量目的	单个任务执行过程中或结束后，测量用户对该任务的工作量综合感知
测量维度	心理负载（Mental Demand）、生理负载（Physical Demand）、时间需求（Temporal Demand）、任务表现（Performance）、费力程度（Effort）、沮丧程度（Frustration）
量表类型	0－100（5 分一个点，共 20 个点）
题项数目	6
量表信度	暂缺
文献被引	14453

14.1　NASA-TLX 英文版

You will be presented with 2 series of pairs of rating scale titles（for example. Effort vs. Mental Demands）and asked to choose which of the items was more important to your experience of workload in the task（s）that you just performed. Each pair of scale titles will appear on 2 separate card. Circle the Scale Title that represents the more important contribution to workload for the specific task（s）you performed in this experiment. After you have finished the entire series we will be able lo use the pat-tern of your choices to create weighted combination of the ratings from that task into 3 summary workload score. Please consider your choices care-fully and make them consistent with how you used the rating scales during the particular task you were asked to evaluate. Don'1 think that there is any correct pattern：we are only interested in your opinions. If you have any questions, please ask them now. Otherwise. start whenever you are ready. Thank you for your participation.

1. Mental Demand：How mentally demanding was the task?

2. Physical Demand：How physically demanding was the task?

3. Temporal Demand：How hurried or rushed was the pace of the task?

4. Performance：How successful were you in accomplishing what you were asked to do?

5. Effort：How hard did you have to work to accomplish your level of performance?

6. Frustration：How insecure, discouraged, irritated, stressed, and annoyed were you？

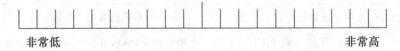

非常低　　　　　　　　　　　　　　　　　　　　　　非常高

建议前往参考文献 2 官网下载官方问卷及操作指南 PDF。

14.2　NASA-TLX 中文版

N/A。

14.3　NASA-TLX 计分方式

0～100 分，每格 5 分，如果被试选在格子中间，则取相邻的右值。

计算并汇报总分，可结合具体情况，加权调整题项分数。

14.4　NASA-TLX 评估基准

N/A。

参考资料

[1] Hart, S. G., & Staveland, L. E. (1988). Development of NASA-TLX (Task Load Index)：Results of Empirical and Theoretical Research. In P. A. Hancock & N. Meshkati (Eds.), Advances in Psychology, Vol：52, pp. 139 – 183. North-Holland.

[2] TLX @ NASA Ames-NASA TLX Paper/Pencil Version（网站链接：https://humansystems. arc. nasa. gov/groups/TLX/tlxpaperpencil. php）

15　WAMMI 网站分析与测量问卷

测量目的	衡量用户对网页体验的综合满意度，邀请**网站**的访问者对比自身期望与实际体验
测量维度	吸引力（Attractiveness）、控制力（Controllability）、效率（Efficiency）、支持力（Helpfulness）、易学性（Learnability）
量表类型	5 点里克特
题项数目	20
量表信度	0.9（调整前的因子信度在 0.6 – 0.75 之间）
文献被引	182

15.1　WAMMI 英文版

1. This website has much that is of interest to me.

2. It is difficult to move around this website.

3. I can quickly find what I want on this website.

4. This website seems logical to me.

5. This website needs more introductory explanations.

6. The pages on this website are very attractive.

7. I feel in control when I'm using this website.

8. This website is too slow.

9. This website helps me find what I am looking for.

10. Learning to find my way around this website is a problem.

11. I don't like using this website.

12. I can easily contact the people I want to on this website.

13. I feel efficient when I'm using this website.

14. It is difficult to tell if this website has what I want.

15. Using this website for the first time is easy.

16. This website has some annoying features.

17. Remembering where I am on this website is difficult.

18. Using this website is a waste of time.

19. I get what I expect when I click on things on this website.

20. Everything on this website is easy to understand.

1	2	3	4	5
strongly disagree				strongly agree

注 * 建议在参考文献 3 的官网上申请教育机构正版授权。

15.2　WAMMI 中文版

N/A。

15.3　WAMMI 计分方式

将所有题项得分加总。

15.4　WAMMI 评估基准

N/A。

参考资料

［1］Kirakowski, J., Claridge, N., &Whitehand, R. (1998). Human centered measures of success in web site design. Proceedings of the 4th Conference on Human Factors &the Web. Proceedings of the 4th Conference on Human Factors & the Web.

［2］Kirakowski, J., & Cierlik, B. (1998). Measuring the Usability of

Web Sites. Proceedings of the Human Factors and Ergonomics Society Annual Meeting，42（4），424－428.

［3］ WAMMI-Home （网站链接：http://wammi.com/）.

16　SUPR-Q 标准化的用户体验百分等级问卷

测量目的	测量网站用户体验的质量
测量维度	可用性（Usability）、信任度（Trust）、外观（Appearance）、忠诚度（Loyalty）
量表类型	5 点里克特
题项数目	8
量表信度	0.86
文献被引	175

16.1　SUPR-Q 英文版

1. The website is easy to use. （usability）

2. It is easy to navigate within the website. （usability）

3. I feel comfortable purchasing from the website. （trust）

4. I feel confident conducting business on the website. （trust）

5. How likely are you to recommend the website to a friend or colleague? （loyalty）

6. I will likely return to the website in the future. （loyalty）

7. I find the website to be attractive. （appearance）

8. The website has a clean and simple presentation. （appearance）

除第 5 题外的量表形式：

1	2	3	4	5
strongly disagree				strongly agree

第 5 题量表形式（属于 NPS 量表）：

1	2	3	4	5	6	7	8	9	10	11
not at all likely										extremely likely

除了第 5 题外，其余题项采用 5 点里克特量表；第 5 题采用 11 点里克特量表；制作量表时，需要去掉括号内内容。

16.2　SUPR-Q 中文版

N/A。

16.3　SUPR-Q 计分方式

首先将第 5 题分数除以 2。所有题项得分求均值/各因子包含题项得分求均值。

16.4　SUPR-Q 评估基准

需付费购买许可证以获取官方报告，可获取网站与官方数据库中数百个其他网站的比较情况。

参考资料

[1] Sauro, J. (2015). SUPR-Q: A comprehensive measure of the quality of the website user experience. *J. Usability Studies*, 10 (2), 68 – 86.

[2] SUPR-Q Full License | MeasuringU（网站链接：https://measuringu.com/product/suprq/）.

[3] 10 Things to Know About the SUPR-Q | MeasuringU（网站链接：https://measuringu.com/10 – things – suprq/）.

17　SUPR-Qm 面向移动 APP 的标准化用户体验百分等级问卷

测量目的	测量移动应用的综合用户体验
测量维度	单维
量表类型	5 点里克特
题项数目	16
量表信度	0.94
文献被引	32

17.1　SUPR-Qm 英文版

1.　I can't live without the app on my phone.

2.　The app is the best app I've ever used.

3.　I can't imagine a better app than this one.

4.　I would never delete the app.

5.　Everyone should have the app.

6.　I like discovering new features on the app.

7.　The app has all the features and functions you could ever want.

8.　I like to use the app frequently.

9.　The app is delightful.

10.　This app integrates well with the other features of my mobile phone.

11.　I will definitely use this app many times in the future.

12.　The design of this app makes it easy for me to find the information I'm looking for.

13.　I find the app to be attractive.

14.　The app's capabilities meet my requirements.

15.　It is easy to navigate within the app.

16.　The app is easy to use.

1	2	3	4	5
strongly disagree				strongly agree

问卷采用 5 点里克特量表。

17.2　SUPR-Qm 中文版

N/A。

17.3　SUPR-Qm 计分方式

对所有题项得分求均值。

17.4　SUPR-Qm 评估基准

见参考文献 1 中的 Table 5，可与包含 29 个 app 的测试数据均值进行比较。

参考资料

[1] Sauro, J., & Zarolia, P. (2017). SUPR-Qm：A questionnaire to measure the mobile app user experience. *J. Usability Studies*, 13 (1), 17 – 37.

18 NPS 净推荐值

测量目的	用于衡量客户体验并预测业务增长，为世界各地的客户体验管理计划提供了核心衡量标准
测量维度	N/A
量表类型	11 点里克特
题项数目	1
量表信度	N/A
文献被引	N/A

18.1 NPS 英文版

How likely is it that you would recommend [brand] to a friend or colleague?

0	1	2	3	4	5	6	7	8	9	10
not at all likely					Neutral					extremely likely

18.2 NPS 中文版

N/A。

18.3 NPS 计分方式

首先对客户进行分类：

● 支持者 Promoters ｜ 评分为 9 ～ 10 分，忠实的爱好者，会继续购买和推荐他人，从而推动增长。

● 被动者 Passives ｜ 评分为 7 ～ 8 分，满意但不热情的客户，容易受到竞品影响。

● 反对者 Detractors ｜ 评分为 0 ～ 6 分，不满意的客户，可能会损害品牌，并通过负面口碑阻碍增长。

用推荐者的百分比中减去批评者的百分比即可得到净推荐值 NPS。分数范围可以从低（-100 分，如果每个客户都是诋毁者）到高（100 分，如果每个客户都是推荐人）。

NPS = Percentage of promoters – Percentage of detractors

18.4 NPS 评估基准

N/A。

参考资料

［1］ Net Promoter Network （网站链接：https://www.netpromoter.com/）.

［2］ What Is Net Promoter? （网站链接：https://www.netpromoter.com/know/）.

19 CES 客户费力度

测量目的	测量客户为解决问题、满足请求、购买/退回产品或回答问题而付出的努力
测量维度	N/A
量表类型	7 点里克特
题项数目	1
量表信度	N/A
文献被引	N/A

19.1 CES 英文版

19.1.2 CES 第一版

How much effort did you personally have to put forth to handle your request?

1	2	3	4	5
very low effort				very high effort

问卷采用 5 点语义差异量表。

19.1.2　CES 第二版

To what extent do you agree with the following statement：The ［brand］solving my problem efficiently.

1	2	3	4	5	6	7
strongly disagree						strongly agree

问卷采用 7 点里克特量表。

19.2　CES 中文版

N/A。

19.3　CES 计分方式

所有被试得分求均值。

19.4　CES 评估基准

N/A。

参考资料

［1］Stop Trying to Delight Your Customers（网站链接：https：//hbr. org/2010/07/stop – trying – to – delight – your – customers）.

［2］CES：消费过程轻松"不费劲"才是硬道理丨都是产品经理。

20　CSAT 客户满意度

测量目的	跟踪客户对组织的产品和/或服务的满意度
测量维度	N/A
量表类型	5 点里克特
题项数目	1
量表信度	N/A
文献被引	N/A

20.1 CSAT 英文版

How would you rate your overall satisfaction with the [goods/service] you received?

1	2	3	4	5
very unsatisfied	unsatisfied	neutral	satisfied	very satisfied

问卷采用 5 点里克特量表。

20.2 CSAT 中文版

N/A。

20.3 CSAT 计分方式

计算评分为 5 分 (非常满意) 与 4 分 (满意) 的被试在所有被试中的占比。

[Number of satisfied customers (4 and 5) /Number of survey responses] × 100 = Percentage of satisfied customers

20.4 CSAT 评估基准

N/A。

参考资料

[1] What Is CSAT and How Do You Measure It? | Qualtrics (网站链接: https://www. qualtrics. com/experience - management/customer/what - is - csat/).